GRAND PRIX '94
live miterlebt

Formel 1
Weltmeisterschaft

4. Jahrgang

© 1994 by

ZEITGEIST VERLAG

Düsseldorfer Str. 49
40545 Düsseldorf
Tel.: 0211-556255
Fax: 0211-575167

Vertrieb
ULLSTEIN VERLAG
Berlin

**Redaktionsschluß
Ende April 1994**

Die statistischen Angaben
entsprechen dem Stand
vor dem Beginn der Welt-
meisterschaftsläufe 1994.

Herausgegeben von
WILLY KNUPP
im Auftrag von RTL Television

4. Jahrgang

Autoren:
Achim Schlang (as)
Chefreporter Rallye Racing

Guido Stalmann (gs)
Burkhard Nuppeney
Helmut Zwickl
Christoph Schulte
Hubert Bücken
Lukas T. Gorys
Willy Knupp
Heinz-Harald Frentzen
Heiko Waßer
Kai Ebel
Karin Sturm
Kim Collins
Thomas May

Fotos:
Lukas T. Gorys
Ferdi Kräling
u.a. (Bildnachweis S. 208)

Redaktion:
Hubert Bücken

Produktion:
Jörg Beckmann,
Gabriela Holtkamp,
Jörg Martin, Frank Wiedemeier

Satz und Gestaltung:
E & R Düsseldorf

Titelgestaltung:
Frank Wiedemeier

Druck:
Mohndruck

Printed in Germany
ISBN 3-926224-58-4

STORIES

TEAMS

INHALT

Liebe Formel-1-Fans!

Wenn mir noch vor wenigen Monaten einer gesagt hätte, ich würde das Vorwort zum RTL-Buch „GRAND PRIX 94 - live miterlebt" schreiben, ich hätte denjenigen - milde ausgedrückt - für völlig verrückt gehalten. Klar, es war stets mein Ziel, ein Grand-Prix-Pilot zu werden, aber ich habe schon nicht mehr richtig daran geglaubt, daß es noch klappen könnte.

Aber erstens kommt es anders und zweitens als man denkt. Wenn ich mir dann noch ansehe, welche Bedeutung Deutschland mittlerweile in der Formel 1 hat, kann ich das alles kaum fassen. Mit Michael Schumacher haben wir einen „big-star", der um den Weltmeistertitel kämpft. Und noch ein weiterer Formel-1-Traum aus deutscher Sicht ist in Erfüllung gegangen: Mercedes, das Autounternehmen schlechthin, greift mit seinem langjährigen Motorsport-Partner Sauber nach den Grand-Prix-Sternen. Und schließlich gibt es beim Neuanfänger Simtek Unterstützung von SMS Schmidt Motor-Sport.

Soviel zur neuen Rolle Deutschlands in der Formel 1. Für mich hängt das ganz eng damit zusammen, welches Image die Formel 1 in Deutschland hat. Und schon bin ich beim zweiten Grund, warum ich mich freue, in diesem RTL-Buch schreiben zu dürfen. Denn - das ist meine feste Überzeugung - ohne RTL sähe auf dem Formel-1-Sektor bei uns vieles anders aus. Viel zu lange war die Formel 1 nur der Prügelknabe in den Medien. Einzige Ausnahme: RTL. Ich weiß noch genau, wie ich es kaum erwarten konnte, daß RTL mit seinen Formel-1-Übertragungen auch bei uns zu Hause in Mönchengladbach zu sehen war. 1984 war es endlich so weit: Von da an gehörte ich zu Willy Knupps treuesten Fans...

Als RTL mit den Übertragungen der Formel-1-Rennen anfing, sahen gerade mal 200.000 Zuschauer hin. Der Auftakt zur Formel-1-Saison '94 in Brasilien konnte rund 5 Millionen Zuschauer gewinnen. Wenn die alle der deutschen Abordnung in der Formel 1 die Daumen drücken, kann fast nichts mehr schief gehen -
hofft Ihr

Heinz-Harald Frentzen

So baut man Sportwagen

Wann immer die Disziplinen Kraft,
Schnelligkeit und Ausdauer entscheiden,
ist dieses Emblem ganz vorne.
Und das seit über 40 Jahren.

Porsche empfiehlt: Fahren Sie vorsichtig!

Deutschlands begehrtestes Sportabzeichen.

Lächeln bitte! Lächeln...

Während des Trainings zum Großen Preis von Brasilien stellen sich Ende März alle 28 Piloten zum traditionellen Gruppenfoto auf.

Von links nach rechts:

Obere Reihe:
Johnny Herbert, Gianni Morbidelli, Pedro Lamy, Jean-Paul Belmondo, Roland Ratzenberger, David Brabham, Eddie Irvine, Jos Verstappen.

Mittlere Reihe:
Bertrand Gachot, Christian Fittipaldi, Damon Hill, Ayrton Senna, Gerhard Berger, Mika Häkkinen, Martin Brundle, Eric Bernard, Olivier Panis, Olivier Beretta.

Untere Reihe:
Michele Alboreto, Pierluigi Martini, Karl Wendlinger, Heinz-Harald Frentzen, Rubens Barrichello, Mark Blundell, Ukyo Katayama, Erik Comas, Michael Schumacher, Jean Alesi

Bloß keine Vollbremsung! Zwei Stunden vor dem ersten Start drehen die Piloten eine Ehrenrunde für die Fans - ohne Helm und ohne Gurt. Die gefährlichste Runde des Rennens.

Schon während der Saison 1993 wurde klar: 1994 soll mal wieder alles anders werden. Wichtigstes Ziel der verantwortlichen FIA-Funktionäre war, den explodierenden Ausgaben einen Riegel vorzuschieben.

Deshalb traf der Bannstrahl aus Paris die zunehmend in Mode gekommenen aktiven Fahrwerke. Die Radaufhängungen dürfen seit Saisonbeginn 1994 also nicht mehr computergesteuert sein. Mit spezieller, auf jeden der 16 Kurse maßgeschneiderter Software waren die Top-Teams bis Ende des Vorjahrs gestartet. Großer Vorteil: Funktionierte das System, waren die Boliden für die jeweilige Strecke perfekt abgestimmt. Nachteil: Gab es unterwegs Pannen, gerieten die Rennwagen völlig aus der Kontrolle der Piloten. Außerdem verschlang das Know-how viel Geld.

Weniger Elektronik

Die gewünschten Einsparungen bringt die Regeländerung natürlich nicht, denn die freiwerdenden Gelder werden logischerweise in andere Entwicklungssektoren gepumpt. Eine Verbesserung liegt allerdings auf der Hand: Die Zweiklassen-Gesellschaft in puncto Chassis gehört der Vergangenheit an. Außerdem wurde die Bedeutung der Piloten angehoben, denn sie sind jetzt wieder in Bereichen gefragt, die ihnen noch im Vorjahr von den Bordcomputern abgenommen wurden.

Das gilt auch für das Verbot der Antischlupf-Regelung oder Traktionskontrolle: Die gewaltige Motorkraft möglichst geschickt auf den Asphalt zu bringen, ist nun wieder alleinige Aufgabe der Rennfahrer. Speziell beim Startvorgang und bei Regenwetter erschwert das die Aufgabe der Formel-1-Chauffeure entscheidend.

Damit nicht genug: Auch die Fly-by-Wire-Systeme kamen auf den Index! Wurde das Gaspedal der Spitzenkonstruktionen zuletzt zum Signalgeber elektronischer Impulse „degradiert", muß es seit Saisonbeginn wieder mit einem Gaszug verbunden sein, der die Gasschieber des Motors öffnet. In diesem Bereich darf der Computer allerdings noch mitmischen. Sogenannte „Kicker", die beim Herunterschalten automatisch exakt berechnete Zwischengasstöße auslösen, bleiben erlaubt.

Getriebegrüße

Bei allen Versuchen, die „Handarbeit" der Piloten wieder in den Vordergrund zu bringen, wagte sich die Automobilsport-Hoheit FIA nicht in letzter Konsequenz an die Getriebe. Weil befürchtet wird, daß Schaltfehler zu kapitalen Motorschäden führen könnten, dürfen halbautomatische Getriebe verwendet werden. Jeder Gang - beim Herauf- und Hinunterschalten - muß allerdings vom Fahrer einzeln eingelegt werden. Sprich: Vollautomatische Getriebe sind verboten. In diesem Punkt ist die Kontrolle durch die Funktionäre extrem schwierig, denn die Software der Bordcomputer läßt sich nicht bis ins Detail ausleuchten. Beim Saisonauftakt in Sao Paulo wurde jedenfalls deutlich, daß sich nicht alle Teams an diese Vorschrift halten. Was sich den Ohrenzeugen am Ende der Start-und-Zielgeraden bot, sprach nicht dafür, daß für das Bergab-Geschlängel „Sennas S" von Menschenhand 'runtergeschaltet wurde...

Tankpausen

Im Mittelpunkt der Regeländerungen stehen aber keineswegs nur Verbote. So ist es zum Beispiel erstmals seit Ende 1983 wieder erlaubt, während eines Grand Prix nachzutanken. Prinzipiell war das

Zurück in die Steinzeit
Endlich gleiche Chanc‹
Das Reglement von 1994 misc‹

Wieder erlaubt sind Tankstopps. Sie sollen mehr Spannung in die Ren‹ beschäftigt. Sie alle müssen feuerfeste Overalls tragen. Schumacher

Reglement

naulten Technikfreaks.
sagten viele Fahrer.
n der Formel 1 die Karten neu

en. Bis zu 16 Mechaniker sind bei einem Boxenstopp am Auto
n Kollegen gefällt die neue Regel.

durchgehend von 1950 bis 1983 gestattet. Sprit während des Rennens nachzufüllen, war jedoch in den siebziger Jahren zunehmend in „Vergessenheit" geraten. Jahrelang wurde nur in Ausnahmefällen von diesem Recht Gebrauch gemacht: Immer nur dann, wenn die vor dem Start kalkulierte Menge aufgrund eines Rechenfehlers nicht ausreichte. Das führte zu dramatischen Pannen. 1964 kam der Amerikaner Dan Gurney in Spa als Spitzenreiter an die Boxen, weil seine Treibstoffvorräte zur Neige gingen. Der Ami erwischte - Funkverbindung zwischen Boxen und Fahrer gab es noch nicht - die Crew des Teams Brabham voll auf dem linken Fuß. Wild gestikulierte er und bettelte um eine Kanne der oktanreichen Flüssigkeit - doch der Wunsch wurde nicht erfüllt, die Spritfässer standen im Fahrerlager. Also ging Gurney wieder ins Rennen, blieb dann aber mit trockenem Tank liegen.

1982 wurde das Nachtanken dann als „taktischer Trick" vom Team Brabham bei Saisonmitte in Brands Hatch wiederentdeckt, und schnell zogen die anderen Rennställe nach, bis die Funktionäre dann die Tankschläuche von den Boxen verbannten.

Seit Saisonbeginn 1994 ist das Nachtanken nun wieder gestattet, möglicherweise macht die FIA aber bereits vor dem Finale in Adelaide einen Rückzieher. Nach den Erfahrungen der ersten Grand Prix wollen sich die Verantwortlichen gemeinsam mit den Teamchefs noch einmal an einen Tisch setzen, um eine endgültige Entscheidung zu fällen. In jedem Fall werden die Fans wohl in Monte Carlo auf das Zusatzspektakel verzichten müssen, denn in dem Zwergstaat ist das Lagern größerer Mengen Sprit im Freien gesetzlich verboten! Wird keine Ausnahmegenehmigung für den Renntag erteilt, werden die

Boliden mit einer Tankfüllung ins Ziel kommen müssen.

Den Piloten gefällt die neue Regelung. Keinem hatte es in der Vergangenheit rechten Spaß gemacht, die randvoll betankten - und entsprechend schweren - Rennwagen in der Eröffnungsphase der Grand Prix zu fahren. Jetzt kann vom Start weg Dampf gemacht werden. Kritiker hatten von Beginn an vor der latenten Brandgefahr gewarnt. Tatsache ist allerdings, daß die Einheitsanlagen scharf formulierten Sicherheitsvorschriften unterliegen. Garantien kann natürlich niemand geben. Aber es darf auch nicht vergessen werden, daß in der amerikanischen Indy-Serie seit Jahren nachgetankt wird. Die Technik wird auch dort beherrscht, obwohl das verwendete Methanol-Gemisch weitaus gefährlicher ist, denn im Brandfall sind die Flammen für das menschliche Auge nicht erkennbar...

Klammert man das bestehende Restrisiko aus, ist das Nachtanken eine Bereicherung der Grand Prix. Der Leistungsunterschied zwischen genügsamen und durstigen Konstruktionen wird kompensiert und der geschaffene „taktische Spielraum" kann für Überraschungen sorgen. Die vorgeschriebene Mindestgröße der Tanks beträgt 200 Liter.

Bewährtes

Das Paragraphenwerk der „Spielregeln" - 53 DIN A 4-Seiten stark - enthält aber nicht nur Neuerungen. Die Masse der Paragraphen regelt Bewährtes. So ist der Hubraum auf 3,5 Liter begrenzt, die Zylinderzahl auf maximal zwölf. Es sind nur Saugmotoren erlaubt. Mindestens vier, höchstens sieben Vorwärtsgänge sind vorgeschrieben.

Die Anzahl der Räder beträgt maximal vier, von denen zwei angetrieben sein dürfen und ebenfalls zwei der Lenkung

Dem Rotstift fielen die aktiven Fahrwerke zum Opfer. McLaren ließ spezielle Stoßdämpfer entwickeln, die dennoch über elektronische Anschlüsse verfügen...

Einen eigenwilligen Heckflügel ließ man sich bei Williams einfallen. Er ist möglicherweise nicht regelkonform.

Bremsscheiben aus Kohlefaser sind Standard.

Weiterhin erlaubt bleiben die halbautomatischen Getriebe. Michael Schumacher verfügt an seinem Lenkrad über zwei Schaltwippen, mit denen er rauf- bzw. runterschaltet.

dienen. 1993 war noch Vierradlenkung erlaubt.

Bewegliche aerodynamische Hilfsmittel bleiben unverändert verboten, was die Williams-Konstruktion FW16 umstritten macht: Aufhängungsteile der Heckpartie sind aerodynamisch geformt... Bei der technischen Abnahme in Sao Paulo wurde dieses Bauteil allerdings nicht beanstandet. Auch protestierte keines der konkurrierenden Teams.

Unverändert bleiben auch die Abmessungen. Die maximale Gesamtbreite der Autos beträgt zwei Meter. Der Heckflügel darf einen Meter breit sein, der Frontflügel 140 cm. Vorn darf die Konstruktion 90 cm über die Achse ragen, hinten 50 cm. Die maximale Höhe beträgt einen Meter - ausgenommen sind Teile des Überrollbügels hinter dem Kopf des Fahrers. Das Mindestgewicht der Autos ist 505 Kilogramm.

Sicherheit

Großgeschrieben wird auch weiterhin das Thema Sicherheit. Zwei Feuerlöscher (einer für's Cockpit, einer für den Motor), zwei Überrollbügel (einer hinter dem Kopf des Piloten, ein zweiter über den Beinen), Sicherheitstanks, stabile Knautschzonen, eine rote Rückleute für Einsätze bei schlechten Sichtverhältnissen und ein Rückwärtsgang sind zwingend vorgeschrieben.

Bei extrem schlechtem Wetter kann die Rennleitung das sogenannte „Safety Car" auf die Piste schicken, um das Rennen zu neutralisieren. Das gilt auch, wenn nach schweren Unfällen umfangreiche Aufräumarbeiten die Sicherheit gefährden. In der neutralisierten Phase herrscht Überholverbot - die gefahrenen Runden gelten als Rennrunden.

Frühstarts und unfaire Fahrmanöver können nach wie vor durch Zeitstrafen (Stop-and-Go an den Boxen) geahndet werden.

Standardregeln

Wie 1993 beträgt die Renndistanz mindestens 305 Kilometer oder max. 120 Minuten. Wird die vorgesehene Distanz aufgrund schlechten Wetters oder unfallbedingter Safety-Car-Einsätze innerhalb von zwei Stunden nicht zurückgelegt, endet das Rennen nach der Runde, in der das Zeitlimit erreicht wurde. Gewertet werden alle Teilnehmer, die 90 Prozent der Distanz zurückgelegt haben, unabhängig davon, ob sie bei Rennende noch fahren.

Pro Pilot dürfen während eines GP-Wochendes 28 Slicks (profillose Reifen) eingesetzt werden. Die Anzahl der Regenreifen ist freigestellt.

Pro Team und Saison darf für das erste Auto ein Fahrerwechsel erfolgen. Das zweite Auto darf in beliebiger Reihenfolge von drei Piloten gefahren werden. Ausnahmen von dieser Regel gibt es nur aufgrund von „höherer Gewalt" (Krankheit, Verletzungen etc.).

WM-Punkte werden für die beiden Meisterschaften (Fahrer- und Marken-Championat) an die sechs Ersten nach dem Schema 10 - 6 - 4 - 3 - 2 - 1 vergeben. Wird ein GP nach weniger als zwei vollen Runden gestoppt und nicht neu gestartet, werden keine Punkte verteilt. Sind im Augenblick eines endgültigen Abbruchs mindestens zwei Runden, aber weniger als 75 Prozent der Distanz zurückgelegt, wird die Punktzahl halbiert: 5 - 3 - 2- 1,5 - 1 - 0,5. Wer die meisten Punkte sammelt, wird Weltmeister. Streichresultate gibt es nicht. Bei Punktgleichheit entscheidet die Anzahl der Plazierungen. So sind 60 Punkte aufgrund von sechs Siegen wertvoller als 60 Punkte, die sich aus vier Siegen, drei zweiten und einem fünften Platz zusammensetzen. Ist auch die Qualität der Ränge identisch, entscheidet die FIA nach eigenem Ermessen.

Bei der Konstrukteurswertung werden die Punkte beider Fahrer eines Teams zusammengezählt.

Eimergröße

Im Bemühen, jedes Detail im sportlichen und technischen Bereich vorzuschreiben, formulierten die Funktionäre allerdings auch Paragraphen, die den Leser schmunzeln lassen. So sind die Pokalgrößen für die drei erstplazierten Fahrer festgelegt, gibt es eine Mindestlautstärke für das Abspielen der Nationalhymne des Siegers und auch die Vorschrift, daß während der TV-Interviews nach der Siegerehrung Mineralwasser in Flaschen bereitstehen muß, deren Etiketten nicht erkennbar sein dürfen...

Weitere Informationen zur Technik und zum Reglement finden Sie im Kapitel ABC ab S. 202.

Die Tankanlagen müssen die Teams bei einem französischen Hersteller einkaufen. Sie wurden ursprünglich für das Betanken von Hubschraubern entwickelt.

Vor jedem Rennen wird akribisch überprüft, ob die Abmessungen der Autos dem Reglement entsprechen. Die Technischen Kommissare sind unerbittlich.

Michael Schumacher:

Keine Träne für die alten Regeln

RTL-Kommentator Heiko Waßer sprach mit dem Sieger von Sao Paulo über das neue Fahrgefühl

Jahr für Jahr das gleiche Spiel zu Beginn einer neuen Formel-1-Saison: Neue Autos, neue Fahrer, neue Regeln, einige neue Strecken und neue Sponsoren. Und folgerichtig für uns Journalisten jede Menge neue Stories. Doch selten zuvor war das Rauschen im Blätterwald, das Klicken der Fotoapparate und das Surren der Fernsehkameras so massiv wie in diesem Frühjahr. Der Grund: die neuen Regeln in der Formel 1, High-Tech ade, hallo Tankstopp. Was sich bei den Testfahrten in den Wintermonaten bereits andeutete, wurde beim Saisonauftakt in Brasilien bestätigt: Durch das Verbot vieler High-Tech-Entwicklungen wird endlich wieder das fahrerische Können wichtiger. Die Formel 1 weniger ein Wettbewerb der Ingenieure, als der besten Lenkradkünstler. Formel 1 '94 - back to the roots, zurück zu den Ursprüngen.

Einer, der den abgeschafften Fahrhilfen wie Traktionskontrolle und Computerfahrwerk keine Träne nachweint, ist Michael Schumacher. In Sao Paulo sprach ich mit ihm über seinen neuen Benetton B 194 und das „neue, alte Rennfahren".

Michael Schumacher:

„Es haben sich unsere Erwartungen aus den Tests in Imola bestätigt. Damals waren wir auch schonmal die Schnellsten, mit 2/10 Sekunden Vorsprung. Wenn, wie in Brasilien, wenig mechanischer Grip da ist, merkt man schon das Fehlen der Traktionskontrolle. Da braucht man viel Gefühl im Gasfuß. Wenn man früher einfach aufs Gas getreten hat, weil die Traktionskontrolle die Arbeit übernommen hat, muß man jetzt sehr genau aufpassen, das Gas progressiv einfädeln, um nicht zuviel Wheelspin zu haben und stattdessen die bestmögliche Traktion. Das passive Fahrwerk, das wir in diesem Jahr haben, ist in gewissen Situationen, speziell bei Bodenunebenheiten, extrem hart und dadurch für den Körper und das Material wesentlich anstrengender.

Ich glaube nicht, daß Williams, wie Ayrton Senna sagte, durch die technischen Reglementierungen härter getroffen wurde als wir, denn während ihnen ABS und Power-Brakes fehlen, müssen wir auf unsere Vierrad-Lenkung verzichten.

Auf jeden Fall hat sich in diesem Jahr wieder viel in Richtung fahrerisches Können verschoben. Als im letzten Jahr die Elektronik die Formel 1 beherrschte, hatte man als Fahrer viele Möglichkeiten, sein Auto hundertprozentig abzustimmen. Man war aber als Fahrer auch gefordert, diese 100 Prozent auszunutzen. In diesem Jahr muß man wesentlich mehr Kompromisse eingehen, weil das Fahrwerk nicht mehr so exakt einzustellen ist. Die Abstimmung des Autos ist schneller. Man hat ja nicht mehr so viele Möglichkeiten.

Ganz bestimmt aber gehen die gerade schon angesprochenen Unebenheiten, die man als Fahrer jetzt mehr spürt, stark auf die Kondition und die Konzentration. Das heißt, die Fahrer müssen fitter sein, der am meisten durchtrainierte Fahrer hat künftig die besseren Karten.

Durch das neue Reglement ändert sich die Renntaktik. Jetzt bestimmt nicht mehr nur der Zustand der Reifen bzw. des Autos, ob man einen Boxenstopp macht oder ob man durchfährt. Es wird auch die Spritmenge, die man an Bord hat, ins Kalkül gezogen. Wir haben zwar Tanks,

die mindestens 200 Liter fassen, so daß man auf einigen Strecken durchaus genug Benzin mitnehmen kann, um durchzufahren. Aber es wird nun viel von der Teamstrategie abhängen, wie das Rennen angegangen wird. Jedes Team muß da seine eigenen Erfahrungen machen.

Ich hatte vorher Bedenken, daß bei den Tankstopps Sprit rausschwappen und sich entzünden könnte - in dem Moment, in dem der Schlauch weggezogen wird. Aber die Praxis hat gezeigt, daß die Gefahr nicht so groß ist.

Die schnellsten Runden werden künftig nicht erst am Ende des Rennens gefahren. Rundenrekorde kann es nun auch zu Beginn des Rennens geben, wenn man mit relativ leeren Tanks losfährt."

Wie recht er doch hatte: Mit 1.18,455 Minuten holte Schumacher sich nach wenigen Rennminuten den ersten Rundenrekord '94 und nach 1.35:38,759 Stunden den ersten Sieg der neuen Saison. Ohne aktives Fahrwerk, ohne Traktionskontrolle und ohne einen einzigen Fahrfehler. Wie sagte er doch gleich: der fittere Fahrer hat ab sofort die besseren Karten.

Den Bericht über den Großen Preis von Brasilien finden Sie auf Seite 124.

Fachsimpelei zwischen Michael Schumacher und RTL-Kommentator Heiko Waßer beim GP von Brasilien.

Drehmomente, die man nicht vergißt.

▶ Autos, bei denen man ins Schwärmen kommt, sieht man nur selten. Daran wird auch der Wagen oben nichts ändern. Wir bauen ihn nämlich nur wenige hundertmal pro Jahr. Sein Name: „C 36 AMG". Hinter diesem nüchternen Kürzel verbergen sich pure Emotionen: 206 kW (280 PS). Produziert von einem 3,6-l-Saugmotor. Ein Triebwerk, das sich wie „auto motor

sport" (16/93) meint: „…schon bei niedrigen Drehzahlen ins Zeug legt wie ein Büffel." Bei 4000 U/min liegen schon satte 385 Newtonmeter an, die man nicht so schnell vergißt.

▶ Dabei ist der „C 36 AMG" trotz modernem Sportfahrwerk und Hochleistungsbremsanlage keine brettharte Rennmaschine. Der seidenweiche 6-Zylinder bleibt jederzeit problemlos beherrschbar. Dazu

kommt ein Innenraumkomfort, von dem viele andere nur träumen können. Denn bei aller Sportlichkeit bleibt der „C 36 AMG" vor allem eines: ein Mercedes.

Mercedes-Benz
Ihr guter Stern auf allen Straßen

Heinz-Harald Frentzen

Der Sauberlehrling

Die Rechnung ist aufgegangen:
Als dritter und letzter Mercedes-Junior
hat auch HH Frentzen
den Sprung in die Formel 1 geschafft.

Von Kai Ebel, RTL

D ie Zeit und das Datum hat er noch genau im Kopf: Es war der 12. Oktober, 8.00 Uhr morgens, als Heinz-Harald Frentzen in Mönchengladbach an sein Telefon ging. Formel-1-Teamchef Peter Sauber sprach Klartext am anderen Ende der Leitung: „Wir haben uns überlegt, die Option einzulösen." Damit stand fest: Heinz-Harald Frentzen wird neben Michael Schumacher der zweite deutsche Formel-1-Pilot 1994 sein.

Der 26jährige Mönchengladbacher brauchte allerdings ein paar Sekunden, um den Sinn der Worte zu verstehen, die sein Leben so eindrucksvoll verändern sollten: „Ich war noch gar nicht ganz wach, da ich am Abend zuvor erst aus Japan zurückgekehrt war und noch mit der Zeitumstellung kämpfte. Als erstes dachte ich: Was erzählt der da? Ich war nämlich davon ausgegangen, daß es nicht klappt!" Die anschließende Freude kann Frentzen in Worten nicht beschreiben.

Tatsache ist: Die drei ehemaligen Mercedes-Junioren Michael Schumacher, Karl Wendlinger und Heinz-Harald Frentzen sind 1994 in der höchsten Motorsport-Klasse vereint. Für Frentzen war der Weg in die Formel 1 ein Hindernislauf, obwohl seine Karriere

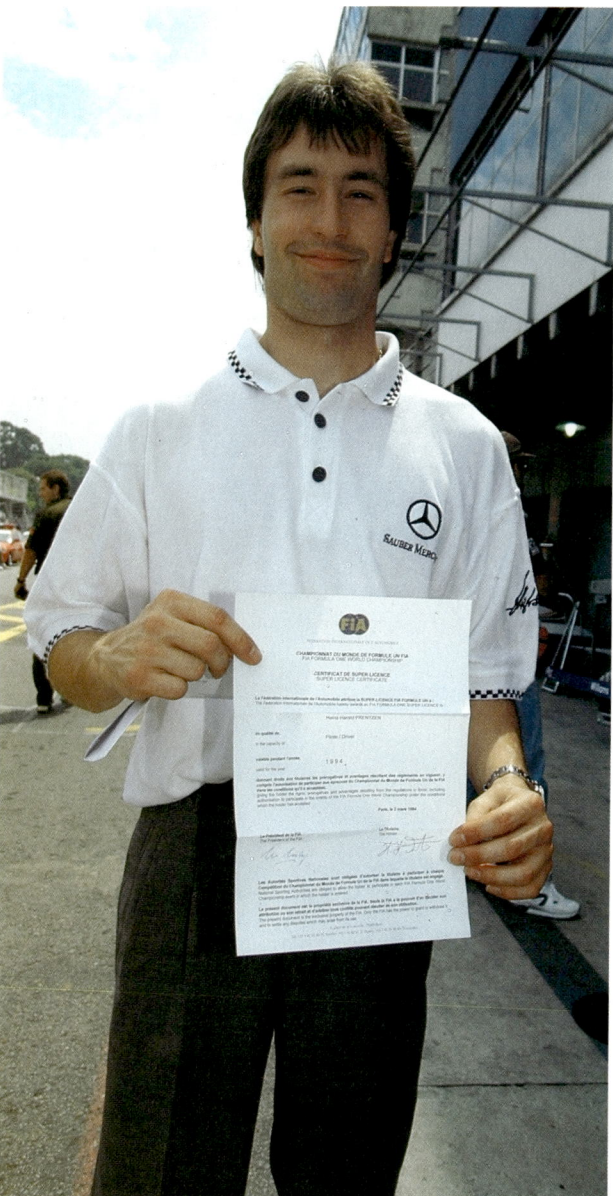

Frentzen mit Führerschein: Stolz präsentiert der Neuling die Formel-1-Superlizenz des Weltverbandes FIA.

vielsprechend begonnen hatte. In den Kart- und Nachwuchsklassen gewann der Mönchengladbacher so ziemlich alles, was es zu gewinnen gab. 1989 wurde er hinter seinem heutigen Teamkollegen Karl Wendlinger, aber vor Michael Schumacher Zweiter der Deutschen Meisterschaft. Dadurch erregte er die Aufmerksamkeit des damaligen Mercedes-Rennleiters Jochen Neerpasch.

Mercedes plante gemeinsam mit Sauber, ein Junior-Team für die Sportwagen-WM (Gruppe C) zu bilden. Das Trio Schumacher, Wendlinger und Frentzen sammelte jede Menge Erfahrung und alle wollten so schnell wie möglich in die Formel 1. Frentzen wählte den falschen Weg. Er verließ Mercedes und versuchte über die Formel 3000 den Einstieg. Die Europameisterschaft 1991 erwies sich aber als Pleite, das Jahr darauf verbrachte er in Sachen Motorsport weitgehend auf „seiner" alten Go-Kartbahn in Niederkrüchten, nahe der niederländischen Grenze. Beim 24-Stunden-Rennen in Le Mans fuhr Frentzen 1992 ohne Gehalt im Euro-Racing-Team, überzeugte mit einer eindrucksvollen Leistung im Regen aber die versammelte Fachwelt. Gegen Mitte des

Jahres 1992 stand Frentzen dann erneut vor einer schweren Entscheidung: Auf der einen Seite lockte das finanzschwache March-Team mit einem Formel-1-Vertrag für 1993, auf der anderen Seite bot sich die Möglichkeit, in der japanischen Formel 3000 gutes Geld zu verdienen und Erfahrung zu sammeln. Frentzen setzte auf Japan - die richtige Entscheidung, denn March fehlte der Hauptsponsor und damit brauchte das englische Team zur Formel-1-WM 1993 gar nicht anzutreten.

Im Fernen Osten geriet HH zwar in schwache F-3000-Teams und stand deshalb nur selten auf dem Podest. Aber er durfte für den Motorenhersteller und Honda-Ableger Mugen Formel-1-Tests absolvieren. Während der junge Deutsche hierzulande aus dem Blickfeld der Öffentlichkeit verschwand, hatte Peter Sauber den einstigen Musterschüler stets im Auge. 1993 lud er HH zu einem Test mit dem C 11 Sauber ein. Frentzen

überzeugte den Schweizer, und der größte Schritt in Richtung Formel 1 war vollbracht. Die Rückkehr zu Sauber-Mercedes nur noch eine Frage der Zeit.

Es war ein trauriger Abschied gewesen, als Heinz-Harald Frentzen seinerzeit das Sauber-Team verlassen hatte, umso schöner war die „Heimkehr": „Bei meinem Abschied war schon eine merkwürdige Stimmung, aber jetzt bin ich von denselben Menschen hervorragend aufgenommen worden. Das ist schon toll", schwärmt Frentzen. Die Zusammenarbeit mit Sauber läuft bestens. Damit der Kontakt zum Team auch durchgehend ist, mußte Frentzen natürlich seine Heimat Mönchengladbach verlassen.

Mittlerweile wohnt er in Zürich, die Nähe zum Sauber-Team in Hinwil war ausschlaggebend für die Wahl des Standortes Schweiz. Einen weiteren Wohnsitz hat der 26jährige in Monte Carlo, der heimlichen Hauptstadt der Formel 1. Neben Michael

Immer dabei: Vater Harald. Auch beim Grand Prix von Brasilien.

Schuhmacher, Ayrton Senna und Mika Häkkinen haben hier noch zahlreiche andere Rennfahrer ein Zuhause. Sowohl HH als auch Michael bezeichnen ihr Verhältnis als „freundschaftlich". Eine Rivalität, die über den Kampfgeist am Steuer hinausgeht, verweisen beide ins Reich der Phantasie und des Klatschs.

HH weiß, daß er künftig selten daheim in Mönchengladbach sein wird. Dort hat er früher im Bestattungsinstitut seines Vaters Harald mitgeholfen. Dieser war gleichzeitig sein erster

Förderer und größter Fan. Sämtliche Kartrennen des Juniors hat der Senior mit der Videokamera aufgenommen. Auch im weiteren Verlauf der Karriere war der Motorsportfan fast immer mit dabei. Bei einem Formel-Ford-Rennen sorgte Harald Frentzen für Aufregung: Da bei der Fernsehaufzeichnung sein Sohn Heinz-Harald offenbar nicht gebührend berücksichtigt wurde, stürmte Vater Frentzen gleich in den Übertragungswagen und versuchte den Regisseur zu überzeugen, die Kamera doch bitte auf den richtigen Fahrer zu halten.

Überhaupt, der Rennsport wird in der Familie Frentzen groß geschrieben. Nicole Nadine, eine von fünf Schwestern, hat die meisten ihrer fünf Jahre nachts auf einem Bett mit Rennauto-Gestell geschlafen. Ihr Lieblingsspielzeug ist eine

Dieser Ausrutscher kostete Frentzen 1989 den deutschen Formel-3-Titel. Sein diesjähriger Sauber-Kollege Wendlinger (hinten) schlüpfte durch und gewann die Meisterschaft - mit einem Zähler Vorsprung vor dem Deutschen.

„Heinz-Harald-Puppe" aus Japan. Während seiner Formel-3000-Zeit haben die Japaner dieses Spielzeug streng nach dem Vorbild des talentierten Deutschen entworfen. Ein markantes Detail haben die Hersteller allerdings vergessen. Heinz-Harald hat am Stirnansatz seit seinem 15. Lebensjahr einige graue Haare. „Die habe ich nicht durch die ersten Formel-1-Testfahrten bekommen", weist Frentzen allzu wilde Spekulationen zurück.

Weitaus seltener als seinen Vater sieht Frentzen seine Mutter Angela, die in Alicante lebt. Zwei- bis dreimal im Jahr besucht er die Spanierin in ihrer Heimat. Wenn „Hobby-Gourmet" Heinz-Harald (Frentzen über Frentzen) kommt, wird Paella aufgetischt, die Lieblingsspeise des Sauber-Piloten. „Ein gutes Essen gehört für mich einfach zum Leben und niemand auf der Welt bereitet eine bessere Paella zu als meine Mutter", verteilt Frentzen seine „Gourmet-Sterne". Gewichtsprobleme kennt er nicht, deshalb braucht er nicht zu sehr auf die Ernährung zu achten. Beim Großen Preis von Portugal in Estoril soll Mutter Angela dann Augenzeugin werden. „Eigentlich ist das Rennen in Barcelona ja der Heim-Grand-Prix für meine Mutter, aber dort sieht man als Zuschauer so wenig, deshalb kommt sie nach Estoril."

Heinz-Harald erinnert sich noch genau, wann seine Entscheidung für den Motorsport fiel. Als Zwölfjähriger schaute er begeistert einem Kartrennen im belgischen Nivelles zu. Von dem Moment an war klar: „Ich will Rennfahrer werden!" Besonders angetan war Klein-Heinz-Harald von einem Brasilianer namens Ayrton Senna. „Der fuhr so spektakulär, so wollte ich eines Tages auch einmal fahren", erinnert sich Frentzen. Den ersten Kontakt hatten die beiden im

Die Siegerpose beherrschte Heinz-Harald Frentzen bereits im zarten Alter von 16 Jahren meisterlich.

Die drei Formel-3-Kampfhähne von 1989: HH Frentzen (l.) und Michael Schumacher haben den Sprung in die Formel 1 geschafft - Michael Bartels guckt noch immer in die Röhre.

Januar dieses Jahres im portugiesischen Estoril. Zwischen den Testrunden blieb genug Zeit für Heinz-Harald, sich seinem Vorbild vorzustellen: „Ich bin der Neue", eröffnete Frentzen das Gespräch und war von dem dreimaligen Weltmeister sehr beeindruckt: „Bisher kannte ich ihn ja nur aus der Zeitung, aber er hat eine unheimliche Ausstrahlung." Aber auch Senna gab ein Kompliment zurück: „Der Junge ist ganz schön schnell."

Dafür hatte Frentzen eine Menge tun müssen. Beim ersten Formel-1-Test im Dezember 1993 in Barcelona war der Deutsche zwar auch schon pfeilschnell im Sauber-Mercedes, aber der Nacken war den hohen Fliehkräften noch nicht gewachsen. Der ehemalige Ski-Trainer Karl Frehsner, jetzt in Diensten des Sauber-Teams, stellt Frentzen ein entsprechendes Fitnessprogramm auf. Mittlerweile ist der Neuling auch körperlich den Anforderungen gewachsen.

Damit mit den beiden Sauber-Piloten Wendlinger und Frentzen niemand Schlitten fährt, hat Frehsner sie kurzerhand in einen Bob gesetzt und (mit Fahrer) den Eiskanal von St. Moritz hinuntergeschickt. Der Versuch, auch Formel-1-Fahrer einem unbekannten, starken Reiz auszusetzen, verfehlte seine Wirkung nicht: „Irgendwie war mir ganz schön mulmig, kein Vergleich mit einer Achterbahn", urteilte Frentzen voller Anerkennung.

Ihm selbst wurde von der Fachpresse viel Anerkennung gezollt, seit er sich bei seinem ersten Formel-1-Rennen gleich für die dritte Startreihe qualifizierte. Daß er mit einem Dreher in der 15. Runde ausschied, führten viele auf mangelnde Erfahrung zurück. Aber immerhin war es erst fünf Monate her, daß ein Anruf das Leben von HH so drastisch veränderte.

Mit über 180 Grand Prix ist Michele Alboreto, Vizeweltmeister von 1985, der Dienstälteste aller diesjährigen GP-Fahrer. Karl Wendlinger arbeitet, wird Wendlingers Sauber vom neuesten Motor getrieben - dem Mercedes V10.

gegen zu Saisonbeginn gerade mal 32 GP hinter sich. Während im Heck des Minardi der bewährteste aller GP-Motoren - der Ford V8 -

Michael Schumacher auf dem Weg zur Box. Im Vordergrund die Schnauze des Simtek von Roland Ratzenberger. Beim GP von Brasilien w scheinlich den Sieg.

netton-Team beim Boxenstopp eine halbe Sekunde schneller, als die Williams-Mannschaft. Diese halbe Sekunde kostete Ayrton wahr-

Williams-Renault

Williams GP Engeneering Ltd.
Basil Hill Road
Didcot, Oxfordshire
Berks OX11 7HW
England
Tel. 0044-235-815161
Fax 0044-235-816176

2 Ayrton Senna

Typ FW16

Motor: Renault V10 (ca. 790 PS)
(Detaillierte Motorinfos Seite 92)
Getriebe: transversal,
6 Gänge (halbautomatisch)
Länge: 4200 mm
Spur (v/h): 1670 mm/1600 mm
Höhe: 1000 mm
Radstand: 2990 mm
Gewicht: 505 kg
Dämpfungssystem: Williams
Motorelektronik: Magneti-Marelli
Kraftstoff: Elf

0 Damon Hill

Alle statistischen Angaben
entsprechen dem Stand
vor Beginn der WM 1994.

0 Damon Hill

Geburtstag	17. 9. 1960	
Geburtsort	London	
Nationalität	Brite	
Wohnort	London	
Größe	1,83 m	
Gewicht	72 kg	
Familienstand	verheiratet mit Georgie	
Kinder	2 Söhne (Oliver und Joshua)	
Erlernt. Beruf	Wirtschaftsstudium	
Hobbys	Gitarre, Motorradfahren, Golf	

Weg in die Formel 1:

1983-1984 Motorradrennen
1985 Formel Ford 1600
1986-1988 Formel 3, brit. Meisterschaft
1988-1991 Formel 3000, Europameisterschaft

Er hatte schon von Geburt an eine riesengroße Hürde zu überspringen. Wie so viele Söhne berühmter Väter. Für Damon Hill aber ist der Schatten seines Vaters mächtiger, größer: Derselbe Beruf, derselbe Anspruch, ja selbst der Sturzhelm erinnert an das Markenzeichen seines Vaters. Die Erfolge von Graham Hill, gestorben 1975 bei einem Flugzeugabsturz: Zweimal Weltmeister, ein Le-Mans-Sieg, Gewinner der berühmten 500 Meilen von Indianapolis. Damon wollte ursprünglich gar nicht Formel-1-Rennfahrer werden. Er fuhr Motorradrennen und spielte in einer Rockband. Aber dann wechselte er 1985 doch auf

2 Ayrton Senna

Geburtstag	21. März 1960	
Geburtsort	Sao Paulo	
Nationalität	Brasilien	
Wohnort	Monte Carlo, Sao Paulo	
Größe	1,75 m	
Gewicht	75 kg	
Familienstand	geschieden	
Erlernt. Beruf	Studium der Betriebswirtschaft	
Hobbys	Modellflugzeuge, Jet-Ski, Wasserski, Tennis	

Weg in die Formel 1:

1965 - 1980 Kart • 198..
Formel Ford 1600, Brit. Meister • **1982** Formel Ford 2000, Brit. + Europameister • **1983** Formel 3, Brit. Meister

Formel-1-Chronik

Debüt

Brasilien 1984

Er ist der Meister, der Chef im Ring. Formel-1-Techniker drücken die Qualität eines Grand-Prix-Fahrers greifbarer in Zahlen aus: Eine Sekunde, behaupten die Ingenieure, die mit Senna gearbeitet haben, ist er - egal in welchem Auto - schneller als jeder andere Gegner. Der typische Senna-Stil: explosiv, eine sensationelle EinMann-Show im Rennwagen. Jenseits des Cockpits: still, spricht kaum ein Wort, ist distanziert, manchmal verletzend und abweisend. „Der Hauptgrund für meine Erfolg", sagt der 34jährige, der mit vollem Namen Ayrton Senna da Silva heißt, „war meine Aggressivität, bei allem, was ich getan

Formel-1-Chronik

Debüt

Spanien 1992

Teams	WM-Rang
1992 Brabham	0 Pkt
1993 Williams	3

Bilanz

18	Starts
3	Siege
2	Pole Positions
69	Punkte

Hill übernahm für seinen Helm das Design seines Vaters. Die Farben Dunkelblau und Weiß stammen vom vornehmen Londoner Ruderclub Putney, die acht weißen Flecken symbolisieren Ruderblätter. In dem Verein lernten sich Damons Eltern kennen.

vier Räder. Er schlug sich in der Formel 3 und der Formel 3000 mehr schlecht als recht durch, bekam aber 1992 einen Testvertrag bei Williams. Sicherlich gab der berühmte Name Rückenwind, aber Damon überzeugte mit konstanten Leistungen. 1993 folgte die Belohnung. Erste komplette Formel-1-Saison für Williams, versüßt mit drei Grand Prix Siegen. Damit ist Hill junior derzeit der erfolgreichste Brite im Formel-1-Zirkus. Sein Problem 1994: Wird der Abstand zwischen ihm und Senna zu groß, werden jene Kritiker bestätigt, die behaupten, 1993 war es für Hill leicht, im haushoch überlegenen Williams gegen Sennas schwächeren Wagen zu gewinnen.

Teams	WM-Rang
1984 Toleman	9
1985 Lotus	4
1986 Lotus	4
1987 Lotus	3
1988 McLaren	**Weltmeister**
1989 McLaren	2
1990 McLaren	**Weltmeister**
1991 McLaren	**Weltmeister**
1992 McLaren	4
1993 McLaren	2

Bilanz

158	Starts
3	WM-Titel
41	Siege
62	Pole Positions
614	Punkte

Den Helm entwarf der Designer Sid (Sao Paulo). Die Farben stammen von Brasiliens Nationalflagge. Senna: „Gelb steht für Glück, Grün verheißt Hoffnung, und das Weiß der feinen Streifen symbolisiert weltweit Frieden, Energie und Macht."

habe. Wäre das nicht so, würde ich nicht die innere Dynamik spüren, die mich nach vorn treibt." Die Senna-Mischung aus Übertalent, einem gewissen Sendungsbewußtsein, Siegeshunger, Ehrgeiz und Egoismus, macht ihn auch 1994 zum Titelfavoriten. Um die vierte WM-Krone zu gewinnen, hat er nach sechs Jahren McLaren verlassen. Der Senna-Williams-Pakt ist auf dem Papier praktisch unschlagbar: bester Fahrer, bester Motor und das Williams-Fahrwerk? Selbst McLaren-Boß Ron Dennis muß zugeben: „Wer ein gutes Aktiv-Auto bauen kann, der kann es auch mit passiver Aufhängung. Und der Williams war 1992 und 1993 das beste Auto."

WILLIAMS-RENAULT

Teamchef	Techn. Direktor
Frank Williams	**Patrick Head**

Er hatte sein Ziel schon erreicht: Erfolg in dem Sport, der ihm alles ist. Der Unfall mit einem Mietwagen in Südfrankreich verwandelte die Happy-End-Story für Williams in eine Tragödie. Als Frank Williams im Frühjahr 1985 im Hospital von Marseille nach einer mehrstündigen Notoperation aufwachte, erfuhr er die grausame Wahrheit: Gelähmt von den Schultern abwärts. Ein Fall für den Rollstuhl. Lebenslang. Nichts neues für Frank, denn für den Sohn eines RAF-Piloten, in Waisenhäusern aufgewachsen, war der Überlebenskampf tägliches Brot. Mit Mini-Budgets und Finanzakrobatik war er zehn Jahre und mehr „der ärmste Formel-1-Teamchef". Er lebte ständig am Rand der Superpleite. Bis er Ende der siebziger Jahre eine märchenhafte Geldquelle anbohrte: Arabische Geschäftsleute wurden von nun an der Treibsatz für seine Karriere als Formel-1-Teamchef. Mit den Saudis kam für Frank Williams der Erfolg. Zusammen mit Partner und Konstrukteur Patrick Head leitet er seit Anfang der achtziger Jahre eines der erfolgreichsten Formel-1-Teams. Head kam nach Zwischenstationen bei Wolf und Trojan Anfang der 80er Jahre zu Williams. Vielleicht ist sein Auftritt nicht so glänzend und glitzernd wie der von John Barnard. Allerdings hat sich der ansonsten etwas konservative Konstrukteur Head in diesem Jahr auch etwas „revolutionäres" am neuen FW16 einfallen lassen. Die Antriebswelle verlegte er in einen flügelprofilartigen Träger der Radaufhängung, und die untere Fläche des Heckflügels weist einen markanten Knick auf. In Brasilien siegte allerdings jenes Autos, das im Vergleich zu 1993 keine besonders auffälligen Veränderungen aufweist...

Team und Chancen

Seit 1975 in der Formel 1, bei 313 Grand-Prix-Einsätzen 71 Siege, sechs Mal Weltmeister in der Konstrukteurswertung. Fünf Mal stellte Williams den Fahrer-Weltmeister: 1980 Alan Jones, 1982 Keke Rosberg, 1987 Nelson Piquet, 1992 Nigel Mansell, 1993 Alain Prost. In den letzten beiden Jahren geradezu unschlagbar. Grund: die innovative Supertechnik. Dieser Vorteil fällt für 1994 wegen der starken Einschränkung technischer Freiheiten teilweise weg. Was bleibt, sind der technische Höchststand, die professionelle Organisation und die finanziellen Voraussetzungen. Ganz zu schweigen vom starken Motoren-Partner Renault. Williams bleibt für die meisten Experten 1994 Titelfavorit.

Sponsoren

Rothmans (Zigaretten) **Devilla** (Teigwaren), **Elf** (Benzin, Öl) Etat ca. 100 Mio. Dollar

Wie man die Formel I gewinnt, dabei zu vergessen.

Renault bringt technische Über von der Piste auf die Straße.

Der neue **Laguna** und die neue Williams Formel-1-Generation verfügen in ihren Bereichen über das Beste, was Renault-Technik zu bieten hat. Höchste Kompetenz, die sich in führender Motorentechnologie, Sicherheit, Qualität und Zuverlässigkeit äußert. Und in familienfreundlichen, zeitgemäßen Autokonzepten. Aktuellster Beweis

ohne das Publikum

Abb.: Der neue Renault Laguna.

egenheit

unserer Philosophie „Autos zum

Leben" ist der neue Renault **Laguna**.

Eine Proberunde bei Ihrem Renault

Partner wird Sie davon schnell

überzeugen.

RENAULT
AUTOS
ZUM LEBEN

Tyrrell-Yamaha

Tyrrell Racing Ltd.
Long Reach
Ockham, Woking
Surrey GU23 6PE
England
Tel. 0044-483-284955
Fax 0044-483-284892

TYRRELL-YAMAHA

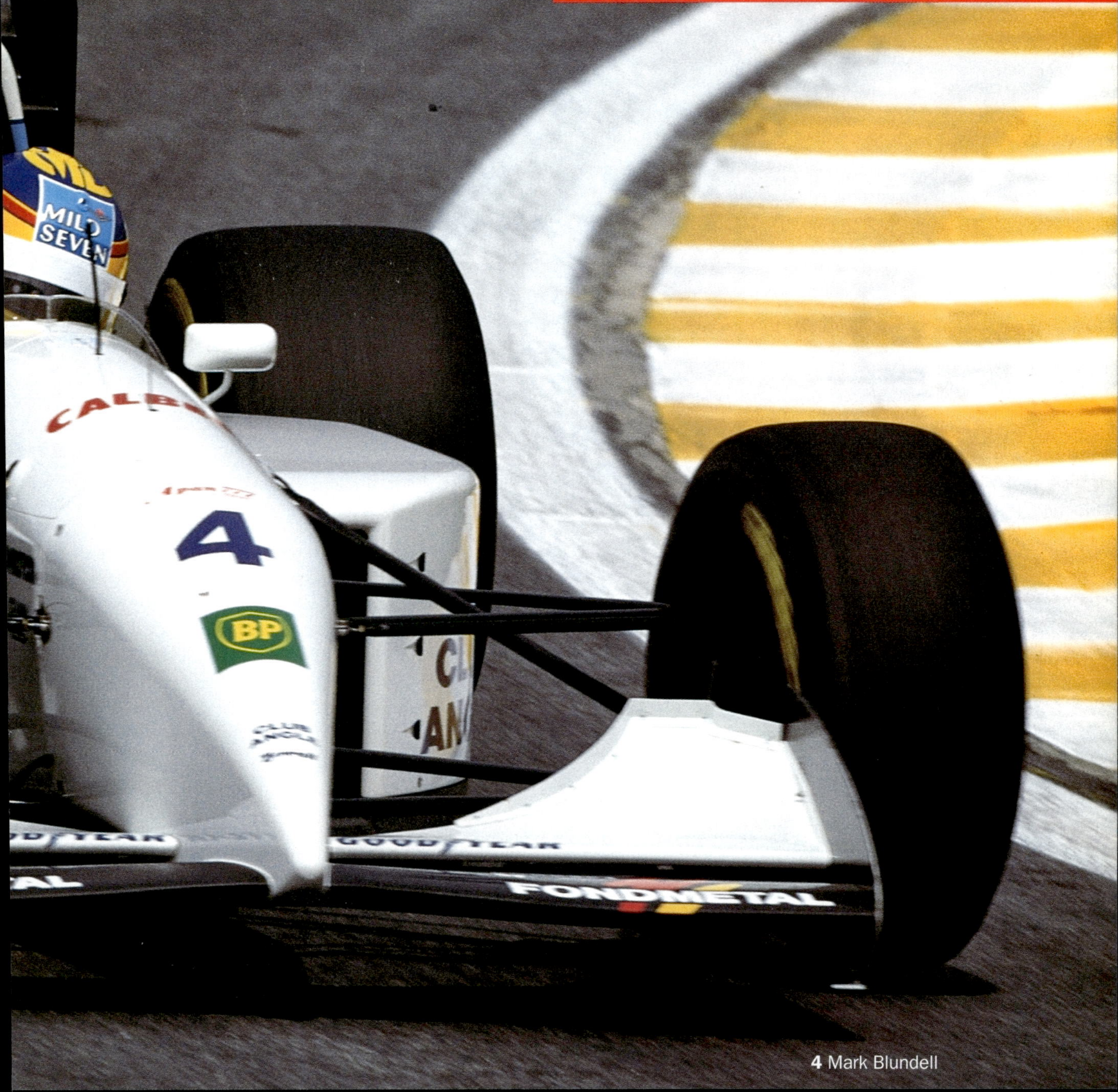

4 Mark Blundell

Typ 022

Motor: Yamaha V10 (660 PS)
Getriebe: transversal, 6 Gänge (sequentiell)
Länge: 4300 mm
Spur (v/h): 1700 mm/1610 mm
Höhe: 1000 mm
Radstand: 2900 mm
Gewicht: 505 kg
Dämpfungssystem: Koni
Motorelektronik: Zytek
Kraftstoff: BP

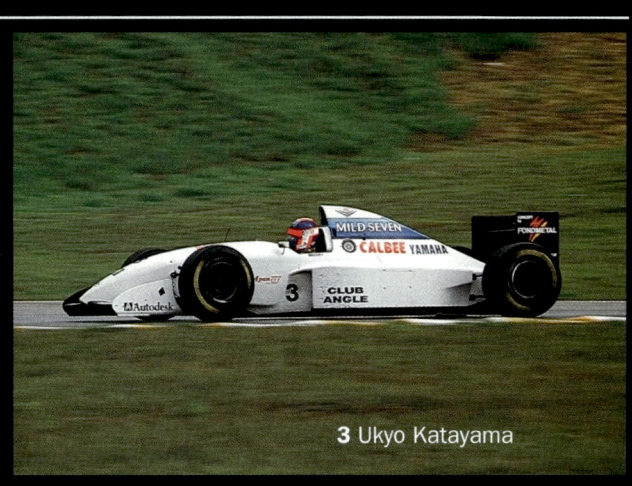

3 Ukyo Katayama

3 Ukyo Katayama

Geburtstag	26. Mai 1963
Geburtsort	Tokio
Nationalität	Japaner
Wohnort	Monte Carlo
Größe	1,65 m
Gewicht	65 kg
Familienstand	verheiratet mit Rumiko
Kinder	1 Sohn (Ryui)
Hobbys	Autofahren, Golf

Weg in die Formel 1:

1983 Formel Japan 1600 **1984** Formel Japan 1600, Meister • **1985** Formel 3, jap. Meisterschaft • **1986** Formel Renault + F3, franz. Meisterschaft • **1987** Forme 3, franz. Meisterschaft • **1988 + 1989** Formel 3000, jap. Meisterschaft + EM **1990** Formel 3000, jap. Meisterschaft • **1991** Forme 3000, Japanischer Meister

Seit drei Jahren fährt der frühere Gewinner der japanischen Formel-3000-Meisterschaft in der Formel 1. Die ersten beiden WM-Punkte seiner Laufbahn holte er beim 31. Start in Brasilien 1994. Das zeigt: Ukyo, gerade 1,65 m groß, ist kein Mann, der im Grand-Prix-Zirkus Bäume ausreißt, aber er ist für Überra-schungen gut. Sein großer Traum ist, „nur einmal einen Grand Prix zu gewinnen." So wie es aussieht, bleibt es eine Katayama-Utopie. Denn Ukyo, im wesentlichen im-mer von japanischen Sponsoren im Formel-1-Geschäft gestützt, hat al-lenfalls das Zeug für einen Platz im Mittelfeld. WM-Punkte in größe-rer Zahl wären - ohne Glück und

4 Mark Blundell

Geburtstag	8. April 1966
Geburtsort	Barnett
Nationalität	Brite
Wohnort	Huntigdon/GB
Größe	1,70 m
Gewicht	78 kg
Familienstand	verlobt mit Deborah
Kinder	1 Sohn (Mark jr.)
Hobbys	Classic Cars, Golf, Squash

Weg in die Formel 1:

1980 - 1983 Motocross ju **1984** Formel Ford 1600 • **1985** Esso Formel Ford 160 senior, Meister • **1986** EF Formel Ford 2000, Meister **1987** Formel 3000-EM • **198** Formel 3000, EM-Sechster **1989** Formel 3000 • **19** Sportwagen-Weltmeistersch (Nissan), Williams-Formel Testfahrer • **1992** Sportwag Weltmeisterschaft (Peugeo Le-Mans-Sieger, McLaren-F mel-1-Testfahrer

In England gilt er noch im-mer als eine Art Ersatz-Mansell. Vielleicht, weil er zu Beginn seiner Karriere immer ein Gewinner war: Champion im Kart, auf der Motocross-Maschi-ne sogar schon mit 14. Später in der Formel Ford 25 Siege in ei-nem Jahr. „The will to win" - der Wille zum Sieg, pinselte er sich damals auf seinen Schutzhelm. Das war wie ein Versprechen, und das wollte er jedem zeigen. Dennoch geriet die Karriere ins Stocken. Die alte berüchtigte Formel-3000-Krankheit: drei Jahre Kampf und nur wenig Erfolg. Der Ausweg: Testfahrer bei Williams, später bei McLaren, und ein paar sporadische Formel-1-Einsätze. Endlich, im

Formel-1-Chronik

Debüt

Südafrika 1992

Teams	WM-Rang
1992 Larrousse-Venturi	0
1993 Tyrrell	0

Bilanz

31 Starts
2 Punkte

Die Lieblingsfarben des Japaners sind Blau, Rot und Weiß. Aus diesen Farben hat er sich mit Phantasie selber ein Muster ausgedacht, das seit 1985 nur noch in winzigen Details verändert wurde, um Sponsorwünschen entgegenzukommen.

Ausfallpech der Konkurrenz - schon ein wirklicher Volltreffer. Darüberhinaus: Ukyo gilt als Dreherkönig und ansonsten als nicht besonders schnell. Er ist ein Mann für das Hinterfeld, ein schöner Farbfleck im multinationalen Vollgaszirkus. Zurückhaltend, bescheiden und immer freundlich. Eine gute Eigenschaft - und selten dazu in der Kühlschrank-Atmosphäre der Formel 1. Aber auf der anderen Seite auch kein großer Handelswert, wenn es um PS-Geschäfte geht. Sein Ausblick für sein zweites Tyrrell-Jahr: brav und redlich weiterer WM-Punkten hinterherzufahren und natürlich den schönen Traum vom Grand-Prix-Sieg träumen.

Formel-1-Chronik

Debüt

USA 1991

Teams	WM-Rang
1991 Brabham	18
1993 Ligier	10

Bilanz

30 Starts
11 Punkte

Auf dem Helm steht: „The will to win" (der Wille zum Sieg) - in Erinnerung an das Motto seines Großvaters, der Blundells Karriere stark unterstützt hat. Auf der Helmoberseite ließ Blundell seine Initialen „MB" aufbringen.

letzten Jahr, bekam er bei Ligier die langersehnte richtige Formel-1-Chance. Blundell bot gute Resultate, war aber nicht so gut, daß er sofort bei einem Spitzenteam unterkam. Aus Angst vor einem Absturz aus dem Formel-1-Geschäft hat Mark, der auch bei McLaren als zweiter Fahrer lange im Gespräch war, schnell bei Tyrrell unterschrieben. Symptomatisch für ihn, der das Zittern und den Nervenkrieg um einen besseren Arbeitsplatz nicht ertragen will. Ob der sportliche, eher ruhige Mark mit dem Tyrrell 1994 aber die Basis für eine langfristige und gesicherte Formel-1-Karriere schafft, ist fraglich. Zumindest gilt er im Team als die klare Nummer eins.

Teamchef	Techn. Direktor
Ken Tyrrell	**Harvey Postlethwaithe**
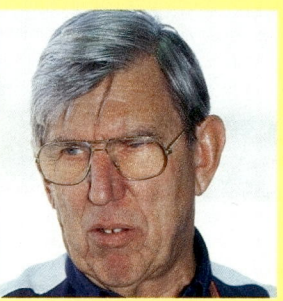	

Ken Tyrrell hat alle Höhen und Tiefen in der Formel 1 erlebt. Der Mann ist Motorsport-Urgestein. Seit mehr als 40 Jahren im Geschäft, früher selbst hinter dem Lenkrad. Anfang der 60er Jahre begann er mit einem Team der Formel 3, wechselte dann in die Formel 2 und ging 1968 das Wagnis Formel 1 ein. Der steinige Aufstieg (zusammen mit Jackie Stewart) wurde mit insgesamt drei Weltmeistertiteln gekrönt. Die Partnerschaft Tyrrell-Stewart ist heute Formel-1-Legende, doch Ken Tyrrell wird im Grand-Prix-Zirkus oft in einem Atemzug mit Enzo Ferrari und Lotus-Boß Colin Chapman genannt. Ken hat beide überlebt. Sein legendärer Ruf ist nicht verblüht. Er gilt noch immer als Übervater, als Kenner, der die Talente todsicher

wittert und sie als PS-Mentor in der Formel-1-Welt anlernt. Sein letzter erfolgreicher Zögling: Jean Alesi. Aber die Lorbeeren des Tyrrell-Teams sind ziemlich verwelkt. Der letzte Sieg ist mehr als zehn Jahre alt. (USA 1983, Alboreto) Trotzdem: der Name Tyrrell hat in der Formel-1-Welt noch immer Gewicht. 1994 hat sich das Team verstärkt. „Es gibt ein Tyrrell-Comeback", behauptet Tyrrell-Teilhaber Harvey Postlethwaithe, von Ferrari zum Traditionsteam zurückgewechselt. „Das neue Reglement wird uns auch helfen." Das Team geht mit neuem Schwung in die Rennen 1994. Der Auftakt war immerhin hoffnungsvoll. Katayama landete auf Platz 5 und holte 2 WM-Punkte. 1993 hatte das Team nicht einen.

Team und Chancen

Seit Ende der siebziger Jahre abgefallen ins Formel-1-Mittelmaß. Halbwegs gute Resultate verbuchte man zuletzt 1989 und 1990. Hauptgrund: Rennsport-Legende Ken Tyrrell konnte oder wollte sich den neuen Managementmethoden des Geschäfts nicht anpassen. Der Formel-1-Patriarch wurde von Leuten wie Dennis, Williams oder Briatore überholt, er selbst verharrte auf dem Stand der siebziger Jahre. Folge: mit den guten Resultaten blieben auch die großen Sponsoren aus. Lediglich der gute Name hat das Team vor dem Untergang bewahrt. Mit dem neuen technischen Management unter Postlethwaithe hat Ken Tyrrell eine Chance, sich ab 1994 an den modernen Gegebenheiten erfolgreich zu orientieren.

Sponsoren

Mild Seven (Zigaretten), **Yamaha** (Motoren), **Calbee** (Snacks), **Club Angle** (Mode)
Etat ca. 30 Mio Dollar

Benetton-Ford

Benetton Formula Ltd.
Whiteways Technical Centre
Enstone
Chipping Norton
Oxfordshire, OX7 4EE
England
Tel. 0044-608-678000
Fax 0044-608-678800

BENETTON-FORD

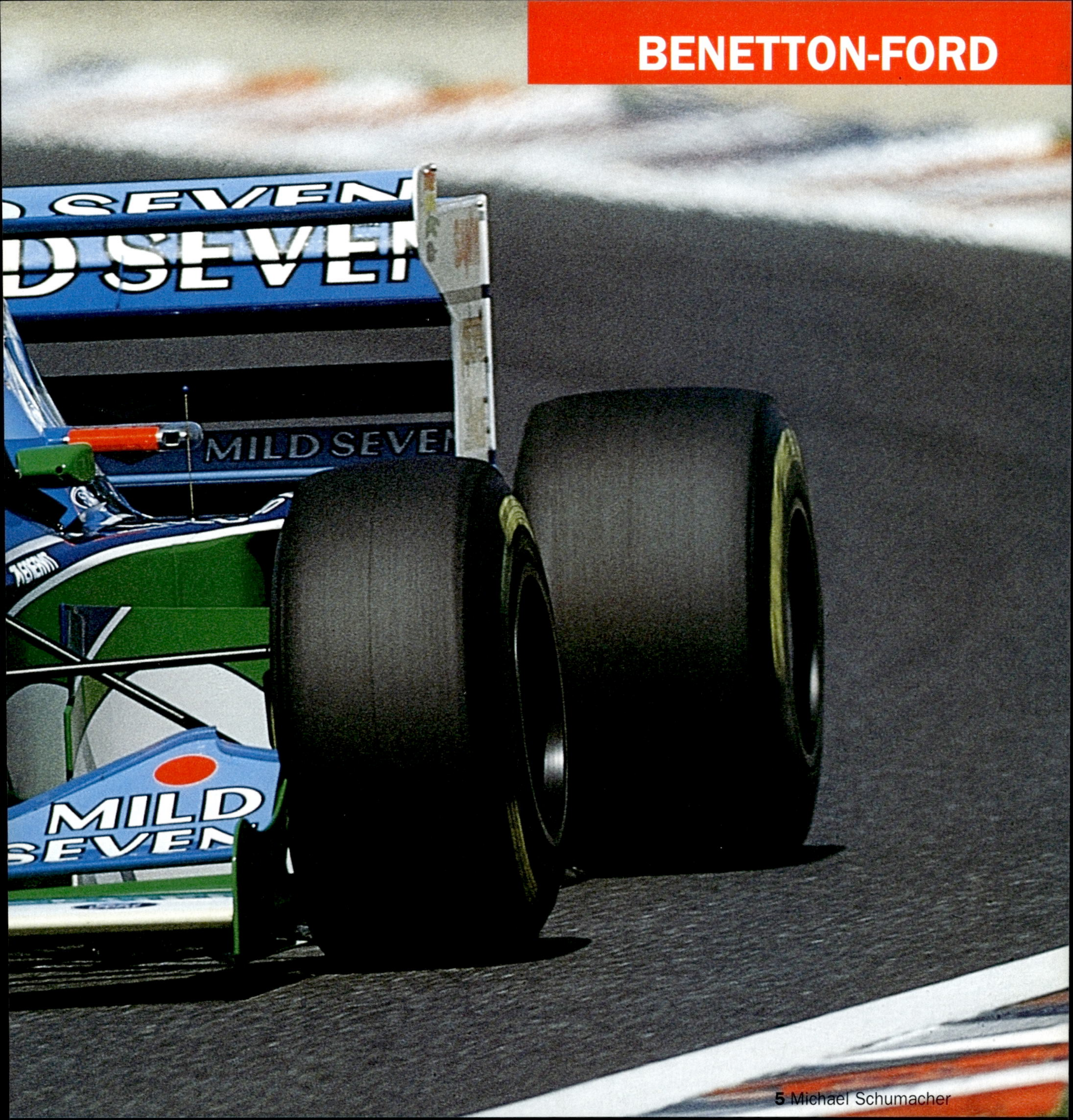

5 Michael Schumacher

Typ B194

Motor: Ford V8 (730 PS)
Getriebe: transversal, 6 Gänge (halbautomatisch)
Länge: 4075 mm
Spur (v/h): 1690 mm/1618 mm
Höhe: 950 mm
Radstand: 2990 mm
Gewicht: 505 kg
Dämpfungssystem: Benetton
Motorelektronik: Ford Electronics
Kraftstoff: Elf

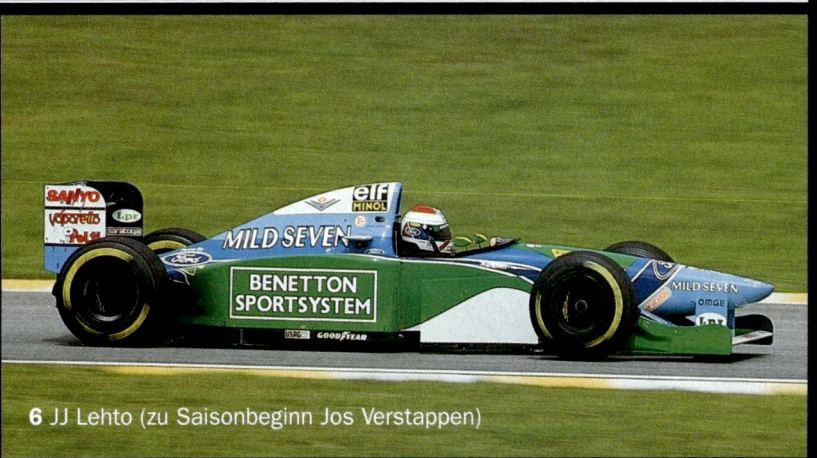

6 JJ Lehto (zu Saisonbeginn Jos Verstappen)

5 Michael Schumacher

Geburtstag	3. 1. 1969
Geburtsort	Hürth-Hermülheim
Nationalität	Deutscher
Wohnort	Monte Carlo
Größe	1,74 kg
Gewicht	67 kg
Familienstand	ledig, Freundin Corinna
Erlernt. Beruf	Kfz-Mechaniker
Hobbys	Go-Kart, Radfahren, Joggen

Weg in die Formel 1:

1984 Kart, Dt. Junioren-Meister • **1985** Kart, Dt. Junioren-Meister, WM-Zweiter **1986** Kart, DM-Dritter, EM-Dritter. **1987** Kart, Dt. Meister, Europameister • **198.** Formel König, Meister, Formel Ford 1600 • **1989** Formel 3, DM-Dritter • **199.** Formel 3, Dt. Meister **1990 + 1991** Sportwagen-WM mit Sauber-Mercedes

Ein furioser Auftakt! Mit einer ganzen Runde Vorsprung gewann Michael den 1. GP-Lauf 1994 in der Heimat seines großen Rivalen Senna. Aus „The Wunderkind", dem deutschen Renn-Mozart, ist längst ein hochkarätiger Formel-1-Rennfahrer geworden. Indiz: der hochdotierte Dreijahresvertrag mit Benetton über 18 Millionen Dollar. Benetton-Manager Briatore: „Schumacher ist genauso gut wie Senna, aber jünger. Warum sollten wir also nicht in die Zukunft investieren?" Alle mächtigen Team-Chefs von Ferrari über Williams bis McLaren kritisierten den Schumacher/Benetton-Vertrag. „Kein Wunder", lächelt der Wunder-

6 JJ Lehto

Geburtstag	31. 1. 1966
Geburtsort	Espoo
Nationalität	Finne
Wohnort	Monte Carlo
Größe	1,80 m
Gewicht	66 kg
Familienstand	ledig
Hobbys	Alte Autos, Squash, Skifahren, Badminton

Weg in die Formel 1:

1972 - 1980 Kart • **1981** **1983** Motocross • **198.** Formel Ford 1600, finn. Meisterschaft, Vierter **1986** Formel Ford 1600 Finn. u. Skan. Meister, Sieger der Euroseries • **198.** Formel Ford 2000, Brit. Meister, Sieger der Euroseries 1988 Formel 3, Brit. Meister • **1989** Formel 3000-EM

Wenn man seinen richtigen Namen liest oder den Versuch macht, Jyrki Jarvilehto auszusprechen, ist man froh, daß er sich einfach „JJ" nennt. Lehto ist ein Sunnyboy. Das freundliche Lächeln gilt als Markenzeichen des Finnen. Beim Anblick der blonden Haartolle möchte man meinen, der Kerl sei geradewegs dem berühmten Comic „Tim und Struppi" entsprungen. JJ ist ein Rennjuwel im Wartestand. Vielleicht haben sich Kenner von ihm in den letzten Jahren mehr versprochen. Der ehemalige Ferrari-Testfahrer - 1989 frisch aus der englischen Formel 3 für die berühmte Scuderia rekrutiert - galt nämlich schon als kommender Su-

BENETTON-FORD

Formel-1-Chronik

Debüt

Belgien 1991

Teams	WM-Rang
1991 Jordan/	
Benetton	12
1992 Benetton	3
1993 Benetton	4

Bilanz

38	Starts
2	Siege
109	Punkte

1994 hat der Kerpener sein Helm-Design geändert. Jahrelang trug er die Farben in der Reihenfolge der belgischen Nationalflagge. Jetzt erinnert die Kombination an die deutsche Flagge. Das Design hat ein Freund von Schumacher entworfen.

knabe aus Kerpen, „sie hätten mich gerne selbst verpflichtet." An Selbstvertrauen hat es ihm noch nie gefehlt. Schließlich mußte er auch in seiner gesamten Rennfahrerkarriere noch nie einen wirklichen k.o. einstecken. Für viele ist der 25jährige der Weltmeister von morgen. Michael ist der Prototyp einer neuen Rennfahrergeneration.

Wie Ayrton Senna wuchs er im Kartsport auf, wo ein unerhörter Siegeswille schon in jungen Jahren entwickelt wird. In punkto Fitneß hat Schumacher den Klassenprimus Senna bereits überflügelt. Beim Krafttraining war der Deutsche zuletzt so ehrgeizig, daß er im November 1993 an beiden Knien operiert werden mußte.

Formel-1-Chronik

Debüt

Spanien 1989

Teams	WM-Rang
1989 Onyx	0
1990 Onyx	0
1991 Dallara	12
1992 Dallara	0
1993 Sauber	13

Erfolge

54	Starts
9	Punkte

1993 korrigierte Lehto zweimal das Design. Als ein sehr enger Freund von ihm starb, änderte er das Design nochmals. Seither trägt er ein Schachbrettmuster auf dunkelblauem Untergrund. Dabei will er bleiben.

perstar. Jedoch die Teams, für die JJ fuhr, waren kaum erste Wahl, und Sauber im letzten Jahr noch Formel-1-Anfänger. 1994 hat Lehto zum ersten Mal eine echte Chance, in einem Spitzenteam sein Talent mit glanzvollen Resultaten zu demonstrieren. Wie groß die Herausforderung durch ein Topteam sowie einen Topfahrer als

Teamkollegen ist, wurde im Februar bei Testfahrten in Silverstone deutlich. Lehto hatte einen High-Speed-Unfall und kann von Glück reden, daß er nicht im Rollstuhl sitzt. Nach einer Operation an zwei Halswirbeln mußte Lehto beim Saisonstart in Brasilien Testfahrer Jos Verstappen den Vortritt lassen.

Portrait Verstappen auf S. 36

Teamchef
Flavio Briatore

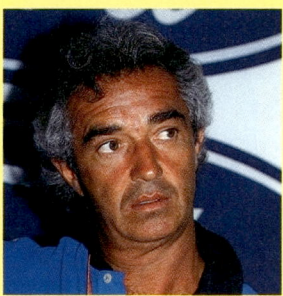

Techn. Direktor
Ross Brawn

Eine italienisch-britische Allianz auf der Siegerstraße. Flavio Briatore und Tom Walkinshaw haben, seit sie am Ruder sitzen (1989), ganze Arbeit geleistet. Benetton hat nicht zuletzt dank Schumacher nach Jahren der Mittelmäßigkeit zu den großen Drei (McLaren, Williams, Ferrari) aufgeschlossen. „Und in den nächsten Jahren", behauptet ein selbstbewußter Flavio Briatore „wollen wir die Nummer 1 sein." Briatore gilt durchaus als Realist. Er kam 1989 als Beauftragter von Team-Eigner Luciano Benetton in die Formel 1 und hat sich seitdem bestens akklimatisiert. Zusammen mit dem Rennprofi Walkinshaw (Ex-Rennfahrer, Ex-Teamchef, schlauer Geschäftsmann, kurz: ein Mann der Praxis) bildet das Gespann ein Organisationsteam Handelsklasse A. Weiterer Aktivposten bei

Benetton: Ross Brawn. Der Designer kam mit Walkinshaw zu Benetton, war vorher schon in Jackie Olivers Formel-1-Team tätig. Der stille, introvertierte Brite profitiert fraglos noch immer von dem Grunddesign des Benetton, den John Barnard Anfang der neunziger Jahre für das Team entworfen hat. Aber es ist ihm gelungen, in den letzten Jahren die richtigen Entwicklungsschritte, vor allem auf aerodynamischem Sektor, einzuleiten. So wurde aus dem Benetton 1993 neben Williams das sicherlich konkurrenzfähigste Chassis. Bereits 1993 sagte man dem Benetton nach, sogar das beste Auto im Feld zu sein. Doch bis zu 80 PS Leistungsdifferenz gegenüber den Renault-Motoren kann selbst ein Supertalent wie Schumacher allein nicht wettmachen.

Team und Chancen

Unter dem Namen Toleman seit 1981 in der Formel 1. Benetton übernahm es von dem britischen Industriellen Toleman im Jahr 1985. Bis heute feierte Benetton 185 Grand Prix und 7 Siege. Ab 1988 erlebte das Team eine kontinuierliche Leistungssteigerung: Zweimal Platz vier in der Konstrukteurswertung (1988/91) und viermal Platz drei (1988/90/92 und 93). In den letzten beiden Jahren gab es mit Michael Schumacher noch einmal einen mächtigen Schub. Briatores Ziel für 1994: „Ich erwarte in der Konstrukteurs-WM Platz zwei." Ein Fragezeichen steht allerdings hinter dem neuen Ford Zetec R V-8-Zylinder. Die Gewichtsvorteile des Motors im Gegensatz zu den 10- und 12-Zylindern und damit der geringere Spritverbrauch sind 1994 nicht mehr ausschlaggebend: Es darf ja nachgetankt werden.

Sponsoren

Benetton (Kleidung), **Mild Seven** (Zigaretten), **Sanyo** (Hifi), **Elf** (Benzin)
Etat ca. 70 Mio. Dollar

6 Jos Verstappen
Ersatzfahrer Benetton

Geburtstag	4. 3. 1972
Geburtsort	Montford
Nationalität	Niederländer
Wohnort	Maaseik/ Belgien
Größe	1,74 kg
Gewicht	70 kg
Familienstand	ledig
Erl. Beruf	Kfz-Mechaniker
Hobbys	Sport allgemein

Weg in die Formel 1:

1982 - 1991 Kart
1983 Niederl. Meister
1984 Niederl. Meister
1986 Benelux-Meister
1989 zweimaliger Europameister
1991 Belg. Meister
1992 Formel Opel Lotus, Benelux-Meister
1993 Formel 3, Deutscher Meister

WELCOME TO THE CLUB!

Jos Verstappen vertritt zu Beginn der Saison 1994 den verletzten JJ Lehto.

Jos Verstappen ist eines der größten Talente, daß die Formel 1 in den letzten Jahren erlebt hat. Nur drei Jahre nach dem Erwerb des Führerscheins stand der Niederländer in Brasilien erstmals bei einem Grand Prix am Start. Eine andere Zahl macht den imposanten Werdegang des fliegenden Holländers deutlich: Er blickte bei seinem ersten Einsatz auf nur 52 Rennen zurück - das ist Rekord. Nach zehn Jahren Kartsport heimste Verstappen im Formel Opel Lotus die Benelux-Meisterschaft ein und zeigte im Jahr darauf der Konkurrenz im Deutschen Formel-3-Championat vornehmlich den Heckflügel. Die Talentspäher hatten genug gesehen. Für 1994 hatte er gleich mehrere Angebote aus der Formel 1, wobei der coole Verstappen es tatsächlich fertigbrachte, McLaren-Boß Ron Dennis eine Absage zu erteilen. Stattdessen wurde er bei Benetton Testfahrer und kam wegen der Verletzung des Finnen JJ Lehto schneller als erwartet zu seinem Formel-1-Debüt.

BASIC INSTINCT.

DER NEUE PROBE 2,0i 16V.

Wenn Sie reif sind für eine besonders sportliche Erfahrung, sollten Sie Ihrem Instinkt folgen – der

neue Ford Probe 2,0i 16V ist startklar. Schon seine Form kennzeichnet ihn als reinrassigen Vertreter

seiner Zunft. Das sieht unter der Haube nicht anders aus: Der 2,0 l 16V-Motor entfaltet seine 85 kW

(115 PS) ganz souverän und ausgesprochen wirtschaftlich. Und wie man Sportlichkeit und Komfort

raffiniert miteinander verbindet, verrät Ihnen schon die erste Testfahrt. Ihr Ford-Händler erwartet Sie.

Die neue Erfahrung.

McLaren-Peugeot

McLaren International Ltd.
Woking Business Park, Albert Drive
Woking, Surrey GU21 5JY
England
Tel. 0044-483-728211
Fax 0044-483-720157

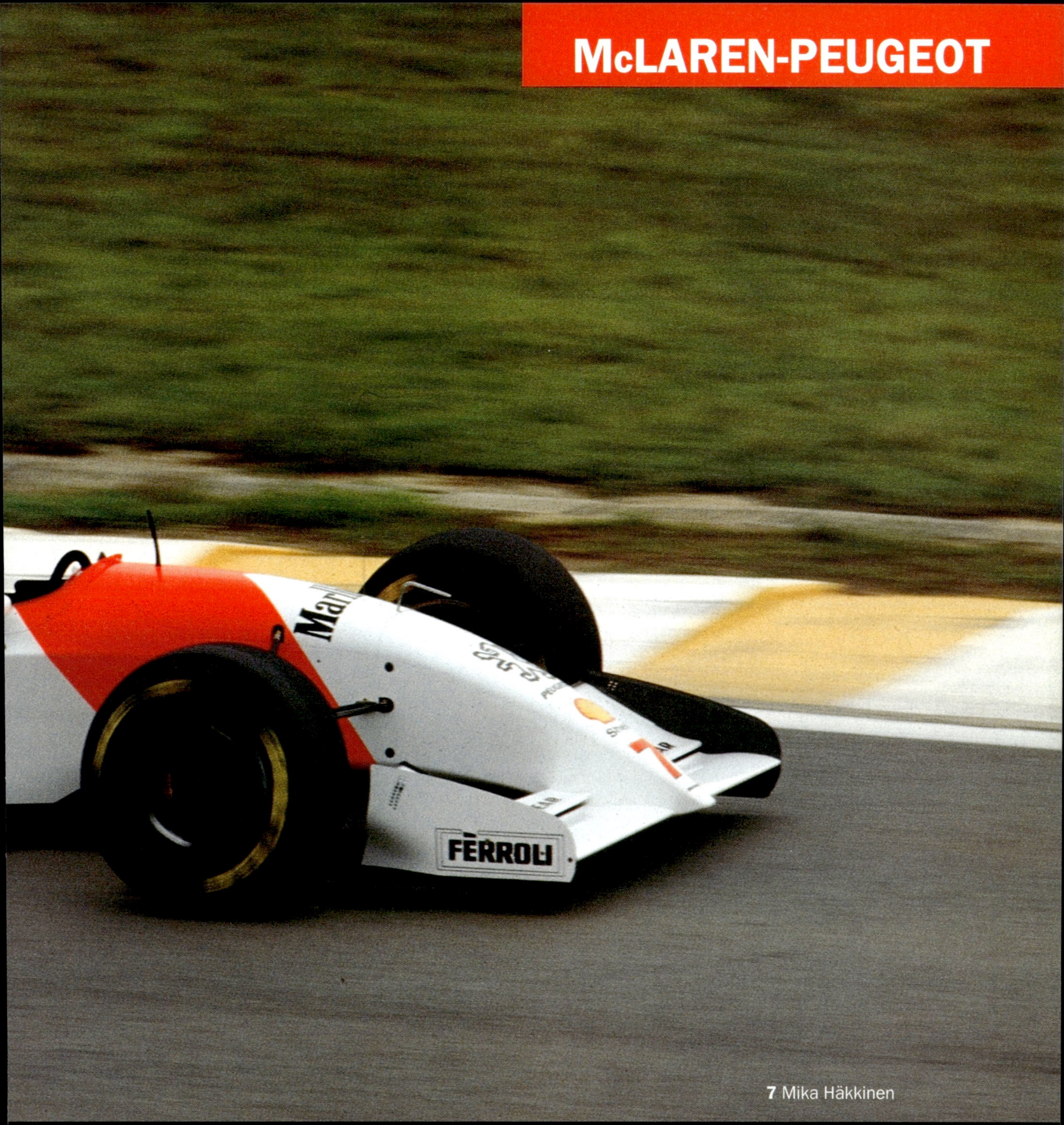

7 Mika Häkkinen

Typ MP4/9

Motor: Peugeot V10 (ca. 730 PS)
Getriebe: transversal, 6 Gänge
(halbautomatisch)
Länge:
Spur (v/h):
Höhe:
Radstand:

Leider wurden vom
Team keine Angaben
zu den Abmessungen
der Wagen gemacht.

Gewicht: 505 kg
Dämpfungssystem: Bilstein
Motorelektronik: TAG Electronic Systems

8 Martin Brundle

7 Mika Häkkinen

Geburtstag	28.9.1968
Geburtsort	Helsinki
Nationalität	Finne
Wohnort	Monte Carlo
Größe	1,79 m
Gewicht	66 kg
Familienstand	ledig
Hobbys	Skifahren, Schwimmen

Weg in die Formel 1:

1974 - 1986 Kart, fünfmal Finn.Meister
1987 Formel Ford 1600, Finn., Schwed. u. Nordischer Meister
1988 Opel Lotus Euroserie, Meister
1989 Formel 3, brit. Meisterschaft
1990 Formel 3, Brit. Meister

Wie Lehto ist Häkkinen ein Ziehkind von Ex-Weltmeister Keke Rosberg. Auch er gilt als Megatalent, sogar mit Vorteilen gegenüber dem älteren Lehto. Weitere Parallele zu JJ ist das freundliche Gesicht. Aber sein Lachen kommt seltener, ist nicht so hell und spontan. Häkkinen wirkt eher verschmitzt, oftmals sogar sehr nachdenklich. „Mika", behauptet Rosberg, „ist introvertiert, nicht so spektakulär wie JJ." Dafür aber um so mehr ein Draufgänger im Rennwagen, voller Tatendrang und mit gigantischem Selbstvertrauen. „Du wirst sehen", prophezeite er seinem Manager im Herbst 1993, als er seinen ersten Einsatz für McLaren in

8 Martin Brundle

Geburtstag	1. Juni 1959
Geburtsort	King's Lynn
Nationalität	Brite
Wohnort	King's Lynn
Größe	1,73 m
Gewicht	68 kg
Familienstand	verheiratet
Kinder	Alexandre Charlotte
Hobbys	Fliegen, Fußball, Tennis, Golf, Squash

Weg in die Formel 1:

1977 u. 78 Tourenwagen, brit. Meisterschaft
1979 u. 80 Formel Ford 2000, brit. Meisterschaf
•**1981** Tourenwagen, brit. Meisterschaft
1982 u. 83 Formel 3, brit. Meisterschaft
1988 Sportwagen Weltmeister (Jaguar) •**1990** Sportwagen-WM (Jaguar Le-Mans-Sieger

Brundles Laufbahn ist eine Karriere mit Hindernissen. Eigentlich zu Unrecht, denn als Martin noch mit Stefan Bellof bei Tyrrell fuhr - das war Mitte der achtziger Jahre -, trennte ihn oft nur ein Wimpernschlag von den Zeiten des Deutschen. Der Weltklassemann aus Gießen meinte damals über Brundle: „Martin ist superschnell und für mich eine riesige Herausforderung." Und Teamchef Ken Tyrrell freute sich: „Ich habe die beiden schnellsten zwei Nachwuchsleute der Formel 1." Dann aber bekam Brundles Karriere einen Knick. Auslöser war ein verhängnisvolles Jahr im deutschen Zakspeed-Team, das Jahr 1987. Brundle bot schlechte Resultate

Formel-1-Chronik

Debüt

USA 1991

Teams	WM-Rang
1991 Lotus	15
1992 Lotus	8
1993 McLaren	15
(3 Rennen)	

Bilanz

33 Starts
17 Punkte

Sein Helm wurde schon während seiner Kart-Zeit in Finnland entworfen. Damals fuhr Mika für das „Blue Rose Team", dessen Farben der finnischen Nationalflagge sehr ähnlich waren. Deshalb lakkierte sich Mika diese Teamfarben auf seinen Helm. Er ist bis heute dabei geblieben.

Estoril absolvierte, „ich bin schneller als Senna." Bingo. In der Startaufstellung stand er vor dem Brasillianer. Bis dahin war Mika McLaren-Testfahrer. Aber nach den drei letzten Rennen der Saison 1993 hatte McLaren-Teamchef Ron Dennis genug gesehen. Häkkinen wurde mit einem McLaren-Vertrag für 1994 belohnt. Der Auftakt der 94er Saison war allerdings alles andere als glückvoll für ihn. In Aida löste er den Zorn und wütenden Protest von Ayrton Senna aus, als er seinen Vorjahresteamkameraden nach dem Start von der Strecke schubste und für die zweite Nullrunde des Weltmeisters sorgte. Allerdings blieb auch Mika Häkkinen zunächst punktelos.

Formel-1-Chronik

Debüt

Brasilien 1984

Teams	WM-Rang
1984/1985 Tyrrell	0
1986 Tyrrell	11
1987 Zakspeed	18
1989 Brabham	16
1991 Brabham	15
1992 Benetton	6
1993 Ligier	7

Bilanz

115 Starts, 67 Punkte

Sein Helm-Design sollte die Farben der britischen Nationalflagge enthalten, allerdings in modifizierter Form. Er wollte nicht übermäßig patriotisch erscheinen. Also ließ er 1985 von der Helmfirma Bell einen leicht veränderten Union-Jack entwerfen, der auf weißem Untergrund steht.

und gewann lediglich zwei WM-Punkte. Was aber noch schlimmer war: bei Zakspeed handelte er sich das Kainszeichen des Verlierers ein. Wie immer reagierte der Grand-Prix-Zirkus brutal. Brundle mußte 1988 ein Jahr Grand-Prix-Pause einlegen, nur einmal fuhr er ein Rennen für Williams. 1989 gelang das Formel-1-Comeback mit Brabham. Brundle schaffte jedoch bis heute nicht den Sprung unter die Toppiloten. 1992 stand er bei Benneton im Schatten von Schumacher, verlor alle 16 Trainingsduelle. 1993 enttäuschte er bei Ligier. Bei McLaren ist er 1994 Ersatzfahrer für Alain Prost, der sich nicht zu einem Comeback entschließen konnte.

Teamchef	Techn. Direktor
Ron Dennis	**Neil Oatley**

Ron Dennis machte eine Märchenkarriere in der Formel 1: Vom Mechaniker zum mächtigen Teamchef. Mit allem, was dazugehört, Hubschrauber, eigener Jet, Traumhäuser in England und Südfrankreich. 1992 wurde Dennis in England zum Manager des Jahres gekürt. Dann bekam der Lack ein paar Kratzer: 1992 und 1993 war er nicht mehr so erfolgreich, mußte den Pokal an Frank Williams abtreten. Immerhin, mit dem Sieg beim Grand Prix von Australien, es war der 104. für McLaren, wurde die Dennis-Mannschaft vor Ferrari (103 Siege) das erfolgreichste Formel-1-Team aller Zeiten. „Ron", sagt selbst sein gegenwärtig größter Gegner Frank Williams, „ist ein guter Organisator, er kann mit Geld umgehen, er ist ein Profi. Seine Autos sind zuverlässig.

Aber manchmal kann er auch sehr verschlagen sein." Ron Dennis hat viele Gesichter. Kalt wie Eis, charmant und lustig, verkniffen und berechnend. Sein kreativer Partner bei McLaren heißt Neil Oatley. Er ist kein großer Selbstdarsteller. Danach stand Dennis 1987 nach dem Abgang von Stardesigner John Barnard (heute Ferrari) auch nicht der Sinn. Der Oatley-Stil: gediegen, ohne große Experimente, dafür zuverlässig und konstant. Diese Mischung zwischen technischer und wirtschaftlicher Solidität und gelegentlichen Genie-Streichen haben McLaren zum Superteam gemacht. Oatley arbeitete auch beim MP 4/9 eng mit Dr. Udo Zucker zusammen. Der deutsche Elektronik-Guru ist Kopf der McLaren-Tochterfirma TAG Electronics.

Team und Chancen

In Adelaide ist McLaren dank des 104. Sieges in eine neue Formel-1-Dimension vorgestoßen, in Brasilien brach wenige Monate später für das Team ein neues Zeitalter an: Das Jahr eins nach Ayrton Senna. Erstmals seit zehn Jahren kann Ron Dennis keinen Formel-1-Weltmeister als Fahrer vorweisen. Schlimmer noch: Weder Häkkinen noch Brundle haben bislang auch nur einen Grand Prix gewonnen. Verständlich, daß man im Winter alles versuchte, Alain Prost zu seiner alten Wirkungsstätte zurückzuholen. McLaren darf aber dennoch nicht unterschätzt werden. Die große Unbekannte sitzt 1994 nicht im Cockpit, sondern verrichtet im Heck des Wagens ihren Dienst. Vom Peugeot-Motor wird es abhängen, wie schnell McLaren wieder auf einer Stufe mit Williams und Benetton stehen wird.

Sponsoren

Marlboro (Zigaretten) **Shell** (Benzin) **Courtaulds** (Chemie) **Boss** (Mode) **Camozzi** (Presslufttanks)
Etat: ca. 100 Mio. Dollar

NICHT ÜBERSEHEN: DIE GROSSE McLAREN-STORY AUF SEITE 96

Arrows-Ford

Arrows GP International Ltd.

39 Barton Road
Water Eaton Industrial Estate
Bletcley
Milton Keynes
Bucks MK2 3KW
England
Tel. 0044-908-270047
Fax 0044-908-274123

9 Christian Fittipaldi

Typ Footwork FA15

Motor: Ford V8
Getriebe: transversal, 6 Gänge
(halbautomatisch)
Länge: 4350 mm
Spur (v/h): 1676 mm/1600 mm
Höhe: 1000 mm
Radstand: 2990 mm
Gewicht: 510 kg
Dämpfungssystem: Team
Motorelektronik: Ford Electronis
Kraftstoff: Elf

10 Gianni Morbidelli

9 Christian Fittipaldi

Geburtstag	18. 1. 1971
Geburtsort	Sao Paulo
Nationalität	Brasilianer
Wohnort	Lausanne
Größe	1,74 m
Gewicht	71 kg
Familienstand	ledig
Hobbys	„Mädchen", Squash, Joggen, Skifahren

Weg in die Formel 1:

1982 - 1987 Kart
1988 Formel Ford 2000 bras. Meisterschaft, Zweiter
1989 Formel 3, Brasil. Meister
1990 Formel 3, brit. Meisterschaft, Vierter, Südamerika-Meister
1991 Formel 3000, Europameister

Von einem typischen Fittipaldi sprechen diejenigen, die Onkel Emerson und Vater Wilson kennen: Christian, ein smarter Typ, hat einiges von der Familie mitbekommen. Erstens von Onkel Emerson, zweimal Formel-1-Weltmeister, zweimal Indy-Sieger und derzeit immer noch Superstar im amerikanischen Pendant zur Formel 1. Zweitens von Vater Wilson, dessen Formel-1-Karriere weniger glänzend verlief. Christian ist ein Sonnyboy, immer lächelnd, immer gut aufgelegt, mit großen Vorteilen bei den Frauen. Was nicht heißt, er wäre kein ernsthafter Rennfahrer. Seine Eigenschaften: hochtalentiert, professionelle Einstellung und ehrgeizig. Formel-1-Geschichte

10 Gianni Morbidelli

Geburtstag	13. 1. 1968
Geburtsort	Pesaro
Nationalität	Italiener
Wohnort	Monaco
Größe	1,67 m
Gewicht	59 kg
Familienstand	ledig
Hobbys	Musik

Weg in die Formel 1:

1980-85 Kart-Rennen (84 Vize-WM). **1987-89** Formel 3, ital. Meisterschaft (89 Ital. Meister). **1990** Formel 3000 EM und Ferrari-F1-Testfahrer

Zwar ist er bisher 34 Grand Prix gefahren, aber nur einmal konnte der kleingewachsene Mann aus Pesaro richtig auffallen. Das war 1991, als er ein einziges Mal im Ferrari-Cockpit saß, das er als Ferrari-Testfahrer gut kannte. Er belegte immerhin im Regen-Chaos von Adelaide Platz 6. Da das Rennen in Australien abgebrochen wurde, gab es aber die halbe Punktzahl - weshalb Morbidelli nur 0,5 Zähler vorweisen kann. Einen Ferrari-Vertrag als F1-Pilot gab's nicht als Belohnung, er blieb im weitaus schwächeren Gefährt aus dem Minardi-Stall. Daß der Erfolg ausblieb, lag nicht unbedingt am mangelnden Talent, sondern

Formel-1-Chronik

Debüt

Südafrika 1992

Teams	WM-Rang
1992 Minardi	17
1993 Minardi	13

Bilanz

24 Starts
6 Punkte

Er wählte leuchtendes Gelb mit grünen Tränen. Sein Helm erinnert an das Helm-Design seines Vaters Wilson. Der ehemalige Formel-1-Rennfahrer hat seinem Sohn bei der Karriere sehr geholfen.

schrieb er mit der aufsehenerregendsten Zieldurchfahrt beim Grand Prix Italien in Monza: Christian überquerte mit einem doppelten Salto im Minardi die Ziellinie, nachdem er seinem Teamkollegen über das Hinterrad gefahren war. „Das war filmreif", blitzten die Augen von Vater Wilson, den sie wegen seines Temperaments früher „El Tigrao", den Tiger, nannten. Sohn Christian nimmt das Rennfahren ernst, hat aber genügend Humor, Phlegma und Sonne im Herzen, um sich nicht festzubeißen. 1994 wechselt er von Minardi zu Arrows. Nur eine kleine Stufe nach oben, aber er ist dabei sich mit Hilfe seines Managers „El Tigrao" im Formel-1-Geschäft zu etablieren.

Formel-1-Chronik

Debüt

1990 Brasilien

Teams	WM-Rang
1990 Dallara u. Minardi	0
1991 Minardi u. Ferrari (1 R.)	24
1992 Minardi u. Lamborghini	0

Bilanz

34 Starts
0,5 Punkte

Blau mag er besonders gern, aber natürlich kann Gianni Morbidelli auf die italienischen Nationalfarben grün-weiß-rot nicht verzichten.

vielmehr an seinen Sportgeräten. Bei Dallara und Minardi waren seine Aussichten von Beginn an bescheiden. 1993 hatte er statt eines Arbeitsplatzes im Formel-1-Zirkus nur das Cockpit eines Alfa Romeo in der italienischen Tourenwagen-Meisterschaft zur Verfügung. 1994 will sich Gianni endlich in der Formel 1 etablieren. Das teaminterne Duell gegen Fittipaldi wird interessant, denn schon einmal fuhren die beiden in einem Stall: 1992 für Minardi. Damals ging Fittipaldis Weg weiter nach oben, Morbidellis Karrierekurve bog nach unten ab. Kein gutes Omen für das Comeback des 26jährigen, der möglicherweise die letzte Chance erhält.

Teamchef	Techn. Direktor
Jackie Oliver	**Alan Jenkins**

Ex-Rennfahrer Jackie Oliver gilt als Schlitzohr. Zwischen 1967 und 1970 fuhr er mit dem legendären Jim Clark und Graham Hill um die Wette (insgesamt 50 Formel-1-Einsätze), 1978 gründete Oliver zusammen mit Partnern aus dem Shadow-Team den Rennstall Arrows. Er ist als Geschäftsmann erfolgreicher als im Rennwagen. 1991 verscherbelte der clevere Jackie sein Team an den japanischen Industriellen Watara Ohashi. Die Teambezeichnung wurde von Arrows in Footwork geändert. 1994 heißt das Team nun wieder Arrows, die Wagen aber immer noch Footwork. Hintergrund: ein neuer Generalsponsor. Der alte Besitzer ist noch an Bord, Jackie Oliver hat jedoch einige Teamanteile wieder zurückgekauft. Seit 1990 in diesem Finanz-Hick-Hack ein treuer und geduldiger Oliver-Kampfgefährte: Alan Jenkins, der eher aussieht wie ein Briefmarkensammler als ein Formel-1-Designer. Sein Stammbaum: von 1980 bis 1984 Schüler des Formel-1-Genies John Barnard bei McLaren, dann nach einem kurzen Abstecher in die Indy-Car-Serie seit 1990 der Technik-Chef bei Footwork/Arrows. Obwohl Jenkins 1991 die Chance hatte, dank eines Porsche-Werksmotors im Heck des Footwork den Durchbruch als Konstrukteur zu schaffen, erwies sich das Footwork/Porsche-Projekt als Flop. An wem es lag, ist bis heute nicht endgültig geklärt und wurde beiderseits heftig diskutiert. Mit Sicherheit wurde das Aggregat verfrüht eingesetzt. 1994 wechselte das Team von Mugen auf den Ford V8.

Team und Chancen

Seit 1978 in der Formel 1, insgesamt 239 Grand Prix - was jedoch viel über die Leidensfähigkeit des Teams aussagt: bislang kein einziger Sieg. Beste Leistung: Trainingsbestzeit 1981 in Long Beach/USA mit Riccardo Patrese, außerdem der vierte Platz in der Konstrukteurs-WM 1988. Von den Resultaten gesehen ist die Geschichte des Teams wirklich wenig berauschend. Aufsehenerregend nur die Vermarktung dieser Minus-Bilanz von Jackie Oliver. Er beschafft immer wieder potente Sponsoren sowie gute Technikpartner für sein Team: BMW-Werks-Motoren von 1984 bis 1987 und Porsche-Werksmotoren 1991. 1994 erwarten Kenner trotz des neuen Chassis und einem neuen Hauptsponsor wieder keine Arrows-Wunder, sondern höchstens eine Anknüpfung an 1993. Da gab es 2 WM-Punkte.

Sponsoren

Lee Cooper (Jeans), **Marlboro** (Zigaretten)
Etat ca. 40 Mio. Dollar

Als Fernsehkommentator muß man informiert sein: Jochen Mass im Gespräch mit Heinz-Harald Frentzen und dem Schweizer Motorengenie Mario Illien. In der amerikanischen CART-Serie fahren Illiens Motoren von Sieg zu Sieg. Bald auch in der Formel 1?

High-Tech im Grenzbereich.

Formel 1 – Eliteliga des Automobilsports weltweit. Mensch und Material im permanenten Grenzbereich. Technische Innovation und Ingenieurskunst sorgen für immer neue Dimensionen. BBS setzt mit seinem geschmiedeten Magnesiumrad auch hier Maßstäbe. Es gilt als leichtestes Rad im Grand-Prix-Sport. Knapp 2 kg pro Rennfelge beträgt die Gewichtseinsparung. Eigentlich wenig, in der Formel 1 jedoch unglaublich viel. Überragende Stabilität ist trotzdem garantiert. Die Teams von Ferrari und – ganz aktuell – von Benetton-Ford mit Senkrechtstarter Michael Schumacher vertrauen deshalb auf High-Tech made by BBS. Zum Vorteil der Serienprodukte, für Technologie-Transfer ohne Kompromisse.

BBS. CULTURE OF DRIVING.

Lotus-Mugen-Honda

Team Lotus
Ketteringham Hall
Wymondham
Norfolk NR18 9RS
England
Tel. 0044-603-811190
Fax 0044-603-811682

11 Johnny Herbert

Typ 107B

Motor: Mugen-Honda V10 (ca. 690 PS)
Getriebe: transversal, 6 Gänge
(halbautomatisch)
Länge: 4310 mm
Spur (v/h): 1650 mm/1600 mm
Höhe: 1000 mm
Radstand: 2950 mm
Gewicht: ca. 510 kg
Dämpfungssystem: Penske
Motorelektronik: Mugen-Honda
Kraftstoff: BP

12 Pedro Lamy

11 Johnny Herbert

Geburtstag	27. Juni 1964
Geburtsort	Romford
Nationalität	Brite
Wohnort	London
Größe	1,70 m
Gewicht	67 kg
Familienstand	verheiratet mit Becky
Kinder	2 Töchter
Hobbys	Angeln, Golf,

Weg in die Formel 1:

1978 - 1983 Kart (1979 u. **1983** Brit. Meister)
1984 Formel Ford 1600, brit. Meisterschaft
1985 Formel Ford 1600, brit. Meisterschaft
1986 Formel Ford 2000, brit. Meisterschaft
1987 Formel 3, Brit. Meister
1988 Formel 3000-EM
1990 Formel 3000, jap. Meisterschaft

Johnnys Hauptmerkmal ist das gigantische Selbstvertrauen. Zur Erinnerung: Sein monströser Horrorcrash, Formel 3000 in Brands Hatch, anno 1988. Beide Beine schwer verletzt. Die Ärzte prophezeiten Johnny: Ein Bein bleibt für immer steif. Dennoch saß er wenige Monate später zum Saisonbeginn 1989 der Formel 1 im Benetton. Sein Selbstvertrauen unterstrich Herbert mit der Ankündigung: „Dieses Jahr gewinne ich meinen ersten Grand Prix." Was niemand glauben wollte, als er in Rio auf Krücken in seinen Benetton humpelte und mit schmerzverzerrtem Gesicht hinters Lenkrad krabbelte.

12 Pedro Lamy

Geburtstag	20. März 1972
Geburtsort	Aldeia Galega
Nationalität	Portugiese
Wohnort	Monza
Größe	1,71 m
Gewicht	63 kg
Familienstand	ledig
Hobbys	Jet-Ski, Kino

Weg in die Formel 1:

1981 - 1987 Motocross (port. Junioren-Meister)
1988 Kart, Port. Meister
1989 Formel Ford 1600 Port. Meister
1990 Opel Lotus, Siege Nations Cup
1991 Opel Lotus Euroserie, Meister
1992 Formel 3, Deutscher Meister
1993 Formel 3000, EM-Zweiter

Lamy ist ein netter, zurückhaltender Junge: Er kommt wie alle Formel-1-Junioren aus dem Kart-Sport, mit dem Unterschied, daß der Portugiese im Raketentempo in die Formel 1 fuhr. Die Zwischenstationen auf dem Weg in die Weltelite: Drei Jahre Kart, Formel Ford, Formel Opel Lotus, deutsche Formel-3-Meisterschaft. Eigentlich das übliche Strickmuster, nur daß Pedro bis zur Formel 3000 jede Rennserie auf Anhieb gewann und sofort eine Stufe höher stieg. Das Grand-Prix-Debüt im Herbst 1993 hat nicht viel Auskunft gegeben über seine wahren Qualitäten. Alles war zu neu. Trotzdem gelang Lamy mit Hilfe eines portugiesischen Spon-

Formel-1-Chronik

Debüt

Brasilien 1989

Teams		WM-Rang
1989	Benetton u. Tyrrell	14
1990	Lotus	0
1991	Lotus	0
1992	Lotus	14
1993	Lotus	9

Bilanz

47 Starts
18 Punkte

Als er 1988 für Eddie Jordan in der Formel 3000 fuhr, bat er seinen neuen japanischen Helm-Partner Shoei, sich ein auffallendes Helm-Design für ihn auszudenken. Vorher trug Johnny Herbert einen schneeweißen Sturzhelm.

Dennoch: sensationeller 4. Platz. Dann kam das Debakel. Die Verletzungen waren natürlich nicht ausgeheilt. Zurück ins Hospital. Die Formel-1-Karriere stockte bis 1991. Seitdem kämpft Johnny Herbert zusammen mit dem neu formierten Lotus-Team. „Er ist sehr, sehr schnell", sagt sein Chef Peter Collins. Manchmal zu schnell, weil er zu viel riskiert. Er muß ruhiger werden, sagen seine Kritiker. Darüber kann Johnny nur lachen: „Ich weiß, was ich kann. Und im richtigen Auto, am richtigen Tag, werde ich meinen ersten Grand Prix gewinnen." Merkwürdig: Heute lacht keiner mehr wie 1989. Was bedeutet: sein Tag wird kommen.

Formel-1-Chronik

Debüt

Monza 1993

Teams		WM-Rang
1993	Lotus	0 Punkte

Bilanz

4 Starts
0 Punkte

Wer eine aufsehenerregende Karriere macht, darf einen auffallenden Helm tragen. Das pinkige Rot auf Lamys Helm signalisierte in der Formel 3000 oft die Spitze.

sors die Vertragsverlängerung für 1994, wodurch er zu den jüngsten Fahrern im Grand-Prix-Zirkus zählt. Sein größter Traum: „Mich in der Formel 1 zu etablieren." Seine Chancen stehen nicht schlecht. Wichtig ist, daß er Selbstvertrauen gewinnt. Das geht bei einem Debütanten nur, wenn die Technik mitspielt. Das bedeutet: Lamys Formel-1-Zukunft hängt vom Potential seines Lotus ab. Sollte Lamys guter Ruf in Gefahr geraten, muß sich der Onkel des Portugiesen, Domingos Piedade, schnell nach einem anderen Team umsehen. Der Geschäftsführer des Mercedes-Haustuners AMG verfügt über beste Kontakte - in der Formel 1 und bei Portugals Sponsoren.

Teamchef	Techn. Direktor
Peter Collins	**Peter Wright**

Er ist der Retter von Lotus: Als Peter Collins Ende der achtziger Jahre das Ruder des Traditions-Teams übernahm, war der Rennstall praktisch pleite. Collins: „Lotus hing über dem Abgrund." Der Rennprofi aus Australien brachte es fertig, mit einem Mini-Budget das Team Schritt für Schritt aus der Gefahrenzone zu manövrieren. Lotus wurde wieder für Sponsoren interessant. 1992 und 1993 etablierte man sich trotz finanzieller Probleme und geringem Entwicklungsbudget wieder im Mittelfeld. Collins setzte sogar die vollaktive Aufhängung ein, an der Lotus schon seit Mitte der achtziger Jahre arbeitete. Wesentlichen Anteil an der Leistung des Australiers hat Peter Wright, der schon seit 17 Jahren bei Lotus arbeitet. „Damals noch eng mit Firmengründer Colin Chapman", erinnert sich

Wright. Vor allem auf dem Gebiet der aktiven Aufhängung und der Aerodynamik gilt der schweigsame Mann in Fachkreisen als Spitzendesigner. Für 1994 hat er die Aufgabe, nach dem Lotus 107 den Typ 109 zu entwickeln, der allerdings ganz ohne aktive Aufhängung auskommen muß. Hinzu kommt ein weiteres Problem: Von dem relativ leichten und kompakten Ford V8 wechselte Lotus im Winter auf den Mugen-Zehnzylinder. Zur Jahresmitte soll der neue Honda V 10 den Lotus antreiben. Positiv daran: Lotus wird wieder von den mächtigen Partnern der Industrie akzeptiert. Dies ist zwar ein Indiz für die vorläufige Genesung des Teams, allerdings kein Grund zur Gelassenheit. 1988 hat Honda das Traditionsteam schon einmal nach nur zwei Jahren verlassen.

Team und Chancen

Seit 1958 in der Formel 1 (474 Grand Prix). Mit 79 Siegen ist Lotus hinter McLaren und Ferrari das drittbeste Team aller Zeiten. Siebenmal gewann es die Konstrukteurs-WM (1963/65/68/70/72/73/78). Fünfmal holten Lotus-Fahrer die Weltmeisterschaft (1963 und 65 Jim Clark, 68 Graham Hill, 70 Jochen Rindt, 78 Mario Andretti). Doch nach dem Tod des Firmengründers Colin Chapman 1982 ging es mit Lotus bergab. Die Chancen für 1994: Nur wenn das technische Konzept der neuen Lotus/Honda-Partnerschaft funktioniert, hat das Traditionsteam eine Überlebenschance. Ob genügend Mittel für die Herausforderung einer solchen Partnerschaft vorhanden sind, wird entscheidend sein.

Sponsoren

Mobil (Öl), **GALP** (Benzin), **Loctite** (Chemie), **Hitachi** (Elektronik)
Etat ca. 25 Mio. Dollar

Jordan-Hart

Jordan Grand Prix Ltd.
Silverstone Circuit
Towcester
Northamptonshire, NN12 8TJ
England
Tel. 0044-327-857153
Fax 0044-327-858120

JORDAN-HART

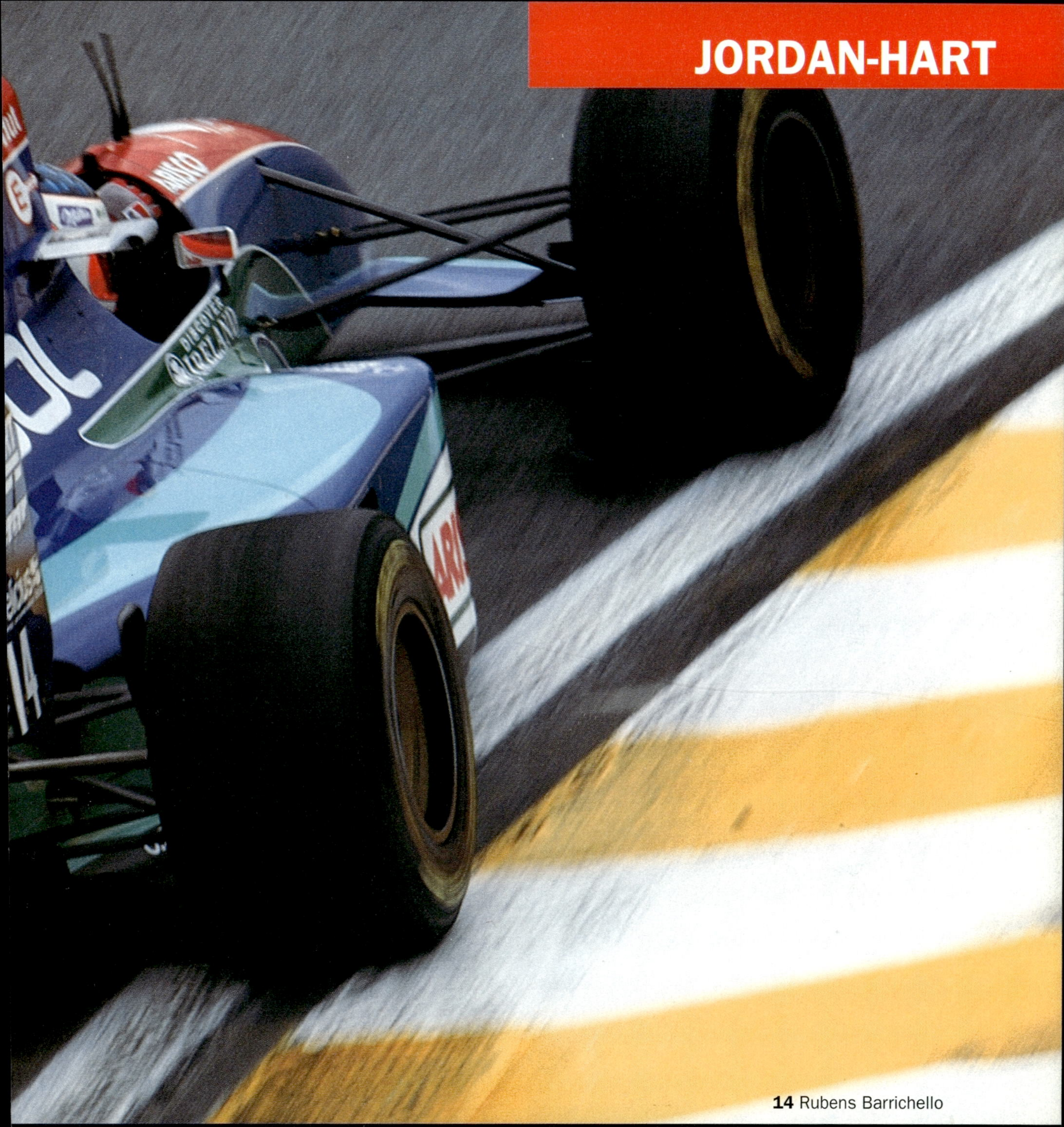

14 Rubens Barrichello

Typ EJR 194

Motor: Hart V10 (mehr als 675 PS)
Getriebe: transversal, 6 Gänge (halbautomatisch)
Länge: 4450 mm
Spur (v/h): 1700 mm/1618 mm
Höhe: 1000 mm
Radstand: 2950 mm
Gewicht: ca. 510 kg
Dämpfungssystem: Penske
Motorelektronik: Zytek
Kraftstoff: Sasol

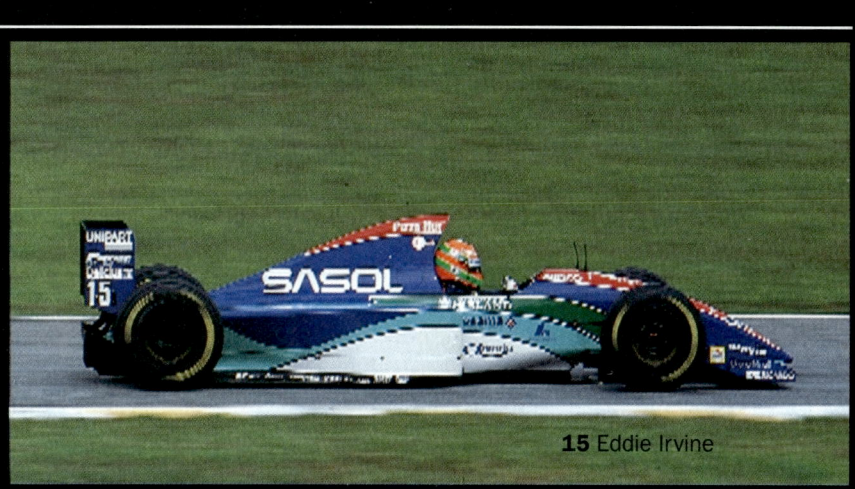

15 Eddie Irvine

14 Rubens Barrichello

Geburtstag	23. Mai 1972
Geburtsort	Sao Paulo
Nationalität	Brasilianer
Wohnort	Banbury/GB
Größe	1,72 m
Gewicht	65 kg
Familienstand	ledig
Hobbys	Jet-Ski, Joggen

Weg in die Formel 1:

1981 - 1988 Kart (fünf Ma[l] Brasil. Meister)
1989 Formel Ford 1600, brasil. Meisterschaft
1990 Opel Lotus Euroserie[,] Meister
1991 Formel 3, Britischer Meister
1992 Formel 3000, EM-Dritter

Es ist sein zweites Jahr in der Formel 1, und deshalb werden ihn viele besonders beachten. Rubens gilt als Rennjuwel, sein Auftritt beim Regenrennen 1993 in Donington, Großer Preis von Europa, war schlichtweg sensationell. Der kaum Zwanzigjährige war gerade auf seiner Formel-1-Dienstfahrt Nummer drei, und fuhr unter Horror-Bedingungen - kalt, halbtrocken, glitschig nasse Fahrbahn - respektlos in die Spitzengruppe. Er ließ Klasseleute wie Schumacher und Alesi hinter sich, verpaßte am Ende WM-Punkte nur durch Pech: Spritmangel. So etwas imponiert. Deshalb war er für 1994 selbst bei McLaren und Benetton im Ge-

15 Eddie Irvine

Geburtstag	10. 11. 1965
Geburtsort	Bangur/ Nordirland
Nationalität	Nordire
Wohnort	zuletzt Tokio
Größe	1,78 m
Gewicht	68 kg
Familienstand	ledig
Hobbys	Angeln, Golf

Weg in die Formel 1:

1983 + 1984 Formel For[d] 1600, ir. Meisterschaft
1985 + 1986 Formel For[d] 1600, brit. Meisterschaft
1987 Formel Ford 1600, Bri[t.] Meister • **1988** Formel 3, bri[t.] Meisterschaft, Fünfter • **198[9]** Formel 3000, EM-Fünfter
1990 Formel 3000, EM-Dritt[er] • **1991 + 1992** Formel 300[0] jap. Meistersch. • **1993** Fo[r]mel 3000, jap. Meistersch[.] Zweiter

Ein kesses Bürschchen. Kam, sah - und kassierte Prügel. Im Grunde genommen ist die Geschichte viel einfacher. Irvine hat schlicht einfach keinen Respekt vor großen Namen. „Das war schon immer so", behaupten seine Freunde, „Eddie hat seinen eigenen Kopf, seine eigene Meinung und er ist schlau und schlagfertig." Wie man bei seiner Formel-1-Premiere verfolgen konnte. In Suzuka wurde Irvine Sechster, eine Leistung, die sich sehen lassen konnte. Daß er dabei die Williams von Hill und Senna lange am Überrunden hinderte, machte Schlagzeilen. Senna knallte ihm die Faust ans Kinn, als Irvine sich zu der blasphemischen

Formel-1-Chronik

Debüt

Südafrika 1993

Teams	WM-Rang
1993 Jordan	17

Bilanz

16 Starts
2 Punkte

Barrichello hat auf dem Helm seine Lieblingsfarben untergebracht. Er gab zwar vor Jahren ein Design bei Helm-Künstler Sid in Sao Paulo in Auftrag, doch der Entwurf gefiel ihm nicht. Es blieb beim selbstentworfenen Helm.

spräch. Aber sein Teamchef, der clevere Eddie Jordan verlangte mehr als drei Millionen Dollar Ablöse. Resultat: Rubens fährt auch 1994 für Eddie Jordan und hofft auf eine zuverlässigere Technik. Fest steht, daß der Brasilianer in seinem ersten Formel-1-Jahr besser war als sein Wagen. Der Name Barrichello steht längst dick unterstrichen in den Notizbüchern der großen Bosse. Prognose: Wenn Rubens sich in dieser Saison einige Male gut in Szene setzt und weiter eifrig lernt, kann er bereits 1995 in einem Spitzenauto sitzen. Beim Saisonauftakt hätte er sein großes Vorbild Senna beinahe auf dem Treppchen vertreten. Dennoch war Platz 4 sein bislang bestes Resultat.

Formel-1-Chronik

Debüt

Japan 1993

Teams	WM-Rang
1993 Jordan	20

Bilanz

2 Starts
1 Punkt (Platz 6 beim ersten Grand Prix)

Der Ire im irischen Team hat auf seine Nationalfarben zurückgegriffen: „Grün ist die Farbe Irlands, orange steht für Nordirland."

Äußerung verstieg: „Wenn du nicht überholen konntest, warst du wohl nicht schnell genug." Der Streit wurde Wochen später bei Testfahrten per Händedruck beigelegt. Allerdings verurteilte die FIA Vizeweltmeister Senna im Dezember 93 zu einer Bewährungsstrafe. Beim GP-Start 1994 war Hitzkopf Irvine in den spektakulären Vierer-Unfall mit Verstappen, Brundle und Bernard verwickelt. Die FIA sah in Irvine den Hauptschuldigen und sperrte ihn für die drei folgenden Rennen.

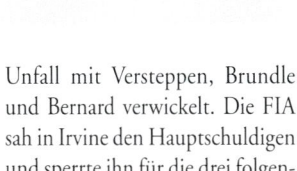
Wegen Irvines Sperre fahren diesen Wagen Aguri Suzuki (GP Pacific) und Andrea de Cesaris (GP San Marino und Monaco).

Teamchef	Techn. Direktor
Eddie Jordan	Garry Anderson

Wie Arrows-Boß Jackie Oliver ist Eddie ein Schlitzohr. Berühmtberüchtigt, aber erfolgreich. Der Mann aus Irland ist ein Rennprofi hinter der Boxenmauer. Er gehört zur britischen Rennszene wie der Tower zu London. Früher war Jordan ein erfolgreicher Teamchef in englischen Nachwuchsformeln, vor allem in der Formel 3, später auch in der Formel 3000. Neben seinem Team managt er einige Fahrer: Jean Alesi, Bertrand Gachot, jetzt auch Rubens Barrichello. „Er ist", sagt sein Freund Ron Dennis, „ein Haifisch in unserem Formel-1-Becken." Auch neben dem Rennbusiness ist der charmante Perückenträger mit der Nickelbrille ein cleverer Geschäftsmann. Er handelt mit Antiquitäten und stieg nach jahrelangem Engagement in der Rennsportunterliga

ins Oberhaus auf. „Aber", sagt er mit seinem vielsagenden Schmunzeln, „umgebracht hat es mich, wie man sieht, nicht." Dreh- und Angelpunkt auch der Saison 1994 ist für Jordan der Konstrukteur Garry Anderson, der mit seinem ersten Jordan-Auto 1991 einen Volltreffer landete. Anderson, graduierter Ingenieur, ehemals Techniker bei McLaren und Brabham, später bei Reynard, hat allerdings in den Jahren 1992/93 für Jordan keine Geniestreiche geliefert. Mit dem EJR 194 ist Anderson offenbar ein guter Wurf gelungen. Dabei griff der Ire sogar auf den Frontflügel von seinem 91er-Auto (!) zurück. Nicht Geldmangel war der Grund für diese ungewöhnliche Maßnahme, es erschien ihm nach den Erfahrungen der letzten Jahre als die beste Lösung.

Team und Chancen

Seit 1991 ist Jordan in der Formel 1. Bei 48 Grand Prix-Einsätzen gelang bisher noch kein Sieg. Im Debütjahr überraschend Fünfter in der Konstrukteurswertung, fiel der Rennstall in den letzten zwei Jahren ins Mittelmaß zurück. Hauptgrund: Das Team wechselte innerhalb der letzten drei Jahre dreimal die Motorenpartner, was bekanntermaßen selbst für alteingesessene Teams ein Problem darstellt. Ansonsten ist das Jordan-Team sehr professionell und gut gemanagt. Für 1994 stehen die Chancen besser, weil man mit dem letztjährigen Motorenpartner Hart zusammenbleibt und die Extremtechnik, die viel Geld verschlungen hat, inzwischen verboten wurde. Deshalb sorgte das neue Auto von Anderson bereits im Winter bei Testfahrten für positive Schlagzeilen.

Sponsoren

Sasol (Benzin), **Osama** (Schreibgeräte),
Unipart (Autozubehör)
Etat ca. 30 Mio. Dollar.

Larrousse-Ford

Equipe Larrousse F1
Zone d'Entreprises de Signes
B.P. 702
F-83870 Signes
Tel. 0033-94-328888
Fax 0033-94-328141

19 Olivier Beretta

Typ L 94

Motor: Ford V8 (ca. 680 PS)
Getriebe: transversal, 6 Gänge
(halbautomatisch)
Länge: 4400 mm
Spur (v/h): 1670 mm/1570 mm
Höhe: 1000 mm
Radstand: 2940 mm
Gewicht: ca. 515 kg
Dämpfungssystem: Penske
Motorelektronik: Ford Electronics
Kraftstoff: Elf

20 Erik Comas

**Bei Larrousse rührt man im Farbtopf. Zu Beginn der Saison wechselten
Sponsoren und Lackierung - in Aida von Tourtel zu Kronenbourg.**

19 Olivier Beretta

Geburtstag	23. 11. 1969
Geburtsort	Monte Carlo
Nationalität	Monegasse
Wohnort	Monte Carlo
Größe	1,77 m
Gewicht	68 kg
Familienstand	ledig
Hobbys	Jet-Ski, Joggen

Weg in die Formel 1:

1988 Karting
1989 Formel 3, Frankreich
1990 Formel 3, Frankreich, Dritter (England)
1991 Formel 3, Frankreich, Neunter
1992 Formel 3000-EM, 0 Pkt
1993 Formel 3000-EM, Sechster

Olivier wer? fragen sich viele. Bislang hat man nicht viel von Beretta gehört. Meist fällt im Zusammenhang mit dem Neuling ein weiterer, wesentlich bekannterer Name, nämlich der seines Mentors Nelson Piquet. Der dreimalige Formel-1-Weltmeister hat dem Mann aus Monte Carlo in den beiden vergangenen Jahren den Weg geebnet. Beretta gab 1992 in dem eigens von Piquet gegründeten Team sein Formel-3000-Debüt. 1993 verschwand der Rennstall zwar wieder von der Bildfläche, doch griff der berühmte Brasilianer seinem Schützling weiterhin unter die Arme. Beretta bedankte sich mit einem Sieg (Donington) sowie

20 Erik Comas

Geburtstag	28. 9. 1963
Geburtsort	Romans
Nationalität	Franzose
Wohnort	Romans
Größe	1,75 m
Gewicht	66 kg
Familienstand	verheiratet mit Brunella
Kinder	1 Sohn (Anthony)
Hobbys	Rad-Querfeldein-Fahren

Weg in die Formel 1:

1982 Kart • **1983** Kart, Franz Meister • **1984** Renault-5-Pokal Frankreich, Zweiter • **1985** Formel Renault, Vierter **1986** Formel Renault, Meister **1987** Formel 3, franz. Meisterschaft Super-Produktionswagen, Französ. Meister • **1988** Formel 3, Französ. Meister **1989** Formel 3000, EM-Zweiter • **1990** Formel 3000, Europameister

Er gehört zu den stillen Männern im Geschäft. Vielleicht, weil seine Karriere in der Formel 1 von Beginn an stockt. 1990 dominierte er die Formel-3000-Europameisterschaft fast im Handstreich. Dann gab Comas sein Debüt bei Ligier, und schlagartig blieben die Erfolgserlebnisse aus. Als „Pleiten, Pech und Pannen" könnte man seine bisherigen drei Jahre im schnellsten Gewerbe der Welt beschreiben. Immer waren es die falschen Autos, die er fuhr. Erst Ligier, dann Larrousse. Wer diese Namen hört, weiß sofort, daß das Punktesammeln mit den französischen Fabrikaten nicht gerade einfach ist. Schon gar nicht für Neulinge. Comas stand bisher die

Formel-1-Chronik

Debüt

Brasilien 1994

WELCOME TO THE CLUB!

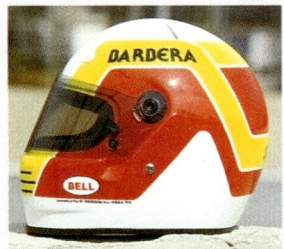

Seinen Helm entwarf Oliver Beretta vor zwölf Jahren gemeinsam mit seinem Mechaniker, als er bei Kart-Rennen erste Lorbeeren erntete. Seither ist er dabei geblieben.

Platz sechs in der Gesamtwertung. Ungewöhnlicherweise ist England ohnehin ein gutes Pflaster für den Monegassen. 1991 stellte sich Beretta bei einigen Rennen in der britischen Formel-3-Meisterschaft der (bekannt harten) Konkurrenz. Unter dem Strich ist der 24jährige dennoch ein unbeschriebenes Blatt. Beretta wird es schwer haben.

Nicht nur weil er fahrerisch bisher kaum aufgefallen ist, sondern auch, weil sein Team alle Hände voll zu tun haben wird, mit dem an Nummer 1 gesetzten Comas erfolgreich zu sein. Sicherlich wird Nelson Piquet dem Neuling mit Rat und Tat zur Seite stehen. Ein Formel-1-Team wird der Brasilianer für Beretta jedenfalls kaum gründen.

Formel-1-Chronik

Debüt

Brasilien 1991

Teams	WM-Rang
1991 Ligier	0
1992 Ligier	11
1993 Larrousse	20

Bilanz

44 Starts
5 Punkte

Sein Helm-Design hat er selbst entworfen. Grundlage seiner Idee sind die Farben des Öl- und Benzinkonzerns Elf, der Comas schon seit Jahren unterstützt. Außerdem sind es die Farben der französischen Trikolore.

Technik immer im Weg, wenn es galt, seine Fähigkeiten zu demonstrieren. Und dann kommen besonders junge Fahrer wie er ins Schleudern: Zu großer Einsatz, zu großes Risiko. Was folgt, sind große Unfälle. 1994 versucht der zurückhaltende, sympathische Franzose im vierten Anlauf, sich als Mann der Zukunft zu beweisen.

Wieder mit einem Verliererteam, wieder wird es schwer. Erik Comas steht ein Jahr der Entscheidung bevor. Denn darüber sind sich alle einig: Eine fünfte Chance wird Erik Comas kaum bekommen. Ob er sich als klare Nummer 1 endlich „freischwimmen" kann oder ob ihn der Druck sogar hemmt, wird die Saison zeigen.

Teamchef

Gerard Larrousse

Techn. Direktor

Robin Herd

Gerard Larrousse ist in der PS-Welt ein bekannter Mann. Ex-Formel-1, Ex-Sportwagen- und Ex-Rallyefahrer. Dreimaliger Sieger der 24 Stunden von Le Mans. Später dann wurde er Renault-Rennleiter in der Formel 1. Dazu noch äußerst charmant, freundlich, kurzum ein Mann von Welt. Aber mit dem eigenen Team will es nicht so recht klappen. Es liegt am Geld. Gerard Larrousse ist, seit er seinen eigenen Rennstall führt, in permanenten Schwierigkeiten. Daß er dabei noch immer freundlich und relativ gut gelaunt auftritt, spricht für seine Nervenstärke und sein Können. Denn mit dem schmalen Budget, mit dem er operiert, wird das Formel-1-Geschäft zur Kunst. Ebenfalls ein Vollprofi mit großer Geschichte: ist sein Designer Robin Herd. Ein Name mit gutem

Klang. Oxford-Absolvent. Wunderkind. Herd wollte mit dem legendären Jochen Rindt ein eigenes Formel-1-Team mit eigenem Wagen auf die Beine stellen. Arbeitete dann aber für Bruce McLaren und war später einer von vier Firmengründern der berühmten March-Rennwagen-Fabrik. Seit 1989 ist Herd mit einem eigenen Design-Büro im Geschäft. Aber Robin mußte erkennen, daß er, wie so viele klangvolle und berühmte Designer vor ihm, nicht zeitlebens im schnellebigen Grand-Prix-Geschäft zur absoluten Spitze zählen kann. Allerdings muß dem armen Herd zugute gehalten werden, daß er bei der Konstruktion seiner Wagen längst nicht aus dem Vollen schöpfen kann wie seine Kollegen bei Williams oder Ferrari.

Team und Chancen

Seit 1992 im Geschäft, insgesamt 32 Grand Prix. Eine Teamgeschichte in Moll: 1992 fast k.o., weil der Hauptsponsor wegen Mordes gesucht wurde. Davor schon wurde das Larrousse-Team von einem weiteren bösen Skandal geschüttelt: Mordanklage für einen der Larrousse-Teilhaber. Gefängnis, Prozeß, Negativschlagzeilen. Das Larrousse-Team stolperte unversehens von einem Skandal in den anderen und von einer finanziellen Schreckstunde in die nächste. Ein Wunder, daß Larrousse überhaupt in der Lage ist, Grand Prix zu fahren. 1994 kann Larrousse, so ist zu hoffen, auf einer soliden Grundlage aufbauen. Der unermüdliche Teamchef hat einen neuen Haupt-Sponsor aufgetan, der endlich die größten finanziellen Sorgen beseitigt. Aber sportlich durfte man über Achtungserfolge nicht hinauskommen.

Sponsoren

Tourtel (alkoholfreies Bier), Charro (Bekleidung)
Etat ca. 25 Mio. Dollar

Minardi-Ford

Minardi Scuderia Italia
Via Spallanzani 21
I-48018 Faenza (RA)
Italien
Tel. 0039-546-620480
Fax 0039-546-620998

MINARDI-FORD

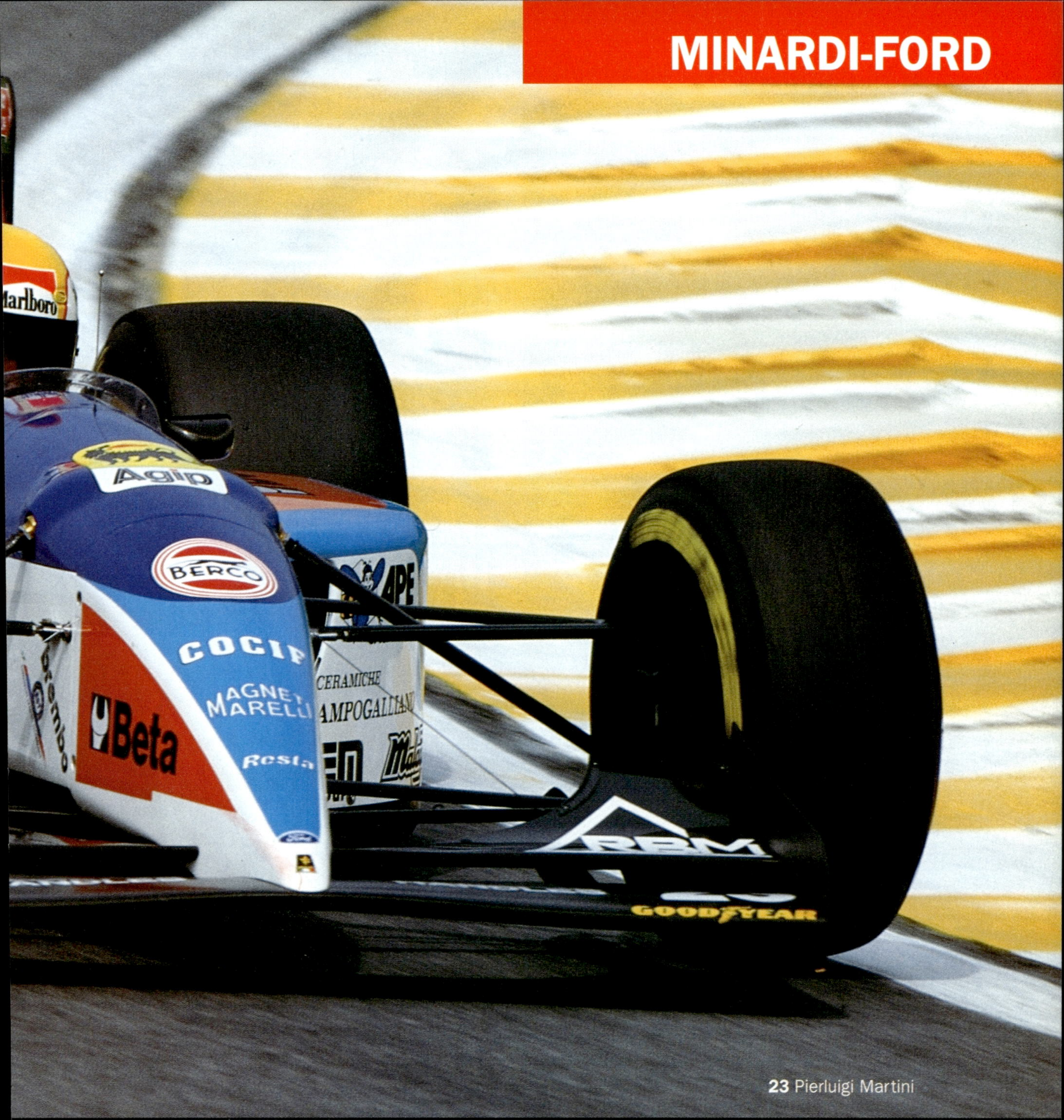

23 Pierluigi Martini

Typ M 194

Motor: Ford V8 (ca. 680 PS)
Getriebe: transversal, 6 Gänge (halbautomatisch)
Länge: 4270 mm
Spur (v/h): 1678 mm/1600 mm
Höhe: 995 mm
Radstand: 2880 mm
Gewicht: ca. 515 kg
Dämpfungssystem: Minardi
Motorelektronik: Magneti Marelli
Kraftstoff: Agip

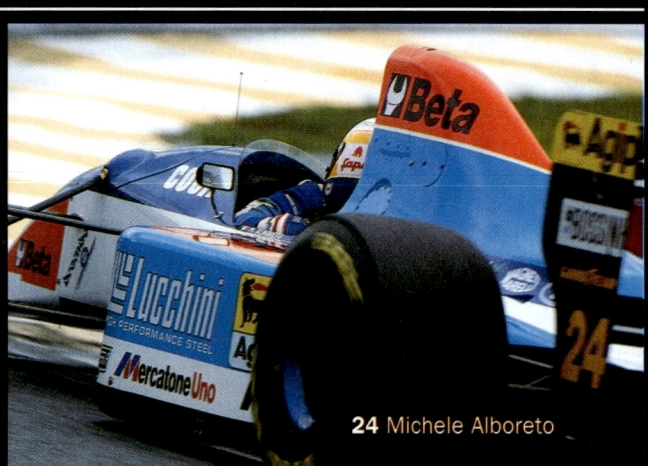

24 Michele Alboreto

23 Pierluigi Martini

Geburtstag	23. April 1961
Geburtsort	Lugo di Romagna
Nationalität	Italiener
Wohnort	Monte Carlo
Größe	1,57 m
Gewicht	57 kg
Familienstand	verheiratet mit Sandra
Hobbys	Jet-Ski, Joggen

Weg in die Formel 1:

1981 Formel 3, ital. Meisterschaft
1982 Formel 3, ital. Meisterschaft, Dritter
1983 Formel 3, Europameister • **1984** Langstrecken-WM (Lancia)
1986 Formel 3000, EM Dritter • **1987** Formel-3000-EM • **1988** Forme 3000, EM-Vierter

Martini ist klein, zierlich, fast ein Kobold. Der Mann aus Ravenna war in der Formel 3 Anfang der achtziger Jahre ein Spitzenmann und erkämpfte sich dort einen guten Ruf. In der Formel 1 aber ist er bis heute Kanonenfutter. Ohne wirklich gutes Material hilft auch das größte Talent nichts. Vor allem nagt es am Selbstvertrauen, der Voraussetzung Nummer 1 für Spitzenleistungen. Die Liste seiner Formel-1-Arbeitgeber weist ausschließlich Italo-Teams aus. Seit 1988 ist Martini (mit kurzen Unterbrechungen) in der Formel 1, davon fünf Jahre für Minardi, einem Team, das stets von großem Enthusiasmus, aber weniger von

24 Michele Alboreto

Geburtstag	23. 12. 1956
Geburtsort	Mailand
Nationalität	Italiener
Wohnort	Monte Carlo
Größe	1,73 m
Gewicht	72 kg
Familienstand	verheiratet mit Nadia
Kinder	2 Töchter (Alice, Naomi)
Hobbys	Lesen, Wassersport

Weg in die Formel 1:

1976 Formel Monza • **197** + **1978** Formula Italia • **197** Formel 3, ital. Meisterscha
1980 Formel 3, Europameist **1981** Formel 2, Europam sterschaft Langstrecken-W (Lancia)

Formel-1-Chronik

Debüt

San Marino 1981

Seine Haare sind hellgrau geworden, wie bei vielen älteren Herren. Auch sein helles, lustiges Kinderlachen hört man im Fahrerlager nur noch selten. Die Geschichte von Michele ist auch wirklich keine besonders lustige. Dabei hatte alles so vielversprechend begonnen. Alberto war das Supertalent der siebziger Jahre, Ken Tyrrell entdeckte Michele und gab ihm in der Formel 1 eine Chance. Er war brilliant, strahlend, lustig, schnell - und holte für den alten Mann den bisher letzten Tyrrell-Sieg. Enzo Ferrari streute ihm Rosen: „Michele ist der Fahrer aus Italien, der mir am meisten imponiert." 1983 kam für den stillen, gut erzogenen Sohn eines Ita-

Formel-1-Chronik

Debüt

Italien 1984

Teams	WM-Rang
1984 Toleman (1 R.)	0 Pkt.
1985 Minardi	0 Pkt.
1988 Minardi	16
1989 Minardi	14
1990 Minardi	0 Pkt.
1991 Minardi	11
1992 Dallara	14
1993 Minardi	17

Bilanz

94 Starts
14 Punkte

„Er liebt nunmal die Farbe gelb", sagt Pierluigi Martini. Deshalb war es keine Frage für ihn, seine Lieblingsfarbe als Grundlackierung zu wählen. Rot-weiß-grün sind Zugeständnisse ans Heimatgefühl: die italienischen Nationalfarben.

---

großen Taten lebt. 1994 ist sein sechster Versuch, wieder mit Minardi. Es verdeutlicht, daß die 14 WM-Punkte nicht ausreichen, um Martini bei einem anderen Team einen Platz zu sichern. Mit Minardi ist Martini fast verheiratet. Außer dem Gastspiel bei Dallara fuhr er immer für das Team aus Faenza. Für Minardi holte Martini

1988 in Detroit den ersten WM-Punkt der Firmengeschichte. Martini hat sich bisher im Vollgaszirkus nicht durchgesetzt. Dabei hat Martini gegenüber fast allen Kollegen einen großen Vorteil. Als kleinster Fahrer bringt er bis zu 20 Kilo weniger auf die Waage als die Langen. Soviel Gewicht am Auto einzusparen würde Millionen kosten.

Teams	WM-Rang
1981 Tyrrell	0
1982 Tyrrell	7
1983 Tyrrell	12
1984 Ferrari	4
1985 Ferrari	2
1986 Ferrari	8
1987 Ferrari	7
1988 Ferrari	5
1989 Lola + Tyrrell	11
1990 Arrows	0
1991 Footwork	0
1992 Footwork	10
1993 BMS-Scuderia Italia	0

Bilanz

178 Starts
5 Siege, 2 Pole Positions
185,5 Punkte

Er trägt die ungewöhnliche Farbkombination Gelb-Blau, weil er ein großer Verehrer des 1978 tödlich verunglückten Formel-1-Piloten Ronnie Peterson ist. Schon seine Karriere im Kart begann mit dem heutigen Helm-Design.

---

lieners und einer Libyerin die Erfüllung: Ferrari-Werks-Vertrag. „Es war für mich", sagt er heute noch, „als ob ich an der Mailänder Scala singen würde." Doch seine Ferrari-Jahre waren insgesamt keine Gala. Durch ein langes böses technisches Tief blieb der Traum von der WM unerfüllt. Danach kam der Abstieg. Aus dem Vize-Weltmeister und

Supermann ist mittlerweile ein Kämpfer geworden, der verzweifelt Anschluß sucht. Das Talent hat er noch immer, aber nicht das Vertrauen der mächtigen Bosse. Deshalb ist Michele sehr viel ernster und stiller als früher. Schwacher Trost: Nach dem Abgang von Riccardo Patrese ist er der dienstälteste Fahrer 1994.

Teamchef	Techn. Direktor
Giancarlo Minardi	**Aldo Costa**

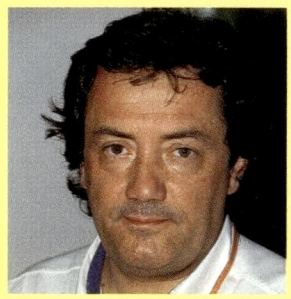 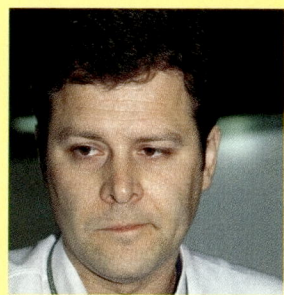

Giancarlo Minardi kämpft, seit er im Grand-Prix-Zirkus antrat, ums Überleben. Er ist also auch einer, der den Teufelskreis des Vollgaszirkus bestens kennt: Kein Geld, keine Erfolge - keine Erfolge, kein Geld. Zur Jahreswende 93/94 erfolgte der vorläufige Höhepunkt in der Minardi-Geschichte. Das Team fusionierte aus finanziellen Gründen mit Beppe Lucchinis Scuderia Italia, die nach sechs Jahren und 94 Grand Prix wegen Finanzschwierigkeiten ihre Tore schloß. 50 Prozent der Anteile halten drei weitere italienische Investoren aus Brescia. „Es ist", sagt Minardi, „nichts mehr, als ein verzweifelter Überlebenskampf." Schwacher Trost: Der kämpferische Mann aus Italien bekam für seine Überlebenskünste von der französischen Sportzeitung „l'Equipe" einen Preis für das beste Kosten-Nutzen-Verhältnis in

der Formel 1 verliehen. Begründung: „Wer mit einem Budget von knapp acht Millionen Dollar in der Formel 1 antritt, ist ein Künstler." Technische Neuigkeiten sind bei Minardi aus finanziellen Gründen nicht zu erwarten. Der letztjährige Designer, der einen neuen Wagen für das Team entworfen hat, Gustav Brunner, ist zu Ferrari gewechselt. Der neue technische Direktor des Teams heißt Aldo Costa. In seinen Händen liegt jetzt die Weiterentwicklung des Brunner-Minardi. Der graduierte Ingenieur - er schrieb seine Diplomarbeit an der Uni Bologna über die Geschichte der Ferrari-Formel-1-Fahrwerke - kam 1988 zu Minardi. Er war vorher Manager bei Abarth. Für ausgefallene Autos hat das Team kein Geld, dafür erwiesen sich in der Vergangenheit Aldos Kreationen als äußerst zuverlässig.

Team und Chancen

Seit 1985 in der Formel 1, bei 139 Grand Prix am Start, bisher kein Sieg. Dafür fährt Minardi aber konstant im hinteren Mittelfeld. Ebenso wie der neue Partner Scuderia Italia. Die war auch ein Formel-1-Armhäusler, seit 1988 in der Formel 1 und bei 94 Grand Prix ohne größere Erfolge. Immerhin, während Minardi 1993 für seine Verhältnisse eine halbwegs gute Saison vorzeigen kann (Platz acht in der Konstrukteurswertung) ging bei der Scuderia Italia überhaupt nichts. Ob die neue Kombination von fünf Eignern - aus der Not geboren - die Probleme löst, ist völlig offen. Wahrscheinlich aber ist, daß man sich 1994 bestenfalls dort etabliert, wo man die letzten Jahre war.

Sponsoren

Beta (Werkzeuge), **Agip** (Benzin)
Etat ca. 8 Mio. Dollar

Ligier-Renault

Equipe Ligier Sports
Technopole de la Nievre
F-58470 Magny-Cours
Tel. 0033-86-606200
Fax 0033-86-212296

25 Eric Bernard

Typ Ligier JS 398

Motor: Renault V10 (ca. 770 PS)
Getriebe: transversal, 6 Gänge
(halbautomatisch)
Länge: 4495 mm
Spur (v/h): 1700 mm/1600 mm
Radstand: 2995 mm
Gewicht: 515 kg
Dämpfungssystem: Penske/Ligier
Motorelektronik: Magneti-Marelli
Kraftstoff: Elf

26 Olivier Panis

25 Eric Bernard

Geburtstag	24. 8. 1964
Geburtsort	Istres
Nationalität	Franzose
Wohnort	Istres/ Frankreich
Größe	1,74 m
Gewicht	65 kg
Familienstand	verh. mit Claudine
Kinder	2 Söhne (Clement, Alexander)
Hobbys	Familie, Lesen, Musik

Weg in die Formel 1:

1987 Formel 3, franz. Meisterschaft
1988 Formel 3000, EM-Achter
1989 Formel 3000, EM-Dritter

Die Statistik sagt über sein bisheriges Formel-1-Engagement: ein Gewinner ist Eric nicht. Magere sechs WM-Punkte und dann sein schwerer Unfall 1991 in Suzuka: komplizierte Beinbrüche. Die Formel-1-Karriere schien zuerst einmal beendet, denn 1992 konnte Eric noch keine Rennen fahren; und 1993 war er lediglich Testfahrer bei Ligier. 1994 folgt sein Comeback in diesem Team. „Ich bin sehr froh, daß ich meine Karriere endlich fortsetzen kann", sagt Eric, obwohl er weiß, daß es mit Ligier schwer wird. Ob die neue Chance in Wirklichkeit nicht seine letzte ist? „Ich weiß", sagt er. „Wir haben bei Ligier kein Geld,

26 Olivier Panis

Geburtstag	2. 9. 1966
Geburtsort	Lyon
Nationalität	Franzose
Wohnort	Grenoble/ Frankreich
Größe	1,73 m
Gewicht	71 kg
Familienstand	ledig
Erl. Beruf	Mechaniker
Hobbys	Gewichtheben, Kart, Ski, Radfahren

Weg in die Formel 1:

1981-87 Kart
1988 Formel Renault
1989 Formel Renault, Franz. Meister
1990 Formel 3, franz. Meistersch., Vierter
1991 Formel 3, Franz. Vizemeister
1992 Formel 3000, EM
1993 Formel 3000, Europameister

Nun hat er es also doch geschafft. Olivier Panis gelang ein Jahr nach dem Gewinn der Formel-3000-Europameisterschaft der Sprung in die Formel 1. Prost sei Dank. Denn nur aufgrund der Absage des viermaligen Weltmeisters wechselte Ligier-Wunschfahrer Martin Brundle zu McLaren. Der Platz bei den Franzosen war frei. Aber wer in die Statistik schaut, hat seine Zweifel. Nur ein Titelgewinner aus der Formel 3000 hat bis heute den Weg in die absolute Weltspitze geschafft: Jean Alesi. Der Rest stieg zwar auch auf, konnte aber in der Formel 1 nicht sonderlich auffallen. Was Panis nicht stört: „Mein Traum

Formel-1-Chronik

Debüt

Frankreich 1989

Teams

Jahr	Team	WM-Rang
1989	Lola-Lamborghini	0 Pkt.
1990	Lola-Lamborghini	13
1991	Lola-Ford	18

Bilanz

31 Starts
6 Punkte

Bernard tauchte im Juni 1989 gemeinsam mit Jean Alesi in der Formel 1 auf. Damals ging es nur darum, wie man die Farben der Tricolore unterschiedlich mischt. Alesi bekam den blauen Punkt nach oben, Bernard den roten.

neue Teile auszuprobieren. Aber mir geht es darum, daß ich wieder Rennpraxis bekomme." Und die für seine Karriere so notwendigen Erfolge und Resultate? Antwort: „O.K., das Team kann 1994 nicht so gut sein wie 1993, aber ich habe hart gekämpft, um zurückzukommen und nun muß ich sehen, wie ich mit dem, was sich mir bietet, zurechtkomme." Eric Bernard steht für die übliche Sherry-Bitter-Geschichte vieler Nachwuchsfahrer: viel Talent, noch mehr Einsatz und Mut zum Risiko, aber wenig Hoffnung auf Erfolg, weil die Fahrzeuge und die Arbeit der Teams halt meilenweit hinter den Möglichkeiten in einem Top-Stall herhinken.

Formel-1-Chronik

Debüt

Brasilien 1994

WELCOME TO THE CLUB!

Olivier Panis über seinen Helm: „Ich habe das Design in einem Comicstrip gesehen. Es hat mir gefallen und ich habe versucht, es zu kopieren."

ist es, Weltmeister zu werden." Natürlich nicht 1994 und schon gar nicht mit Ligier. Das aber bedeutet nicht, daß der Formel-1-Debütant sich ausruhen kann. Sich mit Ligier einen Stammplatz im Grand-Prix-Geschäft zu erobern - das wird ein harter Job. Fazit: 1994 wird keinesfalls einfach für Olivier Panis. Er muß an vielen Fronten kämpfen. Gegen die anderen Debütanten, gegen die komplizierte Technik eines Formel-1-Autos und nicht zuletzt gegen das erwähnte Erbe der Formel-3000-„Stars". Über so viele schlechte Karten aber lächelt Olivier: „Es gibt für mich keine bessere Chance, also auch keine Alternativen."

Teamchef

Cyril de Rouvre

Techn. Direktor

Gerard Ducarouge

Fast alle wissen mittlerweile, daß „Monsieur Chef" eine Mogelpackung ist. Cyril de Rouvre galt bis vor kurzem als einer der erfolgreichsten Geschäftsleute in Frankreich - ungeachtet, daß er schon einmal mit AGS eine Formel-1-Pleite erlebt hat. Das war 1991. Die Formel 1 hat ein Kurzzeitgedächtnis. Nach diesem Flop nämlich übernahm der Endvierziger, der meist große Sonnenbrillen trägt, Anfang 1993 das Ligier-Team. Vorläufiges Ende der Geschichte: wegen Betrugs und Zahlungsschwierigkeiten landete de Rouvre im Winter 1993 erst mal hinter schwedischen Gardinen. Natürlich wurden angesichts solcher Geschäftspraktiken flugs alle Geldhähne zugedreht. Folge: Kaum Ersatzteile, kaum Entwicklungsarbeit bei Ligier. Die Pläne für das 94er Auto landeten in der Schublade. Einziger Pluspunkt bleibt der Renault-Motor. Ob die vorläufige Haftentlassung von de Rouvre dem Team nützt oder schadet, steht in den Sternen. Ebenso die Arbeit von Designer Gerard Ducarouge. Der studierte Flugzeugingenieur hat eine lange Formel-1-Karriere hinter sich. Seit 1974 bei Ligier, vorher mit Matra, dann Alfa Romeo, Lotus und Larrousse. Später wieder Rückkehr zu Ligier. Der lebensfrohe Gerard galt Ende der siebziger, Anfang der achtziger Jahre als Genie und baute in der Generation der Flügelautos Siegerwagen. Aber jetzt erlebt er, daß die alten Ideen nicht mehr greifen.

> Es wird nicht ausgeschlossen, daß es bei Ligier im Laufe der Saison einen Eignerwechsel gibt.

Team und Chancen

Seit 1976 in der Formel 1, seitdem 277 Grand Prix, insgesamt acht Siege. Die meisten zwischen 1979 und 1981. Das Team wurde gegründet von Guy Ligier, einem in Frankreich hoch angesehenen Unternehmer. Seine guten Kontakte sowie seine Geschäftstüchtigkeit machten aus dem Rennstall bis Mitte der achtziger Jahre ein Topteam. Vor allem die Finanzierung war wegen Ligiers Verbindungen - er ist befreundet mit Staatspräsident Mitterand - nie ein Problem. Trotzdem strauchelte die Mannschaft seit Ende der Achtziger immer weiter zurück. Durch den guten Vertrag mit Renault erlebte man 1993 ein kurzfristiges Hoch, aber im Vergleich zum Finanzeinsatz waren die Resultate nicht befriedigend. Nach dem Skandal um den neuen Teameigner Cyril de Rouvre, der die Weiterarbeit mit Renault über 1994 hinaus gefährdet, sieht die Zukunft des Teams düster aus.

Sponsoren

Gitanes (Zigaretten), **Elf** (Benzin)
Etat ca. 20 Mio. Dollar.

Ferrari

Ferrari SPA
Via Emilia Est 1163
P.O.Box 589
41100 Modena
Italien
Tel. 0039-536-949111
Fax 0039-536-94648

27 Jean Alesi

Typ 412 T 1

Motor: Ferrari V12 (ca. 780 PS)
Getriebe: transversal, 6 Gänge
(halbautomatisch)
Länge: 4495,5 mm
Spur (v/h): 1690 mm/1605 mm
Höhe: 995 mm
Radstand: 2950 mm
Gewicht: 505 kg
Dämpfungssystem: 2950 mm
Motorelektronik: Magneti Marelli
Kraftstoff: Agip

28 Gerhard Berger

27 Jean Alesi

Geburtstag	11. Juni 1964
Geburtsort	Avignon
Nationalität	Franzose
Wohnort	Nyon/Schweiz
Größe	1,70 m
Gewicht	70 kg
Familienstand	verheiratet mit Laurence
Erl. Beruf	Karosserie-spengler
Hobbys	Skifahren, Wasserski, Golf, Tennis

Weg in die Formel 1:

1983 Renault 5 Turbo-Cup • **1984** Formel Renault • **1985** Formel Renault, Meisterschafts-zweiter • **1986** Formel 3, franz. Meisterschaft • **1987** Formel 3, Franz. Meister • **1988** Formel 3000, Europameister-schaft • **1989** Formel 3000, Europameister

E r hat die merkwürdigste Statistik aller Formel-1-Rennfahrer. Alesi gilt als „sauschnell", hat bereits 71 Grand Prix gefahren, steht aber immer noch ohne Sieg da. Nicht einmal eine Trainingsbestzeit ist in seiner Erfolgsbilanz verbucht. Dabei fährt Jean Alesi 1994 seine vierte Ferrari-Saison. Er ist ein äußerst wagemu-tiger Fahrer - weshalb er nicht nur der Liebling der Ferrari-Fans ist, sondern vieler Formel-1-Enthusia-sten rund um den Globus. Sein Stil erinnert oft an große Rennlegenden wie Gilles Villeneuve oder Ronnie Peterson. Er kämpfte trotz des Ferrari-Techno-Tiefs der vergange-nen Jahre stets unverdrossen am Limit - auch wenn seine Bilanz dies

28 Gerhard Berger

Geburtstag	27. 8. 1959
Geburtsort	Wörgl
Nationalität	Österreicher
Wohnort	Monte Carlo
Größe	1,85 m
Gewicht	75 kg
Familienstand	ledig, Freun-din Ana
Kinder	eine Tochter (Christina)
Hobbys	Motorrad-fahren, „Schlafen"

Weg in die Formel 1:

1981 Alfasud-Europacup
1982 Formel-3-DM, Dritte
1983 Formel-3-EM
1984 Formel-3-EM

Formel-1-Chronik

Debüt

Österreich 1984

M anche Rennfahrer", sagt Gerhard Berger, „haben Glück mit ihrer Karriere, andere weniger." Was heißen soll: Es gibt Fahrer, die sind zur richtigen Zeit mit dem richtigen Fahrerkollegen im richtigen Team, während andere immerzu kämpfen und hart arbeiten müs-sen. Beispielsweise mit starken Gegnern im Team. Das Berger-Zitat ist vier Jahre alt. Nach 1993 darf sich der Österreicher nicht mehr über mangelndes Glück beschweren. Ähnlich wie bei sei-nem Horror-Crash in Imola 1989 - damals fuhr er mit Tempo 270 in die Mauer - waren für Berger 1993 alle Schutzengel unterwegs. Grand Prix Brasilien,

Formel-1-Chronik

Debüt

Frankreich 1989

Teams	WM-Rang
1989 Tyrrell	9
1990 Tyrrell	9
1991 Ferrari	7
1992 Ferrari	7
1993 Ferrari	6

Bilanz

71 Starts
76 Punkte

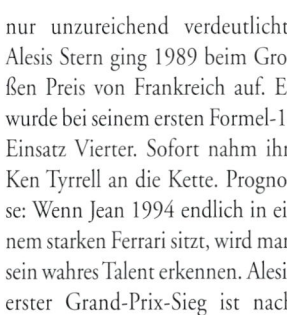

Als er 1986 in die Formel 3 einstieg, übernahm er das Helm-Design des von ihm sehr verehrten Formel-1-Rennfahrers Elio de Angelis, der damals bei Testfahrten tödlich verunglückt war.

Teamchef	**Techn. Direktor**
Luca di Montezemolo	**John Barnard**

„Als ich im November 1991 zu Ferrari kam", sagt Präsident Luca di Montezemolo, „war es schlimmer als ich mir vorgestellt hatte." Zwei Jahre brauchte der elegante und intelligente „Advocato", im Fiat-Konzern ein Liebling von Boss Agnelli, um den Traditionsrennstall wieder auf Erfolgskurs zu bringen. Gemeinsam mit Berater Niki Lauda, der unter dem damaligen Teammanager Montezemolo 1975 und 1977 mit Ferrari die Weltmeisterschaft gewann, wurde das Team in den vergangenen 30 Monaten komplett umgekrempelt. Der geniale Konstrukteur John Barnard wurde 1992 zurückgeholt, Mitte 1993 warb man Rennleiter Jean Todt bei Peugeot ab, und Anfang 1994 vermeldete Ferrari den vor-

erst letzten Coup: Der Japaner Osamu Goto, früher „Motoren-Papst" bei Honda, kümmert sich inzwischen um den italienischen Zwölfzylinder. Montezemolo: „Wir haben alles getan, um mit Ferrari wieder auf die Siegerstraße einzubiegen. Also will ich auch 1994 einen Sieg." Im Brennpunkt dieser Forderung steht John Barnard. Ist seine neueste Schöpfung, der 412 T1, ein Volltreffer, wird der eigensinnige Brite als Retter der Ferrari-Legende gefeiert. Scheitert das Team, wird wieder Kritik an Barnards Arbeitsstätte aufkommen, denn der Mann arbeitet von England aus, fernab von Maranello. Was ihm blüht, wenn Ferrari 1994 wieder gewinnt, weiß Barnard zu genau: „Dann bin ich der große Held."

Team und Chancen

Ferrari ist das Traditionsteam der Formel 1. Seit 1951 sind die roten Renner ununterbrochen am Start. Die Bilanz: 103 Siege und acht WM-Titel in der Konstrukteurs- sowie neun in der Fahrerwertung. Alberto Ascari (1952, 1953), Juan Manuel Fangio (1956), Mike Hawthorn (1958), Phil Hill (1961), John Surtees (1964), Niki Lauda (1975, 1977) und zuletzt Jody Scheckter (1979) verhalfen Ferrari zu seinem Nimbus. Seit dem Grand Prix von Spanien 1990 gelang dem Team aus Maranello jedoch kein einziger Sieg mehr. Die Scuderia erlebt damit die längste Phase ohne Grand-Prix-Sieg in der Firmengeschichte. Am Geld hat es nicht gelegen. Mit geschätzten 100 Millionen Dollar verfügt Ferrari über das größte Jahresbudget. Mit neuer Struktur und neuem Personal wird Ferrari, so hoffen alle Formel-1-Fans, 1994 endlich wieder gewinnen. Die Chancen dafür stehen gut.

Sponsoren

Marlboro (Zigaretten), **Fiat** (Autos), **Agip** (Benzin), **Pioneer** (HiFi)
Etat ca. 100 Millionen Dollar

Teams	WM-Rang
1984 ATS	0
1985 Arrows	17
1986 Benetton	7
1987 Ferrari	5
1988 Ferrari	3
1989 Ferrari	7
1990 McLaren	3
1991 McLaren	4
1992 McLaren	5
1993 Ferrari	8

Bilanz

147 Starts
8 Siege
8 Pole Positions
265 Punkte

Berger hat seinen Helm selbst entworfen. Seine Lieblingsfarbe Dunkelblau war Basis, schließlich: „Ich trage auch privat fast nur dunkelblau." An den Seiten des Helms die rot-weißen Streifen aus Österreichs Nationalflagge.

nur unzureichend verdeutlicht. Alesis Stern ging 1989 beim Großen Preis von Frankreich auf. Er wurde bei seinem ersten Formel-1-Einsatz Vierter. Sofort nahm ihn Ken Tyrrell an die Kette. Prognose: Wenn Jean 1994 endlich in einem starken Ferrari sitzt, wird man sein wahres Talent erkennen. Alesis erster Grand-Prix-Sieg ist nach

Expertenmeinung längst überfällig. Nach seinem dritten Rang beim Auftakt in Brasilien mußte Alesi allerdings ein Rennen pausieren. Bei einem Tempo-250-Crash bei Testfahrten erlitt er eine Rückenwirbelstauchung. DTM-Sieger Nicola Larini übernahm vorübergehend das Ferrari-Steuer (s. Seite 131).

Grand Prix Italien, Grand Prix Portugal - jeder dieser Unfälle war ein potentieller Killer.
Das nötige Quentchen Glück hat Berger früher oft gefehlt. Von 1990 bis 1992 saß er zwar bei McLaren im besten Auto, hatte aber leider Ayrton Senna zum Teamkollegen. 1989 bei Ferrari konnte neben „Partner" Nigel

Mansell auch nicht von einem ruhigen Job die Rede sein. Zurück bei Ferrari leistete Berger - inzwischen vom Supertalent zum schnellen Routinier gereift - 1993 harte Aufbauarbeit. In dieser Saison will er die Früchte seiner Bemühungen ernten. Doch Vorsicht ist geboten, denn Alesi könnte ihm einen Strich durch die Rechnung machen.

Mädchen mögens gar nicht heiß

Eine Untersuchung der Bundesanstalt für Straßenwesen hat ergeben, daß mehr als zwei Drittel der bei schwersten Unfällen im Zusammenhang mit Discothekenbesuchen getöteten und schwerverletzten Pkw-Insassen Mitfahrerinnen und Mitfahrer waren. Die Angst der überwiegenden Mehrzahl der Mitfahrerinnen vor riskanten Fahrweisen hat also ihre Berechtigung.

Dabei könnten Mädchen und junge Frauen den Fahrstil ihres Partners so beeinflussen, daß sie sich „an Bord" auch wohlfühlen. Dr. Schulze von der Bundesanstalt für Straßenwesen: „Junge Fahrer orientieren sich an der Einschätzung ihrer Verhaltensweisen durch Mädchen"

Deshalb sein Appell: „Beifahrerinnen sollten nichts unversucht lassen, das Fahrgeschehen zu beeinflussen, wenn es ihnen zu mulmig wird."

Wenn alles nichts nutzt: aussteigen und für das nächste Mal einen anderen Fahrer suchen.

Als Autofahrerinnen schneiden die jungen Frauen ohnehin wesentlich besser ab als ihre männlichen Altersgenossen. Junge Frauen sind deutlich weniger an schweren Unfällen beteiligt als junge Männer. Mädchen haben gegenüber dem Auto und dem Fahren eine wesentlich realistischere und sicherheitsbewußtere Einstellung. Für junge Fahrerinnen stehen die praktischen Aspekte des Autos im Vordergrund, sie betrachten das Auto in erster Linie als Transportmittel und nicht als Vehikel für Imponiergehabe, Risikofreude und Erprobungsverhalten. Sie benutzen das Auto deshalb auch in der Regel nicht dazu, sich selbst darzustellen oder gar Konflikte mit dem Gaspedal lösen zu wollen.

Frauen gelingt es auch viel besser, zwischen Trinken und Fahren zu trennen. In der Gruppe der alkoholisierten Verursacher von Unfällen sind Frauen nur eine kleine Minderheit.

Rücksicht kommt an.

Auch auf Motorrädern stehen Mädchen ihren Mann. Als Autofahrerinnen schneiden sie besser ab als ihre männlichen Zeitgenossen. Sie sind deutlich weniger an schweren Unfällen beteiligt als junge Männer. **Foto: Pohl**

Ein gefährliches Alter

Das Risiko der jungen Autofahrer zwischen 18 und 24, in einen Verkehrsunfall verwickelt zu werden, ist um ein Vielfaches höher als das anderer Altersgruppen.

Bezogen auf 100.000 Einwohner der jeweiligen Altersgruppe war 1992 das Risiko der 18- bis 24jährigen, tödlich zu verunglücken, zweieinhalb mal so hoch wie das der 25- bis 65jährigen.

Der Anteil der 18- bis 24jährigen an der Bevölkerung beträgt in Deutschland nur elf Prozent, aber 23 Prozent aller Verkehrstoten gehören dieser Altersgruppe an, 1992 waren dies 2.472 junge Menschen.

Ebenso aufschlußreich ist eine Untersuchung des HUK-Verbandes im Auftrag des Bayerischen Innenministeriums über die Struktur der Unfälle mit Toten auf Autobahnen in Bayern. Danach wurden 28 Prozent der tödlichen Autobahnunfälle mit 28 Prozent der Getöteten von jungen Fahrern zwischen 18 und 24 Jahren verursacht, darunter 86 Prozent Männer.

Junge Fahrer verursachen erheblich mehr Alleinunfälle, sind öfter alkoholisiert und verunglücken häufiger bei hohen Geschwindigkeiten als andere Altersgruppen.

Das Bundesministerium für Verkehr hat deshalb die Sicherheit junger Fahrer 1994 auch zum Schwerpunktthema seines seit 1991 gemeinsam mit dem Deutschen Verkehrssicherheitsrat durchgeführten Verkehrssicherheitsprogramms „Rücksicht kommt an" gemacht.

Mädchen mögen keine Machos am Steuer. Viele Mitfahrerinnen bekommen es bei riskanter Fahrweise mit der Angst zu tun. Doch es liegt an ihnen, Einfluß auf den Fahrstil ihres Partners zu nehmen. Am Steuer sollte der Walkman übrigens lieber Pause machen. Wer auf Sicherheit setzt, ist als Fahrer auf sämtliche Sinne angewiesen. **Foto: HP**

Wie man lebt, so fährt man

Zwischen Lebensstil und Verkehrsverhalten gibt es eindeutige Zusammenhänge. Das Unfallrisiko ist nicht für alle jungen Fahrer und Fahrerinnen gleich groß. Bestimmte Lebens-, Freizeit-, Trink- und Konsumgewohnheiten, die Stellung zur Jugend- und Alternativszene und die Art und Weise, sich selbst darzustellen, haben wesentlichen Einfluß auf das Verkehrsverhalten.

Nur ein Teil der jungen Fahrerinnen und Fahrer (ca. 30 Prozent) weist ein Sicherheitsrisiko auf, das weit über das „normale Anfängerrisiko" hinausgeht. Wie man lebt, so fährt man.

Nach einer Untersuchung der Bundesanstalt für Straßenwesen lassen sich junge Fahrerinnen und Fahrer in sieben verschiedene Lebens- und Freizeitstilgruppen einteilen.

Die besonders gefährdeten 30 Prozent sind drei dieser sieben Stilgruppen zuzuordnen. Danach sind die sogenannten Action-, Fan- und Kontratypen die risikofreudigsten Autofahrer. Action-Typen (rund 16 Prozent)

sind ständig auf der Suche nach Unterhaltung. Action muß immer mit im Spiel sein. Sie stehen auf Rock, Punk und Skins.

Zur Gruppe der Fan-Typen (knapp neun Prozent) gehören die jungen Menschen, die sich beim Fußballspiel oder in der Disco am wohlsten fühlen.

Der Kontra-Typ (sechs Prozent) lehnt Fußball- und Discofans ab. Ökologie und Friedensbewegung finden sein Interesse, er setzt sich mit Politik und Gesellschaft auseinander.

Für alle drei Typengruppen ist Autofahren eine der liebsten Freizeitbeschäftigungen.

Sie fahren dementsprechend viel, häufig mit Alkohol – und das Risiko und die Gefahr fahren immer mit.

Die übrigen vier Gruppen, die Kritischen, Häuslichen, Sportlichen oder die Fashion-Typen hingegen unterliegen dem „normalen" Anfängerrisiko mit Unsicherheiten beim Umgang mit dem Fahrzeug und fehlender Fahrpraxis.

Zu welcher Gruppe gehörst Du?

Woche für Woche kommt es Freitag- bzw. Samstagnacht nach Disco- oder sonstigen Freizeitveranstaltungen zu schwersten Unfällen. Und meist ist Alkohol im Spiel. Sogenannte Action-Typen sind dabei besonders gefährdet. Foto: Pohl

Saturday night – das tödliche Risiko

Freitag- bzw. Samstagnacht in Deutschland: Auf den Straßen lauert das tödliche Risiko. Wegen ihrer Freizeitinteressen sind junge Leute Nachtschwärmer. Woche für Woche ereignen sich schwerste Unfälle nach Discobesuchen. Nach einer Analyse der Bundesanstalt für Straßenwesen verunglücken allein in den Nächten zum Samstag bzw. zum Sonntag jeweils zwischen 22 und 4 Uhr – also in nur zwölf Stunden der Woche – ein Fünf-

tel aller getöteten Fahrer und ein Viertel aller getöteten Mitfahrer der Altersgruppe der 18- bis 24jährigen. Als die BASt drei Monate lang Discofälle untersuchte, registrierte sie 216 Verkehrsunfälle, bei denen 64 junge Leute getötet und 484 schwer verletzt wurden. Neben Übermüdung, Ablenkung und Fahrfehlern war vor allem Alkohol die Ursache, ohne den die Mehrzahl dieser Unfälle vermeidbar gewesen wäre.

Frentzen: Wer riskant fährt, ist kein guter Partner

Nur durch Training wird man ein guter, sicherer Autofahrer: Formel-1-Pilot Heinz-Harald Frentzen. Foto: Gorys

Frage: Junge Verkehrsteilnehmer zwischen 18 und 24, vor allem junge Männer, fahren gefährlich. Ihr Unfallrisiko ist überproportional hoch. Wie kann man sie zur Vernunft bringen?

Frentzen: Schwer. Vieles ist entwicklungsbedingt. An man-

che Gruppen kommt man wohl nur schwer ran. Mit Vernunftappellen und normalen Infos ist da wenig zu machen. Der Veränderungsdruck muß aus der Gruppe kommen. Von Freunden oder der Freundin, der man imponieren will.

Frage: Was würden Sie den Mitfahrerinnen raten?

Frentzen: Ganz einfach: Wer rast, riskant oder mit Alkohol fährt, ist kein guter Partner. Wenn einer das nicht kapiert, kanns mit der Freundschaft nicht weit her sein. Entweder sollte man ihn anhalten lassen und aussteigen. Oder noch besser: Erst gar nicht einsteigen.

Frage: Bei diesen besonders gefährdeten Gruppen ist Alkohol eine der Hauptunfallursachen. Eine unendliche Geschichte?

Frentzen: Junge Leute lieben die Out/In-Unterscheidung, und bei vielen ist Alkohol – noch dazu am Steuer – super-out. Alle haben das aber offenbar noch nicht kapiert. Viele junge Leute treiben doch Sport. Sport und Alkohol passen auch nicht zusammen. Grundsätzlich bin ich für schärfere Alkoholkontrollen. Der junge Mann, der ein paar Monate zu Fuß gehen muß, weil er keinen Führerschein mehr hat, imponiert keinem Mädchen. Außerdem sollte viel stärker herausgestellt werden, wie schwer es ist, den Führerschein wiederzubekommen.

Frage: Mangelnde Fahrpraxis erhöht bei jungen Leuten das Unfallrisiko. Formel-1-Fahrer trainieren hart, um Risiken

nach Möglichkeit auszuschalten. Reicht die Fahrschulausbildung?

Frentzen: Ein guter, sicherer Autofahrer wird man nicht über Nacht. Man muß sich Sicherheit im Verkehr im wahrsten Sinne des Wortes „erfahren". In der Formel 1 geht es um physikalische und fahrerische Grenzsituationen. Aber auch im normalen Verkehr gibt es solche „Grenzsituationen", z. B. nasse Fahrbahn, plötzliche Hindernisse usw. Diese Gefahren rechtzeitig zu erkennen, zu vermeiden und notfalls zu meistern, kann man trainieren. Automobilclubs, Verkehrswachten und TÜV veranstalten Sicherheitstrainings. Dort kann man dies üben. Und in der Gruppe macht das sogar noch Spaß.

Sauber-Mercedes

PP Sauber AG
Wildbachstraße 9
Ch-8340 Hinwil
Tel. 0041-1-9381400
Fax 0041-1-9381670

29 Karl Wendlinger

Typ C 13

Motor: Mercedes-Benz V10 (ca. 730 PS)
Getriebe: längs, 6 Gänge
(halbautomatisch)
Länge: 4330 mm
Spur (v/h): 1710 mm/1610 mm
Höhe: 1000 mm
Radstand: 2930 mm
Gewicht: 505 kg
Dämpfungssystem: API
Motorelektronik: Magneti Marelli
Kraftstoff: Elf

30 Heinz-Harald Frentzen

29 Karl Wendlinger

Geburtstag	20. 12. 1968
Geburtsort	Kufstein
Nationalität	Österreicher
Wohnort	Monte Carlo
Größe	1,84 m
Gewicht	73 kg
Familienstand	ledig
Erl. Beruf	Kfz-Mechaniker
Hobbys	Squash, Skifahren

Weg in die Formel 1:

1983 Kart • **1984** Kart, Dt. Junioren-Meister • **198?** Kart • **1986** Kart, ÖM-Zweiter, EM-Sechster • **1987** Formel Ford 1600, Österr. Staatsmeister • **1988** Formel 3, Österr. Staatsmeister • **1989** Formel 3, Dt. Meister • **1990** Formel 3000-EM, Sportwagen-WM mit Sauber-Mercedes • **1991** Formel 3000-EM, Sportwagen-WM Sauber-Mercedes

Karl der Große wird er in der Szenerie nicht nur wegen des beachtlichen Talents genannt, sondern auch wegen des Gardemaßes. Mit 1,84 Meter ist Karl Wendlinger einer der längsten Formel-1-Piloten. Sein Weg in die Weltelite ähnelt dem Aufstieg von Michael Schumacher. Auch Wendlinger wurde als Formel-3-Absolvent ins Mercedes-Juniorteam aufgenommen und durfte in der Sportwagen-WM fleißig Erfahrung sammeln. Mit Mercedes-Hilfe kam Wendlinger beim Team Leyton House in der Formel 1 unter. Als Sauber 1993 in die Formel 1 einstieg, brachte Wendlinger die Erfahrung von 16 Grand-Prix-Ren-

30 Heinz-Harald Frentzen

Geburtstag	18. Mai 1967
Geburtsort	M.-gladbach
Nationalität	Deutscher
Wohnort	M.-gladbach
Größe	1,78 m
Gewicht	67 kg
Familienstand	ledig
Hobbys	Essen gehen, Sport

Weg in die Formel 1:

1980-84 Kart • **1985-87** Formel Ford 2000 • **198?** Formel Opel Lotus, Dt. Meister • **1989** Formel 3, Dt. Vizemeister • **1990** Sportwagen WM (Sauber-Mercedes), Formel 3000 EM • **1991** Formel 3000 EM • **1992 u. 93** Formel 3000 Japan

Zu Hause im Rheinland wird er nur mit dem Kürzel HH gerufen. Auch er ist, wie sein Teamkamerad, kein Mann der großen Töne. Einen langen Atem hat Frentzen bei seiner Karriere gebraucht, denn keines von Deutschlands Supertalenten war so weit weg vom Fenster wie er. „Ich war praktisch bei Null", meint HH rückblickend. Dabei gab er glänzende Vorstellungen in der Formel 3 und später als Mercedes-Junior. Heute sagt Frentzen: „Ich war 23 Jahre alt und habe Fehler gemacht." Ein Fehler war aus heutiger Sicht sein Einstieg in die Formel 3000, der sich zum Flop entwickelte. Erst als er durch Zufall eine Chance in der japani-

Formel-1-Chronik

Debüt

Japan 1991

Teams	WM-Rang
1991 Leyton House (2 Rennen)	0
1992 March	12
1993 Sauber	11

Bilanz

32 Starts
10 Punkte

Er mag die Farbkombination Blau und Gelb, ohne einen besonderen Grund dafür sagen zu können. Die rot-weißen Farbstreifen an der Seite seines Helmes hat er wegen seiner österreichischen Heimat gewählt.

nen mit. Seine Merkmale sind Ruhe und Gelassenheit, er ist kein Mann der großen Worte. Sein Teamchef Peter Sauber behauptet: „Karl ist sehr schnell, aber nicht auf Anhieb. Er nimmt sich Zeit dafür." Bis jetzt hat der Lange aus Kufstein noch keine Fehler gemacht, dreimal fuhr er 1993 in die Punkteränge, beim GP von Italien gar als Vierter. Das zweite Jahr im Sauber wird allerdings aus zwei Gründen für ihn zur Nagelprobe. Zum einen hat das Team das erste Lehrjahr hinter sich, die Kinderkrankheiten müßten so gut wie beseitigt sein. Zum anderen ließ sein Team-Kollege bereits bei den Testfahrten und in Brasilien aufhorchen.

Formel-1-Chronik

Debüt

Brasilien 1994

WELCOME TO THE CLUB!

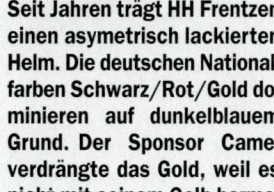

Seit Jahren trägt HH Frentzen einen asymetrisch lackierten Helm. Die deutschen Nationalfarben Schwarz/Rot/Gold dominieren auf dunkelblauem Grund. Der Sponsor Camel verdrängte das Gold, weil es nicht mit seinem Gelb harmonierte.

schen Formel 3000 bekam, erinnerte man sich bei Sauber und Mercedes an den Dritten im Mercedes-Junioren-Trio Wendlinger/Schumacher/Frentzen. Die Testfahrten für Sauber beendete HH mit hervorragenden Resultaten. Er gilt als sehr risikofreudig. Nicht wenige Experten prophezeien HH in der Formel 1 eine große Zukunft. Zukunft, was er bei seinem ersten Grand Prix im Training untermauerte. Als Fünfter stand er nicht nur vor Wendlinger, sondern war der beste deutsche Einsteiger seit Karl Kling (ebenfalls Mercedes) 1954 in Frankreich. Da kann selbst Schumacher nicht mithalten.

Bitte nicht übersehen:
HH Frentzen-Biographie S. 15

Teamchef	Techn. Direktor
Peter Sauber	Leo Ress

Seit den siebziger Jahren baut der Schweizer Peter Sauber Rennwagen. Mercedes wählte ihn als Partner für das Gruppe-C-Projekt aus - schon damals mit der Zielrichtung Formel 1. 1993 ging das gemeinsame Grand-Prix-Projekt in die erste Runde. Nur der kleine Schriftzug „concept by Mercedes-Benz" deutete auf die Zusammenarbeit. Für 1994 konnte Sauber den Mercedes-Schulterschluß verstärken: Der große Bruder aus Untertürkheim liefert offiziell die Motoren und noch mehr Geld. Auf einen Nenner gebracht, ist Sauber der verlängerte Arm von Mercedes in der Formel 1. Der Kopf hinter den Sauber-Autos war schon in der Gruppe C Leo Ress. Auch er gibt sich, wie der Teamchef, eher unspektakulär als extravagant. Im vergangenen Jahr hat das technische Konzept des Rheinländers durchaus überzeugt. Mit 12 Punkten lag der Rennstall gleichauf mit dem Traditionsteam Lotus. Was fehlt, ist natürlich die Erfahrung, vielleicht auch der Mut zu gewagten Lösungen. Leo Ress: „Erst wenn wir eine überprüfbare Basis haben, können wir uns an Experimente wagen." Der Sauber des Baujahres 1994 ist im Prinzip der von 1993. Ress wollte kein komplett neues Auto bauen, sondern vielmehr auf den Erfahrungen des Debütjahres aufbauen. Zu Saisonbeginn schickte er den C13 noch mit der 93er Hinterachse ins Rennen. Völlig neu ist der Motor. Zwar steht jetzt Mercedes auf dem Triebwerk, doch wurde der V10 beim Schweizer Mario Illien konstruiert und gefertigt.

Team und Chancen

Sauber ist seit 1993 in der Formel 1, hat 16 Rennen absolviert und für ein Debüt gute Resultate erzielt. Neben der Erfahrung fehlt ein bißchen die Zuverlässigkeit. Als enger Partner des Autogiganten werden Erwartungen und Anforderungen in jeder Beziehung höher, damit steigt der Erfolgsdruck. Ob das Team strukturell und personell in der Lage ist, diesem technischen und öffentlichen Druck standzuhalten, wird eine entscheidende Frage sein. Klassenziel ist, Anschluß an die großen Vier - McLaren, Williams, Benetton und Ferrari zu finden - dazu müßten Ligier und Lotus überholt werden. Sollte es gelingen, dürften schon bald in Stuttgart Worte wie „Siege" in den Mund genommen werden. Zu Saisonbeginn, so die Prognose von Mercedes-Motorsportchef Norbert Haug, „sind die ersten acht Plätze betoniert".

Sponsoren

Broker (Zeitschrift), **Harvard Companies** (Finanzierungen), **Henkel Trocken** (Sekt), **High Society** (Mode), **Castrol** (Öl)
Etat 60 Millionen Dollar

RTL gibt Gas

Porsche Supercup: Zweite Saison

Um 1,2 Mio. DM Preisgeld geht es in diesem Jahr beim Internationalen Porsche Supercup, über den RTL in den Formel-1-Reports berichtet. Auch in diesem Jahr werden im RTL-VIP-Carrera Prominente am Start sein. Außerdem bestreitet RTL-Kommentator Jochen Mass im Roock Carrera die gesamte Saison. Harte Arbeit für den 105fachen GP-Fahrer.

RTL-Alfa bei der DTM

Auch in der Deutschen Tourenwagenmeisterschaft hat RTL die Nase ganz weit vorn. Auf einem Werks-Alfa-Romeo des Schübel-Teams fährt der Däne Kris Nissen in den Farben von RTL. Besonderer Clou: Der von dem Kölner Geschäftsmann und Nissen-Mäzen Bernd Breuer gesponserte Alfa wirbt bei jedem Rennen für eine andere RTL-Sendung.

Pilot **elf**
Der Start in die Rennsport-Karriere

Wie werde ich Rennfahrer(in) oder wie kann ich meine begonnene Karriere fortsetzen? Diese Frage hat sich schon so manche(r) gestellt.

Hier ist die Antwort: Die Renault-ELF-Zakspeed-Rennfahrerschule gibt Ihnen diese Chance!

Wir bieten Ihnen Intensiv-Kurse mit ausführlicher Theorie und Praxis auf dem Zakspeed Motodrom und auf der Grand Prix-Strecke des Nürburgrings. Aus den besten und aussichtsreichsten Teilnehmern wird in einer Sonderveranstaltung der Fahrer für das ELF-Förderprogramm ermittelt. Nach diesem Förderprinzip von ELF sind bereits 18 Formel-1-Piloten entdeckt worden.

Wenn Sie der Rennsport begeistert und Sie sportlich fit sind, sollten Sie sich bei uns melden.

RENAULT
elf
ZAKSPEED
Rennfahrerschule
am Nürburgring

Formelfahren für jedermann

Ein richtiges Rennsport-Erlebnis mit allem Drum und Dran. Rennwagen pilotieren, Fahren aus einer anderen Perspektive, Motorsport-Atmosphäre schnuppern. Teilnehmen kann jeder Rennsportbegeisterte.

Fahrsicherheits-training

Autofahren muß gekonnt sein – erst recht in kritischen Situationen! Erfahrene Instruktoren vermitteln Ihnen, wie Sie Ihr Fahrzeug jederzeit beherrschen. Tun Sie etwas für Ihre Sicherheit!

RENAULT-ELF-
ZAKSPEED-
Rennfahrerschule

53520 Nürburg
Telefon 0 26 91 / 20 33
Telefax 0 26 91 / 23 48

elf

DIE FORMEL FÜR LEISTUNG

Simtek-Ford

Simtek Grand Prix Ltd.

8 Wates Way
Acre Estate
Wildmere Road
Banburry, Oxfordshire OX16 7TS
England
Tel. 0044-295-365998
Fax 0044-295-265975

31 David Brabham

Typ S 941

Motor: Ford V8 (ca. 670 PS)
Getriebe: transversal,
6 Gänge (sequentiell)
Länge: 4260 mm
Spur (v/h): 1700 mm/1600 mm
Höhe: 1000 mm
Radstand: 2880 mm
Gewicht: ca. 515 kg
Dämpfungssystem: Penske-Gasdruck
Motorelektronik: Ford Electronics
Kraftstoff: BP

32 Roland Ratzenberger

31 David Brabham

Geburtstag	5. 9. 1965
Geburtsort	Wimbledon
Nationalität	Australier
Wohnort	Monaco
Größe	1,77 m
Gewicht	67 kg
Familienstand	verheiratet mit Lisa
Kinder	1 Sohn (Jayson)
Hobbys	Golf, Tennis

Weg in die Formel 1:

1984 + 1985 Kart • **198**▮ Formel Ford 1600, Austra▮lien • **1987** Formel Atlantic Australien • **1988** Opel L▮tus + Formel 3, Großbritan▮nien • **1989** Formel 3, Brit▮scher Meister • **1991** Fo▮mel 3000, EM, Tourenwage▮ Sportwagen-WM (Jaguar) **1992** Sportwagen, IMSA (J▮guar) + WM (Toyota) • **199**▮ Le Mans (Jaguar)

Sein Vater Jack, wegen der schwarzen Bartstoppeln „Black Jack" genannt, war dreimal Formel-1-Weltmeister: 1959, 1960 und schließlich 1966 mit seinem eigenen Team. David will seit Jahren beweisen, daß er das Talent seines Vaters geerbt hat. Der erste Versuch in der Formel 1 ging 1990 mächtig daneben, als David Brabham für Brabham fuhr. Doch dieser Wagen war damals unfahrbar. David war völlig chancenlos und mußte sich weit unter Wert verkaufen. „Das tat weh", sagt er noch heute. Danach verschwand er in der tiefsten Versenkung, wie alle Junioren, die in der Formel 1 einmal abgestürzt sind. Er fuhr in der Formel 3000, und mit Jaguar

32 Roland Ratzenberger

Geburtstag	4. Juli 1962
Geburtsort	Salzburg
Nationalität	Österreicher
Wohnort	Monte Carlo
Größe	1,78 m
Gewicht	70 kg
Familienstand	ledig
Erlernter Beruf	Maschinenbauer

Weg in die Formel 1:

1983 + 1984 Formel Fo▮ 1600 • **1985** Formel Fo▮ 1600, Deutscher und Öste▮ Meister • **1986** Formel Fo▮ 1600, brit. Meisterschaft **1987** Formel 3, brit. Meist▮schaft, Tourenwagen, WM▮ EM • **1988** Formel 3, b▮ Meisterschaft • **1989** F▮mel 3000, brit. Meist▮schaft, Dritter Sportwage▮ WM • **1990** Sportwage▮

Er kann schon einen Spitznamen in der internationalen Motorsportszene vorweisen: Roland, the rat - Roland, die Ratte. Den Namen verpaßte man ihm in England in Anlehnung an eine Comicfigur im dortigen Fernsehen. Der Mann aus Salzburg scheint außerhalb der Alpen-republik besser bekannt zu sein als zu Hause. Warum? Seit 1986 fährt er praktisch ohne Pause in England, später dann in Japan Sportwagen und Formel 3000. Seine Erfolge können sich sehen lassen, denn in 185 Rennen siegte Roland 33 Mal, wurde 29 Mal Zweiter und fuhr 42 Trainingsbestzeiten. Das zeigt

Formel-1-Chronik

Debüt

San Marino 1990

Teams   WM-Rang

1990 Brabham   0

Bilanz

8 Starts

Die Farben blau und weiß sind Hauptfarben der australischen Nationalflagge. Die beiden blauen Streifen sollen die zweite Brabham-Generation in der Formel 1 symbolisieren.

nahm er an Sportwagenrennen teil. Mit der Hilfe seines Vaters, der an dem neuen Team finanziell und als Berater beteiligt ist, fährt er nun wieder in der Formel 1. „Vater ist mit viel Spaß bei der Sache", sagt David. „Das ganze erinnert ihn an seine Zeit mit dem eigenen Team." Vielleicht ist das ja ein gutes Omen. Auch wenn die Resultate zu Beginn

noch nicht sonderlich gut sollten, über mangelnde TV-Auftritte wird sich Brabham nicht beschweren können. David kommt regelmäßig beim Teamsponsor - Musiksender MTV - zu Wort. Dort gab Brabham seinen größten Wunsch für die Saison 1994 preis. Er will unbedingt den ersten WM-Punkt. Schwer wird's.

WM + jap. Meisterschaft, Tourenwagen, jap. Meisterschaft • **1991** Sportwagen + Tourenwagen, jap. Meisterschaft • **1992** Formel 3000 + Sportwagen, jap. Meisterschaft • **1993** Formel 3000, jap. Meisterschaft

Formel-1-Chronik

Debüt

Brasilien 1994

WELCOME TO THE CLUB!

Wie dieses Design entstand, braucht man nicht lange zu raten. Es ist, als habe ich Ratzenberger seine Nationalflagge um den Kopf gewickelt.

seine fahrerische Klasse, die er jetzt bei den ersten fünf Grand Prix ins richtige Rampenlicht stellen kann - länger läuft sein Vertrag (vorerst) nicht. „Die Formel 1 war immer mein Ziel", sagt der dritte Österreicher im Formel-1-Geschäft neben Gerhard Berger und Karl Wendlinger. „Ich fühle mich

wahnsinnig motiviert, und ich möchte bei den ersten fünf Rennen gut abschneiden, um so das Geld für den Rest der Saison zu finden." Keine leichte Aufgabe. Aber der gelernte Maschinenbauer, der bereits in der Rennfahrerkolonie Monte Carlo lebt, hat gelernt, wie man sich durchs Leben schlägt.

Teamchef und Konstrukteur

Nick Wirth

Die Firma „Simtek Research" wurde 1989 gegründet. Gründer waren der damals erst 22jährige Nick Wirth und der heutige FIA-Präsident Max Mosley. Simtek spezialisierte sich auf Design, Entwicklung und Forschung für diverse Auftraggeber. 1992 gab Mosley seine Anteile an Wirth ab. Danach engagierte sich Simtek (Simulated Technology) für das spanische Formel-1-Team Bravo. Das Abenteuer scheiterte an Geldmangel. Im Herbst 1993 entschloß sich Wirth, ein eigenes Formel-1-Projekt auf die Beine zu stellen. Im Winter 1993 präsentierte der mittlerweile 27jährige Jung-Designer Wirth sein Auto. Hinter dem Projekt stehen als Mentoren der dreimalige Formel-1-Weltmeister Jack Brabham und der deutsche Konrad Schmidt - mit jeweils 20 Prozent. Besonders Schmidt mit seiner im Rennsport angesehenen Firma SMS (Schmidt-Motor-Sport) wird sich als technische Hilfe erweisen. Wirth: „Die Verbindung mit Schmidt gibt uns Stabilität. Das kann nur gut für uns sein. Außerdem pflegt er erstklassige Beziehungen zu Lieferanten." SMS und Audi werden oft in einem Atemzug genannt, da SMS zum Beispiel die Werks-Audis in der DTM einsetzte. Nick Wirth hat jedoch vom ersten Moment der Verbindung an dementiert, eine Art Audi-Außenstelle zu werden.

Team und Chancen

Das Projekt von Formel-1-Yuppie Wirth machte von Anfang an einen guten Eindruck. Es gab keine negativen Gerüchte, das Auto wurde relativ früh präsentiert und Sponsoren sind (im Gegensatz zu Pacific) auch vorhanden. Daß im Hintergrund der angesehene „Sir" Jack Brabham die Fäden zieht, kann auch nur Gutes verheißen. Der Formel-1-Einstieg wurde generalstabsmäßig vorbereitet. Vor Ort, beim Debüt in Interlagos, wirkte die Simtek-Crew sehr professionell - da hat die Formel 1 schon wesentlich schlimmere Einsteiger erlebt (Andrea Moda 1992 ist noch bestens in Erinnerung). Zwar konnte man (wie der zweite Neueinsteiger Pacific) auch nur ein Auto in Brasilien qualifizieren, doch ist dem Simtek-Team auf die Saison gesehen mehr zuzutrauen. Jedenfalls ranken sich um Wirths Team keine Gerüchte um finanzielle Engpässe wie im Fall Pacific. Mit viel Glück springt für Simtek sogar noch 1994 ein Punkt heraus.

Sponsoren

MTV (Fernsehkanal)
Etat ca. 15 Millionen Dollar

Pacific-Ilmor

Pacific Grand Prix Ltd.
Brunel Business Centre
Brunel Way
Thetford
Norfolk, IP24 1HP
Tel. 0044-842-755724
Fax 0044-842-755714

PACIFIC-ILMOR

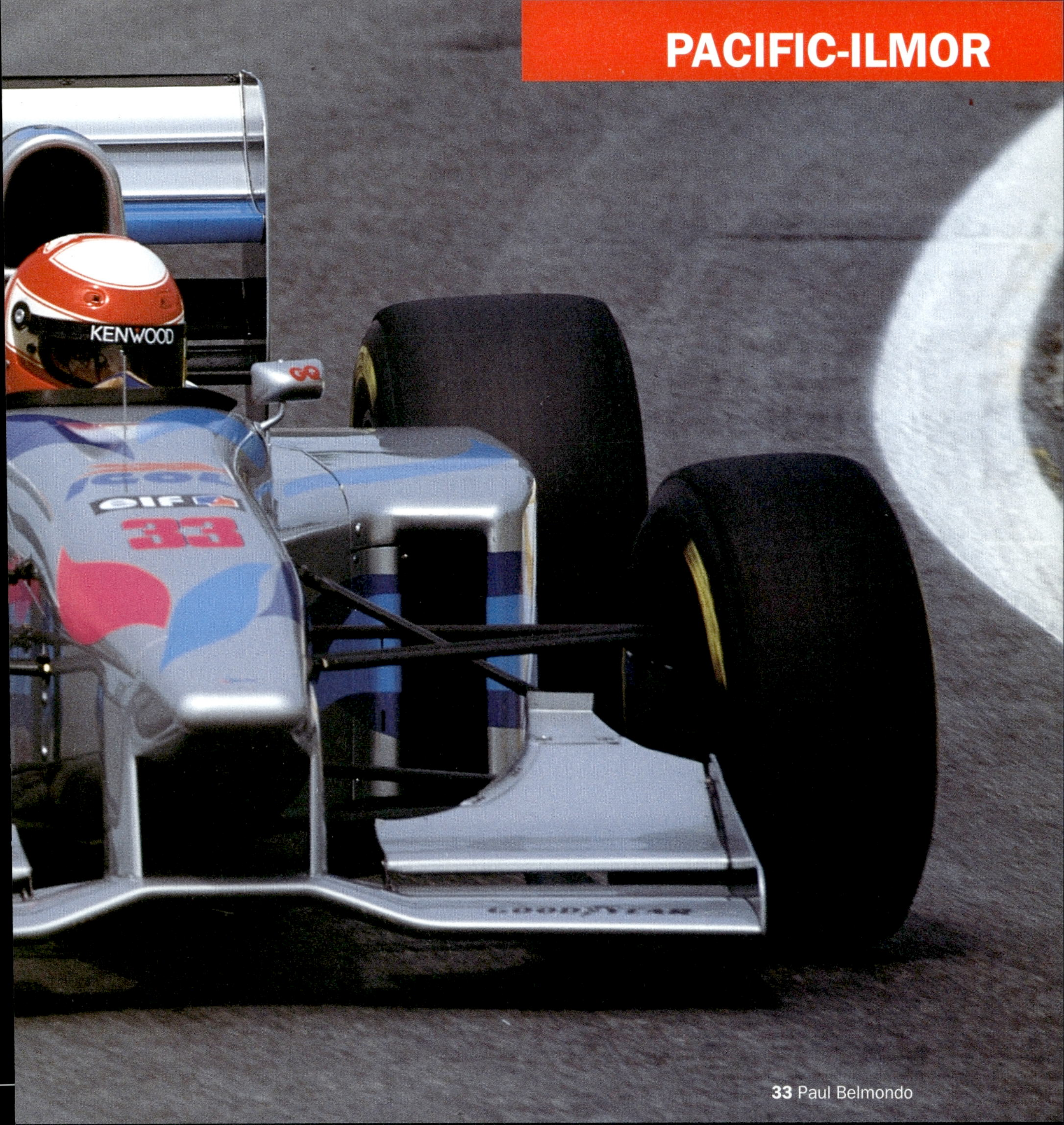

33 Paul Belmondo

Typ PRO 1

Motor: Ilmor V10 (685 PS)
Getriebe: transversal, 6 Gänge (sequentiell)
Länge: 3200* mm
Spur (v/h): 2000* mm/2000* mm
Höhe: 1000 mm
Radstand: 3000* mm
Gewicht: ca. 515 kg
Dämpfungssystem: Penske
Motorelektronik: Zytek
Kraftstoff: Elf

* offizielle Werksangaben

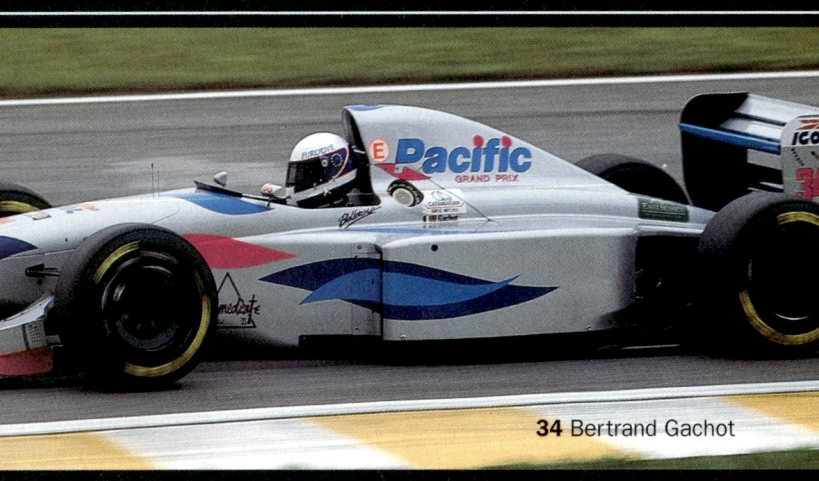

34 Bertrand Gachot

33 Paul Belmondo

Geburtstag	23. April 1963
Geburtsort	Paris
Nationalität	Franzose
Wohnort	Paris
Größe	1,76 m
Gewicht	66 kg
Familienstand	verheiratet mit Luna
Kinder	2 Söhne (Alexandre, Victor)
Hobby	Kino, Ski

Weg in die Formel 1:

1979 - 1982 Kart
1983 Formel Renault
1984 Formel 3, Frankreich Vierter • **1985** Formel 3, Frankreich, Sechster
1986 Formel 3, Frankreich
1987 Formel 3000-EM
1988 Formel 3000-EM
1989 Formel 3000-EM
1990 Formel 3000-EM
1991 Formel 3000-EM

1992 kaufte ihn sein Vater, der Schauspieler Jean-Paul Belmondo, in das March-Team ein. Damals lächelte die Branche: „Belmondo Senior bezahlt zwei Fahrer, seinen Sohn und Karl Wendlinger." Wendlinger war der Teamkollege Belmondos. Doch ganz so schlimm war es nicht, in Wahrheit fuhr Paul Belmondo gut. Aber es war auch klar, daß es schwer für ihn werden würde, sich einen Stammplatz im Formel-1-Feld zu sichern. Nach einem Jahr als Testfahrer bei Benetton kehrt er nun mit einem brandneuen Team in die Formel 1 zurück. Belmondo hat zwar durch die Zeit bei Benetton etwas Erfahrung gewonnen, die Rennen der

34 Bertrand Gachot

Geburtstag	22. 12. 1962
Geburtsort	Luxemburg
Nationalität	Belgier
Wohnort	Brüssel
Größe	1,85 m
Gewicht	79 kg
Familienstand	ledig
Hobby	Modellflugzeuge

Weg in die Formel 1:

1983 Kart • **1984** Formel Ford 1600, Brit.Meister, Formel Ford 2000, Brit. Meister + EM-Zweiter
1985 Formel Ford 1600, Brit. Meister
1986 Formel Ford 2000, Brit. Meister
1987 Formel 3, brit. Meisterschaft, Zweiter
1988 Formel 3000, EM-Fünfter

Für den 32jährigen ist es bereits das zweite Comeback in der Formel 1. 1991 sollte er eine erste komplette Saison bei Jordan fahren. Sein Jähzorn verhinderte es - Gachot wurde in London wegen Körperverletzung zu einer Gefängnisstrafe verurteilt, weil er einen Londoner Taxifahrer mit Reizgas aus einer Sprühdose besprüht hatte. Michael Schumacher übernahm überraschend in Spa seinen Platz im Jordan. 1992 kehrte Gachot in die Formel 1 zurück - als Fahrer des Larrousse-Teams, das sich damals Venturi nannte. 1993 mußte Gachot pausieren, da er für einen Arbeitsplatz in der Formel 1 keine Sponsoren gefunden hatte. Für

Formel-1-Chronik

Debüt

Südafrika 1992

Teams WM-Rang

1992 March-Ilmor   0

Bilanz

5 Starts
0 Punkte

Ihm gefallen die starken Kontraste, deshalb wählte Paul selber ein Helmdesign in kräftigem Rot mit weißen Fenstern. Er trägt diesen Helm seit Jahren fast unverändert.

Teamchef	Konstrukteur
Keith Wiggins	**Paul Brown**

Brown (r.) entwickelte Mitte der 80er Jahre den Zakspeed F1 für Erich Zakowski (l.). (Archivbild)

Saison 1993 erlebte er jedoch meist vor dem Fernsehschirm als Co-Kommentator bei Eurosport. Außerdem bestritt er einige Tourenwagenrennen der Klasse 2 für Opel. Im Winter 93/94 nahm Belmondo - ebenfalls mit einem Opel - an den in Frankreich sehr populären Eisrennen teil. Hoffentlich führt sich der Familienvater in der Formel 1 nicht selbst aufs Glatteis. Sein Versuch, in der Formel 1 ein Comeback zu starten, ist sportlich und mutig, aber die Voraussetzungen sprechen eher dagegen, daß er hochgesteckte Ziele erreicht. Beim Saisonauftakt in Brasilien knüpfte er mit seiner verpaßten Qualifikation jedenfalls nahtlos an seine letzte Formel-1-Saison (1992) an.

Keith Wiggins hatte sich bereits 1993 bemüht, in die Formel 1 zu kommen. Fast hätte Michael Bartels mit Sponsor-Geldern das Team mitbegründet und sich selber einen F1-Platz geschaffen. Es klappte nicht. 1994 wagt Keith Wiggins, der u.a. in der Formel 3000 höchst erfolgreich ist, den Sprung in den Grand-Prix-Zirkus. Er gibt sich optimistisch: „Wir gehen nicht in die Formel 1, um einfach dabei zu sein, wir wollen vorne mitmischen, so wie wir das in allen anderen Serien früher oder später auch getan haben. Jordan hat bewiesen, daß man in diesen Sport einsteigen und im ersten Jahr einiges zeigen kann." Hilfreich kann Wiggins dabei der Pacific-Designer Paul Brown sein, der in der Formel 1 kein Neuling ist. Er arbeitete früher beim deutschen Zakspeed-Team. Ein zusätzlicher Bonus könnte die Unterstützung der Rennwagenschmiede Reynard sein. Als deren Formel-1-Projekt aufgegeben wurde, gingen die Leute zu Wiggins. Sämtliche Kohlefaserteile von Pacific kommen aus dem Hause Reynard. Dort läßt auch Benetton gelegentlich Karosserieteile fertigen, wenn man in Zeitnöten steckt. Ob dies ein Grund dafür ist, daß der Pacific PRO1 praktisch eine Kopie von Schumachers Benetton ist, wird allerdings schwer herauszufinden sein. Auf jeden Fall hat sich Paul Brown am Zeichentisch sehr stark von der Linienführung des Benetton „inspirieren" lassen.

Formel-1-Chronik

Debüt

Frankreich 1989

Teams WM-Rang

1989 Onyx	0
1990 Coloni	0
1991 Jordan + Lola	12
1992 Larrousse-Venturi	17

Bilanz

31 Starts
5 Punkte

Weiß und blau war Gachots Helm auch schon bei seinem ersten GP-Einsatz. Diesmal passen die Farben besonders gut zum Design des Wagens. Die Europaflagge kam auf Wunsch des Sponsors Eurodye hinzu.

Team und Chancen

Es ist zwar die erste Formel-1-Saison, doch die Erfahrung des Teams aus den englischen Nachwuchs-Formeln ist groß. Die Statistik von Pacific-Chef Wiggins liest sich eindrucksvoll. In der Formel Ford 1600, der Formel Ford 2000, der Formel 3 und der Formel 3000 gewann er in Großbritannien mit seinem Team jeweils den Titel. In der Chronik der Formel-3000-Europameisterschaft gehört Pacific zu den erfolgreichsten Teams. Christian Fittipaldi gewann 1991 mit der Wiggins-Truppe den EM-Titel. Im vergangenen Jahr bestritt Michael Bartels seine letzte Formel-3000-Saison bei Pacific. Sicher ist, daß eine professionelle Organisation vorhanden ist und eine gute Maschine: Das Team übernahm den Ilmor V10, mit dem Sauber im vergangenen Jahr nicht schlecht bedient war. Die nächsten Monate müssen zeigen, ob dieses Fundament ausreicht, um sich in der Formel 1 zu etablieren. Jeder Punkt wäre eine kleine Sensation.

1994 hat es offenbar geklappt. Gachot hat ein unglaubliches Selbstvertrauen, ist sehr clever und möchte sich endgültig in der Formel 1 als Stammfahrer etablieren. Aufgrund seines Talents ist das durchaus möglich, aber mit dem neuen Team wird es für ihn sehr schwer. So könnte die Saison 1994 für Gachot zur Schicksalsaison werden. Geradezu ausgeliefert ist er bei seinem Comeback dem Potential des neuen Pacific. Es ist jedoch nicht anzunehmen, daß Gachot in diesem Jahr das gelingt, womit er 1991 für Aufmerksamkeit gesorgt hat. Er fuhr beim Großen Preis von Ungarn das einzige Mal in seiner Karriere die schnellste Runde des Rennens.

Sponsoren

Elf (Treibstoffe)
Etat ca. 15 Millionen Dollar

Im Warte- saal der Formel 1

Nur ein Fahrer mit Weltmeistertitel ist 1994 in der Formel 1 am Start - daneben stehen viele Talente, die schwer zu berechnen sind. Es wird mit Sicherheit zu Fahrerwechseln kommen. Viele hoffen auf ihren Einsatz. Ein Sonderfall ist Alain Prost: Den hätten alle gern. Aber er ließ sich sogar mit 60 Mio. Mark nicht ködern. Dennoch ist er für jede Überraschung gut...

Philippe Alliot

Franzose
Geb. 27. Juli 1954
in Voves
Wohnort: Paris
1,73 m, 69 kg
Verheiratet mit
Dominique, 1 Tochter

107 Formel-1-Starts
seit 1984 (RAM, Ligier,
Larrousse), 7 Punkte.
Testfahrer bei McLaren

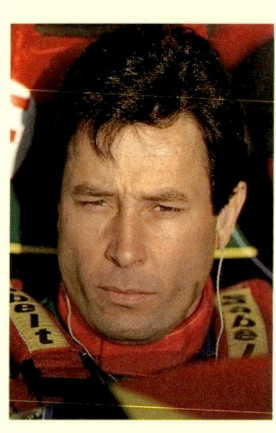

„Ich weiß gerade einmal, wie der Bursche ausschaut und daß seine Frau viel raucht. Sonst habe ich keine Ahnung von ihm", sagte einmal der dreimalige Weltmeister Niki Lauda über Alliot. Besser kann man eigentlich nicht beschreiben, daß der Franzose zwar schon länger in der Formel 1 ist, dort aber bislang nicht sonderlich auffiel. Mit 7 WM-Zählern bei 107 Starts ist Alliot einer der erfolglosesten Fahrer der letzten zehn Jahre. 1994 wäre er durch die endgültige Absage von Alain Prost bei McLaren beinahe der zweite Mann neben Mika Häkkinen geworden, aber dann entschloß sich Dennis doch für Martin Brundle. Immerhin blieb Alliot dank Schützenhilfe von Peugeot der Posten des Testfahrers bei McLaren und er bleibt damit in Lauerstellung. Durch die wenig zufriedenstellende Vorstellung Brundles beim Auftakt in Brasilien sind Alliots Chancen bereits gestiegen.

Luca Badoer

Italiener
Geb. 25. Januar 1971
in Montebelluna
Wohnort:
Montebelluna
1,71 m, 55 kg
Ledig

12 Formel-1-Starts
1993 (BMS-Scuderia
Italia), kein Punkt

In der Formel 3000 galt Luca Badoer schlichtweg als Verrückter. „Ein Draufgänger", meinte sein damaliger Teamkollege Michael Bartels, „der gibt Gas wie ein Irrer." Immerhin wurde der kleine Italiener dadurch 1992 Formel-3000-Europameister. Mit der Reifeprüfung in der Tasche stieg Luca 1993 in die Formel 1 ein und durfte sich nach einer Saison gleich wieder verabschieden. Es war die alte Geschichte vom großen Talent, das alles riskiert - und verliert. Weil sein Lola ein absoluter Flop war, kämpfte Badoer ebenso wie Teamkollege Michele Alboreto ständig um die Qualifikation. Der talentierte Badoer schlich auf den Strecken umher und ließ sich demütigen. Bei Testfahrten im Winter zeigte der verunsicherte Italiener Nerven. Er warf einen Benetton mit Vehemenz von der Strecke und verschaffte sich damit endgültig den Titel des Verlierers. Allerdings hatte Badoer zu Saisonbeginn 94 Aussichten auf einen Testfahrervertrag bei Jordan.

Fabrizio Barbazza

Italiener
Geb. 4. April 1963
in Monza
Wohnort: Monza
1,71 m, 72 kg
Geschieden

8 Formel-1-Starts
1991 (AGS) und 1993
(Minardi),
2 Punkte

Barbazza hat in seiner Karriere bereits einiges durchprobiert. 1992 wechselte er nach einem mißlungenen Formel-1-Versuch mit AGS (acht Einsätze, achtmal nicht qualifiziert) in die amerikanische Cart-Serie. Dort war er auch kein Unbekannter mehr, denn 1989 hatte Barbazza bei seinem ersten Auftritt beim berühmten Indy 500 mit Platz drei für Aufsehen gesorgt. Dies brachte ihm in der US-Meisterschaft den Titel „Rookie of the year" ein. 1993 kam er zurück in die Formel 1, bestritt wieder acht Grand Prix (diesmal achtmal qualifiziert) und sammelte sogar zwei WM-Zähler. Anfang 1994 erhielt die Karriere Barbazzas wieder einmal einen Dämpfer. Mangels Sponsoren kam der Italiener weder in der Formel 1 noch bei den IndyCars unter. Ein Job als Testfahrer war ebenfalls nicht in Aussicht. Wer aber das Stehaufmännchen Barbazza kennt, der muß jederzeit mit ihm rechnen. Der Mann sitzt möglicherweise schneller wieder im Formel-1-Autos als man denkt.

Michael Bartels

Deutscher
Geb. 8. März 1968
in Plettenberg
Wohnort: Plettenberg
1,77 m, 69 kg
Ledig

Formel 1: 1991 Lotus
(vier Einsätze, keinmal
qualifiziert)

Die Chance auf eine Rückkehr in die Formel 1 hat Michael Bartels noch, aber sie wird immer immer geringer. Das erste Formel-1-Projekt von Bartels ist 1991 gescheitert. Mit viel (Sponsoren-)Geld kaufte er sich beim damals maroden Lotus-Team ein und verschwand nach vier Nicht-Qualifikationen wieder in der Versenkung der Formel 3000. Obwohl sein Scheitern mit dem kaum konkurrenzfähigen Lotus vorprogrammiert war, fährt Bartels seitdem mit dem Kainszeichen des Verlierers. 1993 besaß er einen Vorvertrag mit dem Pacific-Team, doch der Rennstall verschob aus finanziellen Gründen in letzter Sekunde sein Formel-1-Debüt auf 1994. Bartels wechselte in die Tourenwagenszene: er fährt 1994 in der deutschen Klasse-2-Meisterschaft als Nissan-Werksfahrer und in der DTM als Alfa-Privatfahrer. Die beiden Werks-Nissan für ihn und Ivan Capelli werden vom Minardi-Team eingesetzt. „Vielleicht", so Bartels, „brauchen die kurzfristig einen Testfahrer für die Formel 1." Prinzip Hoffnung.

Andrea de Cesaris

Italiener
Geb. 31. Mai 1959
in Rom
Wohnort: Monte Carlo
1,73 m, 73 kg
Verheiratet mit Angela,
keine Kinder

197 Formel-1-Starts
von 1980-1993 (Alfa
Romeo, McLaren,
Ligier, Minardi,
Brabham, Rial, Dallara,
Jordan, Tyrrell), 55 Pkt.

„Wenn er mein Sohn wäre", sagte einmal der frühere McLaren-Teamchef Teddy Mayer, „würde ich ihm das Rennfahren verbieten." Kein anderer Fahrer hat in der Anfangsphase seiner Formel-1-Karriere soviel Schrott produziert. 25 Unfälle waren es allein 1981 bei seinem einjährigen McLaren-Gastspiel. Dabei zertrümmerte er 19 Chassis - einsamer Formel-1-Rekord. Der Italiener bestritt in seiner Laufbahn seit 1980 197 Grand Prix, konnte davon aber keinen einzigen gewinnen. Er gilt als Lieblingsfahrer von Marlboro-Boss Buzzi und sein Vater ist ein einflußreicher Geschäftsmann in Italien. Den größten Erfolg verbuchte de Cesaris 1982 in Long Beach, als er mit dem Alfa Romeo auf der Pole-Position stand. Im Rennen verlor er nach 14 Runden die Führung an den späteren Sieger Niki Lauda, weil er einem Konkurrenten beim Überrunden die Faust zeigte und dabei das Schalten vergaß. Heute würde ihm das nicht mehr passieren, das allzu Ungestüme hat er abgelegt.

David Coulthard

Brite
Geb. 27. März 1971
in Twynholm
Wohnort: Twynholm
1,82 m, 70 kg
Ledig

Testfahrer Williams-Renault. Bislang keine Formel-1-Einsätze

Ein Rennfahrer wie aus der Retorte. Ein Prachtkerl - groß, schlank, strahlende Augen, höflich. Der gebürtige Schotte fuhr mit 13 seine ersten Kartrennen, stürmte später durch diverse Nachwuchsformeln auf der Insel und hinterließ jedesmal einen blendenden Eindruck. 1993 bekam der Strahlemann den ersten großen Lohn für seinen Fleiß: Einen Vertrag als Testfahrer bei Williams-Renault. Nebenbei belegte er noch den Dritten Rang in der Formel-3000-EM und gewann auf einem Jaguar die GT-Klasse bei den 24 Stunden von Le Mans. Zwar wurde der Jaguar nachträglich disqualifiziert, doch das konnte Coulthards solide Vorstellung nicht beeinträchtigen. Auch in diesem Jahr wird er die Arbeit im Hintergrund für das Spitzenteam machen. Der Gang durch die Eliteschule von Williams ist wesentlich effektiver, als sich mit Minardi, Larrousse oder Pacific durch den Formel-1-Dschungel zu schlagen. Deshalb dürfte Coulthard nicht allzu lang auf der Reservebank der Formel 1 sitzen.

Jean-Marc Gounon

Franzose
Geb. 1. Januar 1963
in Aubenas
Nationalität: Franzose
Wohnort:
1,81 m, 70 kg
Ledig

2 Formel-1-Starts
1993 (Minardi),
kein Punkt

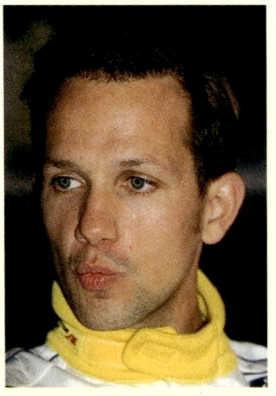

Jean-Marc Gounon ist ein Gewächs aus dem gut funktionierenden französischen Nachwuchs-Pool. Er durchlief relativ schnell die klassischen Stationen Kart, Formel Renault, Formel 3 und Formel 3000 - bisher eine Karriere wie an einem Lineal gezogen. Anfang 1994 gab es den ersten Knick. Nach zwei Formel-1-Einsätzen für Minardi zum Saisonende 1993 war Gounon für dieses Jahr als Fahrer bei Simtek vorgesehen, doch fehlte dem Franzosen plötzlich das Geld für die ersten Rennen. Roland Ratzenberger buchte das Simtek-Ticket und für Gounon ist die erste komplette Formel-1-Saison futsch. Aber der Franzose hat die Hoffnung nicht verloren, denn seine Mitgift für den noch immer fest eingeplanten Einsatz 1994 hat einen soliden Hintergrund. Frankreichs Sportministerium will die Patenschaft für Gounons Formel-1-Karriere übernehmen und einen Teil des erforderlichen Geldes beisteuern. Staatlich subventionierte Nachwuchsförderung - ein Novum in der Formel 1.

Riccardo Patrese

Italiener
Geb. 17. April 1954
in Padua
Wohnort: Monte Carlo
1,76 m, 76 kg
Verheiratet mit Susi,
1 Sohn, 2 Töchter

256 Formel-1-Starts
seit 1977 (Shadows,
Arrows, Brabham, Alfa
Romeo, Williams,
Benetton). 6 Siege, 8
Pole-Pos., 281 Punkte

Riccardo Patrese ist ein lebendes Formel-1-Denkmal. Seit seinem Debüt beim Großen Preis von Monaco 1977 bestritt der Italiener 256 Große Preise und liegt damit an der Spitze der ewigen Bestenliste. Kein anderer Fahrer hat es so lange im Formel-1-Zirkus ausgehalten. Patreses Karriere verlief trotzdem wie eine Achterbahn, er hat alle Höhen und Tiefen der Branche durchlebt. Als er 1987 zu Williams wechselte, galt er als schneller, braver Nummer-zwei-Pilot. Seinen Karriere-Höhepunkt erreichte er 1992 mit dem zweiten Platz in der WM hinter Teamkollege Nigel Mansell. Seinen Abschied von der Formel 1 hatte sich der passionierte Sammler von Uhren und Modelleisenbahnen sicherlich glanzvoller vorgestellt. Doch 1993 wurde er bei Benetton von Michael Schumacher regelrecht an die Wand gefahren und war bei den Verhandlungen für 1994 kein Thema mehr.

Alain Prost

Franzose
Geb. 24. Februar 1955
in St. Chamond
Wohnort: Yens/Schweiz
1,60 m, 62 kg
Verheiratet mit Anne-Marie, 2 Söhne

199 Formel-1-Starts
seit 1980 (McLaren,
Renault, Ferrari,
Williams), viermal Weltmeister, viermal Vize-Weltmeister, 51 Siege,
33 Pole-Positions,
798,5 Punkte

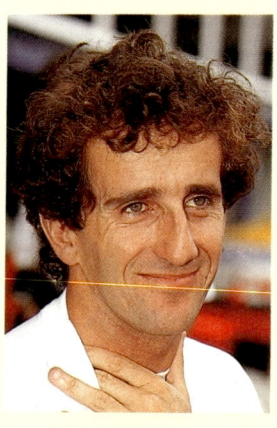

Prost sitzt sozusagen auf dem Formel-1-Olymp. Dennoch - oder gerade deswegen - zog er sich Ende 1993 nach dem Gewinn des vierten Weltmeistertitels von der Formel-1-Bühne zurück. Ein Traumangebot über 60 Millionen Mark von Peugeot für eine Tätigkeit als Fahrer sowie späterer Repräsentant des Konzerns ließ Prost kurzfristig schwanken. Nach Testfahrten mit dem McLaren-Peugeot sagte er endgültig „Non". Die Gretchenfrage bleibt: War das ganze Gerangel nur eines seiner taktischen Spielchen oder verhinderte wirklich das kategorische Nein von Teamchef Frank Williams die Ehe McLaren/Prost? Der Weltmeister ist noch bis Ende 1994 bei Williams unter Vertrag. Fürs Nichtfahren wird Prost, der durch Sennas Vertragsunterzeichnung bei Williams in die Pension getrieben wurde, fürstlich entlohnt: Mit acht Mio. Dollar.

Aguri Suzuki

Japaner
Geb. 8. Sept. 1960
in Tokio
Wohnort: Monte Carlo
1,80 m, 71 kg
Verheiratet mit Akiko,
1 Sohn

58 Formel-1-Starts seit
1988 (Lola, Zakspeed,
Larrousse, Footwork),
7 Punkte

Wenn man ehrlich ist, dann war der Formel-1-K.o. von Aguri Suzuki schon lange fällig. Seit fünf Jahren tingelte der Japaner im Grand-Prix-Zirkus mit, sammelte bei 58 Rennen jedoch nur magere sieben WM-Zähler. Was nicht viel ist für einen Mann, der von seinem großen Förderer, Footwork-Chef Wataru Ohashi, eine Jahresgage von fünf Millionen Dollar kassierte - zumindest in den beiden letzten Jahren. Dafür hat der japanische Freund von Michael Schumacher freilich zu wenig geboten. Ans Aufgeben denkt er allerdings noch nicht. Zwar fährt er im Moment keine Formel-1-Rennen - Suzukis „Entlassung" war eine logische Folge von Ohashis Rückzugs beim Footwork-Team, das nun wieder Arrows heißt - , doch sitzt er weiterhin im Formel-1-Auto. Er übernahm in seiner Heimat den Job von Heinz-Harald Frentzen und führt in einem alten Tyrrell-Chassis Testfahrten für Mugen (Motoren) und Bridgestone (Reifen) durch.

Alessandro Zanardi

Italiener
Geb. 23. Oktober
1966 in Bologna
Wohnort: Bologna
1,76 m, 66 kg
Ledig

15 Formel-1-Starts seit
1991 (Jordan, Minardi,
Lotus), 1 Punkt
Testfahrer bei Lotus

Alessandro Zanardi jagte der Formel-1-Welt 1993 den Schrecken des Jahres ein. Großer Preis von Belgien, Spa-Francor-champs, erstes Zeittraining am Freitagmorgen: An Zanardis Lotus bricht in der gefährlichen Senke von Eau Rouge vorne links die Radaufhängung und der Italiener prallt mit Tempo 260 in die Leitplanken. In einem riesigen Feuerball entledigt sich das Fahrzeug seiner Flügel und Räder. Mit vergleichsweise leichten Verletzungen entkommt Zanardi dem Inferno und gibt noch am selben Abend im Krankenhaus die ersten Interviews. Seine Saison ist aber dennoch beendet, Nachwuchspilot Pedro Lamy übernimmt für die restlichen Rennen das Cockpit bei Lotus. Da der Zweitplazierte der Formel-3000-EM 1991 für diese Saison bei keinem Team unterkam, unterzeichnete er bei Lotus einen Vertrag als Testfahrer. Abgeschrieben ist der Italiener damit noch lange nicht. Lotus lieferte 1993 ein gutes Beispiel, wie schnell in der Formel 1 jemand ins vordere Glied rücken kann.

Der Meister ruft - und alle kommen. Nach jedem Zeittraining gibt es in der Benetton-Box eine Pressekonferenz mit Michael.

Es schmeckt alles ein bißchen nach Gummi, Öl und Benzin. Mittagspause für die Mechaniker mitten im „Ersatzteillager".

Kraftprotze

Der Star

Renault

Das zur Zeit immer noch am höchsten eingeschätzte Triebwerk - sowohl von der Leistung als auch von der Zuverlässigkeit. In den letzten beiden Jahren trieb es die Wagen der Weltmeister an.

Renault RS6

Zylinderzahl: V10
Zylinderwinkel: 67 Grad
Hubraum: 3499 ccm
Leistung: ca. 790 PS
max. Drehzahl: 13.700 U/min
Ventile pro Zylinder: 4
Länge: 623 mm
Breite: 550 mm
Höhe: 413 mm
Gewicht: 136 kg

Ligier

Baugleiches Modell RS5
max. Drehzahl 13.500 U/min
ca. 770 PS)

TEAMS: Williams Ligier

Der Klassiker

Ferrari

Der einzige 12-Zylinder im Feld. Bei Formel-1-Autos von Ferrari eigentlich auch nicht anders denkbar. Aber trotz glanzvoller Tradition fehlt es zu Beginn der Saison noch an Leistung und Zuverlässigkeit.

E4 A 94:

Zylinderzahl: V12
Zylinderwinkel: 65 Grad
Hubraum: 3497,96 ccm
Leistung: ca. 780 PS
Max. Drehzahl: 15.000 U/min
Ventile pro Zylinder: 4
Länge: keine Werksangaben
Breite: keine Werksangaben
Höhe: keine Werksangaben
Gewicht: 128 kg

TEAM: Ferrari

TEAM: Benetton

Der Wolf im Schafspelz

Ford Zetec

Eine alte Konzeption nach neuem Rezept macht Furore: Leistungsstark trotz 8 Zylinder, drehfreudig, zuverlässig, leicht, geringer Benzinverbrauch. Der Renault-Schreck? Nach Schumachers großem Auftakt beim GP von Brasilien unversehens in der Favoritenrolle.

Zetec-R
Zylinderzahl: V8
Zylinderwinkel: 75 Grad
Hubraum: 3498 ccm
Leistung: ca. 730 PS
Max. Drehzahl: 15.000 U/min
Ventile pro Zylinder: 4
Länge: 620 mm
Breite: 591 mm
Höhe: 521 mm
Gewicht: 132 kg

TEAMS: Arrows, Larrousse, Minardi, Simtek

Der Großvater

Ford Cosworth

Der Motor ist eine Formel-1-Legende. Geboren Mitte der sechziger Jahre und in seiner Grundkonzeption mit allen Enkeln und Evolutionen und erneuten Evolutionen mit über 160 Siegen der mit großem Abstand erfolgreichste Grand-Prix-Motor aller Zeiten.

HB Serie VI
Zylinderzahl: V8
Zylinderwinkel: 75 Grad
Hubraum: 3494 ccm
Leistung: je nach Version 640-695 PS
Max. Drehzahl:
Bis zu 13.700 U/min
Ventile pro Zylinder: 4
Länge: 595 mm
Breite: 591 mm
Höhe: 521 mm
Gewicht: 130 kg

TEAM: McLaren

Der Neuling

Peugeot

Der Herausforderer von Renault. Zu Saisonbeginn sicherlich noch kein Siegertyp aber spätestens bis zur Saisonmitte rechnen Kenner stark mit der Neukonstruktion im McLaren.

A4
Zylinderzahl: V10
Zylinderwinkel: 72 Grad
Hubraum: 3498 ccm
Leistung: ca. 730 PS
Max. Drehzahl: 14.500 U/min
Ventile pro Zylinder: 4
Länge: 620 mm
Breite: 538 mm
Höhe: 408 mm (ohne Lufteinlaßsystem)
Gewicht: 133 kg

TEAM: Jordan

Der Hoffnungsträger

Hart

Auch er konnte nicht viel reißen. Viele Ausfälle, wenig Leistung, kaum WM-Punkte. Alles soll 1994 besser werden. Vor allem in Kooperation mit dem hoffnungsvollen Jordan-Chassis geben Kenner dem Hart eine Chance.

Hart 1035
Zylinderzahl: V10
Zylinderwinkel: 72 Grad
Hubraum: 3496 ccm
Leistung: mehr als 675 PS
Max. Drehzahl: 12.500 U/min
Ventile pro Zylinder: 4
Länge: 622 mm
Breite: 560 mm
Höhe: 538 mm
Gewicht: 130 kg

Der Neue

Mercedes

Zwar entstand der Motor in Zusammenarbeit mit der Mercedes-Tochter Ilmor, die seit Jahren die Formel 1 beliefert. Doch hat der V10 wenig mit dem letztjährigen Ilmor-Triebwerk aus dem Sauber gemein. Mit dem Motor soll Sauber noch 1994 Stammgast in den Punkterängen werden.

Zylinderzahl: V10
Zylinderwinkel: 72 Grad
Hubraum: 3499 ccm
Leistung: ca. 730 PS
Max. Drehzahl:
ca. 13.500 U/min
Ventile pro Zylinder: 4
Länge: 587 mm
Breite: 496 mm
Höhe: 545 mm
Gewicht: 122,6 kg

Der Gebrauchte

Ilmor

Der alte Sauber-Motor. Sicherlich nicht die erste Wahl, aber für den finanzschwachen Kunden Pacific eine gute Alternative. Erprobtes für ein Debütantenteam.

Zylinderzahl: V10
Zylinderwinkel: 72 Grad
Hubraum: 3498,7 ccm
Leistung: ca. 685 PS
Max. Drehzahl:
13.000 U/min
Ventile pro Zylinder: 4
Länge: 592,5 mm
Breite: 519 mm
Höhe: 555 mm
Gewicht: 126 kg

Der Vorläufer

Mugen-Honda

Testmaschine für den geplanten Honda F1. Einsatz 1995. Entworfen im Honda Entwicklungszentrum Wako, eingesetzt unter Mugen, der Firma des Honda-Juniors Hirotoshi Honda. Aber großes Potential bedeutet nicht automatisch Erfolg.

ZA5C

Zylinderzahl: V10
Zylinderwinkel: 72 Grad
Hubraum: 3500 ccm
Leistung: ca. 690 PS
Max. Drehzahl: 13.200 U/min
Ventile pro Zylinder: 4
Länge, Breite, Höhe: Keine Werksangaben. Dürften in etwa dem Renault V10 entsprechen.
Gewicht: 150 kg

Der Verlierer

Yamaha

Seit 1989 im F1-Zirkus und kein Erfolg: Zu schwach, zu unzuverlässig. Mit Hilfe des englischen Motorenbauers John Judd soll für das wiedererstarkte Tyrrell Team 1994 endlich das Verliererimage Vergangenheit werden.

OX 10A

Zylinderzahl: V10
Zylinderwinkel: 72 Grad
Hubraum: 3495 ccm
Leistung: 660 PS
Max. Drehzahl:
13.200 U/mmin
Ventile pro Zylinder: 4
Länge, Breite, Höhe: Keine Werksangaben. Dürften in etwa dem Renault V10 entsprechen.
Gewicht: 135 kg

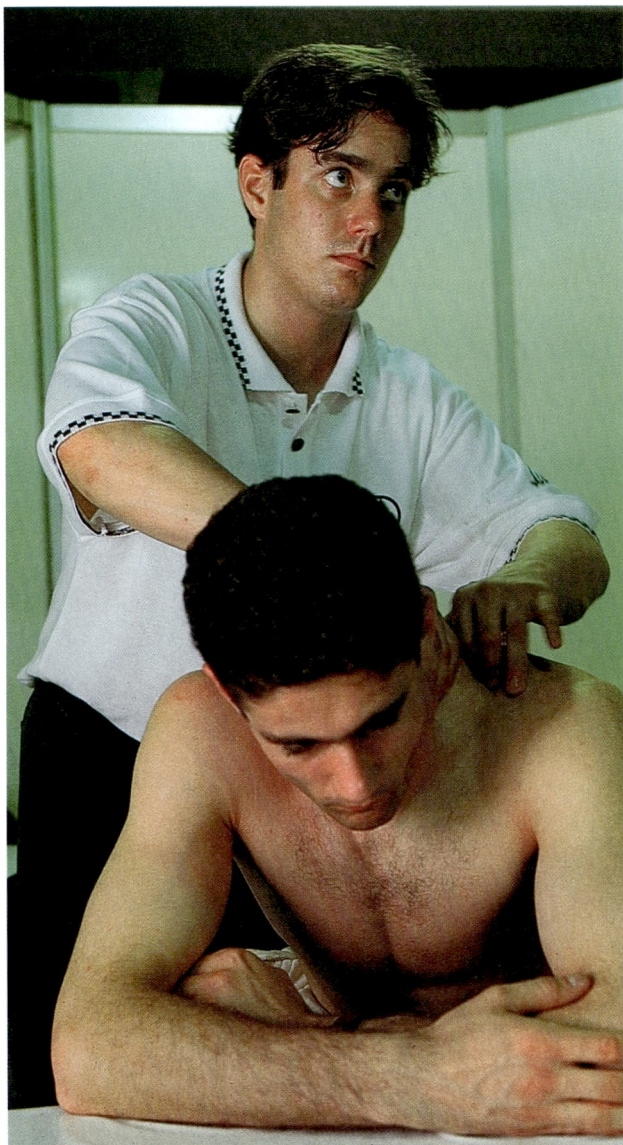

Christian Kargl im Clinch mit seinem Schützling Karl Wendlinger.

Männer, Müsli und Masseure

Jeder Rennfahrer hat seinen Fitmacher dabei. Einen Mann, der für ihn kocht, der ihn massiert und der ihm notfalls die Beichte abnimmt. Kim Collins stellt Männer vor, unter deren Händen harte Kerle ganz weich werden.

S amstagmorgen, kurz vor vor 7 Uhr. Der 29jährige Österreicher Harald Hawelka, schaut aus dem Fenster seines Hotelzimmers: Es scheint ein heißer Tag zu werden. Punkt 7 Uhr greift „Harry" zum Telefon und ruft im Nachbarzimmer an. Michael Schumacher meldet sich verschlafen.

Der Weckruf heißt für Michael: noch eine halbe Stunde, dann gibt es für ihn und den Teamgefährten ein gemeinsames Frühstück. Harry hat es persönlich zusammengestellt. Dazu braucht er nicht ans Hotelbuffett. Eier, Speck, Brötchen, Marmelade - was sich „normale" Menschen morgens gönnen, ist für Rennfahrer tabu. „Keine Energieträger", erklärt Harry zwischen Haferflocken und Trockenfrüchten. „Das Zeug füllt nur den Magen und macht schlapp."

Während andere Menschen Klamotten mit zu den Rennen schleppen, bringt Harry an Nahrungsmitteln mit, was zwischen die Kofferschalen paßt. Müsli, Vollkornkuchen, Obst in frischer und getrockneter Form.

Nach dem Frühstück geht's zur Rennstrecke, um 9.30 Uhr ist das Zeittraining angesagt. Harry packt sein Handgepäck, das wie eine tragbare Notfallstation aussieht: Medikamentenkoffer (für alle Fälle) und ein Elektro-Therapie-Gerät für die Behandlung schmerzender Muskeln.

In Harrys Jackentasche stecken ein paar Müsliriegel, falls Michael oder JJ Letho der Hunger packt. Vor allem aber steht er in der Box bereit. Wenn einer von beiden das Signal gibt, vom Durst geplagt zu sein, läßt Harry alles stehen und liegen und gibt seinem Mann die Flasche. Inhalt: Ein Gebräu aus Elektrolyten und Früchten, die Harry auf das Wetter abgestimmt hat (Blick aus dem Hotelfenster, siehe oben).

„Michael hat eine gute Kondition", lobt Harald Hawelka. „Er schwitzt nicht so viel. Deshalb braucht er nur wenige Elektrolyte, wenn es draußen kalt ist, und mehr, wenn die Sonne brennt."

Nach dem Training steht Harald in der Küche des Benetton-Motorhomes. Auf dem Speiseplan eine Zwischenmahlzeit: Rohkost für Michael, manchmal eine Suppe dazu. Riccardo Patrese, Teamgefährte im letzten Jahr, hat gerne eine Avocado genascht. Auch darauf war Harry stets vorbereitet. Nicht nur das Rennen, auch das Training ist kilozehrende Schwerstarbeit. Aber der Magen darf nicht überfüllt werden, deshalb lieber zwischendurch mal wieder einen Snack.

Vor dem zweiten Trainingsdurchlauf gibt es Mittagessen: Fisch mit Spinat und Kartoffeln. Alles nur leicht gedünstet, kaum gewürzt. Dazu viel zu Trinken. „Flüssigkeit ist das A und O", heißt Harrys Lektion. „Das regt den Stoffwechsel an und bringt wiederum Energie." Viel Trinken = viel Müssen, sagt der normale Menschenverstand. Aber im Rennen gibt es keine Pinkelpausen. „Kein Problem", weiß Harry, „ das wird alles rausgeschwitzt."

Dementsprechend sieht sein Schützling auch aus, als er vom zweiten Training kommt. Es ist ungewöhnlich heiß heute. Also raus mit der Flasche und trinken, trinken, trinken, die Tanks müssen schließlich wieder aufgefüllt werden.

Spät am Nachmittag fahren beide zurück ins Hotel. Aber nicht etwa, um sich auszuruhen. Von Nichts kommt Nichts: Laufen, Kraftkammer, wenn vorhanden, Konditionsübungen und Konzentrationsübungen. Harry macht alles mit, denn wenn er nicht fit ist, kann es auch Michael nicht sein.

Ein leichtes Abendmenü rundet den Tag ab: Etwas Gemüse, wieder ein bißchen Fisch. Um 22 Uhr ist Zapfenstreich. Harry ist der letzte, den Michael vor dem Schlafen sieht. Es gibt noch ein Betthupferl in

Form einer Massage zum Lockern und Entspannen des Leistungssportlers. Harrys „Special Treat": Fußreflexzonenmassage zum Abschalten. Jetzt hat Harry Zeit für - nein, nicht etwa für sich! - die Vorbereitung des nächsten Tages: Müsli rühren, Geräte überprüfen, Flaschen waschen.

Manchmal wird Michael von seiner hübschen blonden Verlobten Corinna zum Rennen begleitet. Wo bleibt die bei diesem Pas de Deux aus Michael und Harry? „Corinna kennt die Regeln auf dem Rennplatz", sagt Harry, der Betreuer. „Der Job geht vor allem Privaten." Kehrseite der Medaille: Harry ist oft genug auch Katalysator für die Sorgen und Nöte. „Ich kriege die positiven Ausbrüche genauso ab wie die negativen. Und ich muß mich bemühen, die richtige Antwort zu haben."

Für den Schumacher-Guru Harry Hawelka ist Freizeit ein Fremdwort, seit er den Kerpener betreut. Michael gibt zu: „Ich brauche Harry. Wir sind supergute Freunde. Das Wichtigste zwischen uns ist das Vertrauen und daß ich mich total auf ihn verlassen kann."

Erst 23 Jahre jung ist Christian Kargl, ebenfalls Österreicher und für die Fahrer des Sauber-Teams zuständig. Karl Wendlinger und Heinz-Harald Frentzen sieht er allerdings das erste Mal im Motorhome, das Wecken übernimmt wer auch immer. Das Frühstück für Karl den Großen und Heinz-Harald den Neuen ähnelt dem Morgenmenu des Benetton-Teams: Müsli, Vollkornbrot, Obst, Käse und Tee. Christian achtet darauf, daß der lange „Karli" genug kraftgebendes Getreide zu sich nimmt. Buchweizen zum Beispiel.

Die Beziehung zwischen Christian und Karl ist nicht so eng, wie zwischen Harry und Michael. Was am Charakter des eher introvertierten Sauber-Piloten liegt: „Karl ist gern alleine, sucht die Ruhe und Kraft in sich selbst."

Peter Sauber will in diesem Jahr so weit wie möglich auf Nummer sicher gehen. Deshalb hat er einen starken Coach eingestellt. Karl Freshner, ehemaliger Trainer der Schweizer Skimannschaft und ein guter Freund des Formel-1-Teamchefs, soll sich gemeinsam mit dem jungen Christian Kargl um das mentale und körperliche Wohl der Sauber-Fahrer kümmern. Der 55jährige erfahrene Trainer kennt viele Tricks, und er weiß: „Wenn die Jungs psychisch gut drauf sind, wirkt das Wunder."

Freshner ist Österreicher, genau wie wie Harald Hawelka und Christian Kargl. Die Twens kommen aus der Schule des Fitneß-Papstes Prof. Willi Dungl. Er betreibt in Gars am Kamp (Österreich) ein Bio-Trainingshotel, in dem sich nicht nur Rennfahrer gerne Aufbauhilfe holen.

Auch Josef Leberer, 35, kommt aus der Schule von Professor Dungl. Er ist in Gars am Kamp angestellt, hat dem Professor himself schon beim Wiederaufbau von Niki Lauda geholfen. Unter seinen Händen werden die kostbaren Körperteile von Formel-1-Star Ayrton Senna wieder weich. Denn die Tagesform des zeitweilig launischen Brasilianers hängt nicht unwesentlich von dem Können Josefs ab.

Nicht selten lädt der zurückhaltende Ex-Weltmeister zu Urlauben in heimatliche Gefilde ein. Für Josef ein Bonus mit zwei Seiten, denn das Wort Erholung ist eher ein Fremdwort für das Arbeitstier Senna. Auch in den Ferien wird trainiert, massiert, gemüsliet und gesalbt. Halt einfach ohne sausenden Motorenlärm im Hintergrund. „Senna ist vernünftig und konsequent", sagt Josef, „und er hat eine wunderbare Devise: Leben und leben lassen. Das erleichtert unsere Zusammenarbeit ungemein."

Während und unmittelbar nach dem Warm-up ist Josefs Platz in der Box. Mit der

Powermahl für Ayrton Senna: Josef Leberer serviert Lachs.

Im Winter schickte Karl Freshner Heinz-Harald Frentzen und seinen

Elektrolyt-Flasche in der Hand steht er da und wartet, bis sich das schwitzende Etwas aus dem Helm gepellt hat. Der Flüssigkeitshaushalt muß schließlich kontrolliert werden, wie beim Auto. Zu wenig Saft, zu wenig Power. Spätestens zweieinhalb Stunden vor dem Topereignis hat Josef das Mittagessen fertig: Vollwertnudeln (Kohlehydrate = Power) und Salat - oder ein bißchen gegrillten Fisch. Für drei: Senna, Hill und sich selbst. Von Massagen will Senna nun nichts mehr wissen. „Das Training und alles, was damit zusammenhängt, sollte am Sonntag abgeschlossen sein", ist Josefs Erfahrung. „Was man bis Samstag abend nicht hingebracht hat, schafft man auch Sonntag nicht mehr."

Wenn die Ampel auf Grün schaltet, ist sowieso alles zu spät. Dann heißt es nur noch Warten und hoffen, daß dem Kunstwerk nichts passiert. Wenigstens das haben die Betreuer, die Trainer mit allen anderen um die Piloten herum gemeinsam. Falls doch etwas passiert, geht es im Affentempo zum Schützling. Da sein, helfen, unterstützende Maßnahmen einleiten.

Zielflagge, Champagner und dann noch einmal auf die Pritsche: Senna läßt sich nach

Harry Hawelkas Kraftnahrung trug Manager Willy Weber (r.). Er stöß

dem Rennen regelmäßig massieren. Was nun hinter verschlossenen Türen in die Ohren Josefs eindringt, ist ein Geheimnis. Übrigens das oberste Gebot aller Betreuer, die im Laufe der Zeit zu Vertrauten oder sogar Freunden geworden sind. Harry, Christian, Erwin oder Josef - niemandem kommt auch nur ein Wort über Unter-Zwei-Augen-Gesprächen über die Lippen. Ehrenkodex des Berufsstandes. Denn wie hat Michael Schumacher gesagt: „Das wichtigste zwischen uns ist das Vertrauen." Gibt es deshalb keine weiblichen Betreuer der Rennfahrer?

Exklusiv-Menü à la Schumacher
Zusammengestellt von seinem Guru Harald Hawelka

Frühstück: Flockenmüsli
3 EL versch. Flocken
(Hafer-, Hirse-, Weizen-, Gerstenflocken usw.)
15 g = 1 EL Rosinen, 100 g = 1/2 Becher Joghurt
100 g Obst, 1 TL Honig, 1 geriebener Apfel
Flocken mit Joghurt, eingeweichten Rosinen und dem geriebenen Apfel
vermischen, Obst beigeben. Mit dem Honig süßen.

Zwischenmahlzeit: Karottenrohkost
400 g Karotten, 4 EL Weizenkeimöl, Saft von 2 Zitronen
Karotten grob raspeln und mit Zitronensaft und Weizenkeimöl
marinieren. Den Saft läßt man am besten noch ca. 1 Stunde bis
zum Servieren ziehen.

Mittag: Sellerierohkost
400 g Sellerie, 2 Birnen, 1 Becher Joghurt 1% Fett, Saft von 2 Zitronen,
gehackte Nüsse oder Sonnenblumenkerne
Die Sellerie fein raspeln, die Birnen mit der Schale fein schneiden.
Vermischen und mit Zitronensaft beträufeln. Dann den Joghurt
unterrühren und das ganze mit den Nüssen oder
Sonnenblumenkernen garnieren.

Gerstenlaibchen mit Ratatouille
200 g Gerste, gut 1/2 Liter Wasser, 1 TL Vitam-Gemüsebrühe
1 kl. Zwiebel, 1/2 Karotte, 1 kl. Stück Sellerie und Lauch
1 Knoblauchzehe, Majoran, Oregano
Gerste schroten und in die heiße Gemüsesuppe (Wasser plus Vitam-
Brühe) einlaufen lassen. Einmal aufkochen und dann 30 Minuten
quellen lassen. Das geraspelte Gemüse beigeben und mit den Gewürzen
abschmecken. Aus dieser Masse Laibchen (kreisrunde, 10 cm große,
platte Form) formen, die man auf einem befetteten Blech backt.

Für das Ratatouille:
250 g Auberginen, 2 Zwiebeln, 250 g Zucchini
je 1 grüne und rote Parika, 350 g Tomaten, Knoblauch, 2 EL Sonnen-
blumenöl, Kräuter der Provence, Kräutersalz, Bohnenkraut
Die gehackten Zwiebeln in Öl glasig anlaufen lassen. Würfelig
geschnittene Paprika, Auberginen und Zucchini beigeben. Nach etwa 10
Minuten die geschnittenen Tomaten und die Gewürze beigeben,
fertig dünsten.

Zwischenmahlzeit: Apfeljoghurt
In einen Becher Joghurt mit 1% Fett einen Apfel reiben

Abendessen: Zucchinirohkost
300 g Zucchini, 1 kl. Zwiebel, 2 EL Joghurt, 2 EL Sauerrahm,
Knoblauch, Apfelessig, Kürbiskerne zum bestreuen,
gehackter Dill, Zitronensaft
Zucchini grob raspeln, Zwiebeln fein hacken, Joghurt, Rahm, Knoblauch, Essig, Zitronensaft und Dill gut durchschlagen und mit den
Zucchini und der Zwiebel vermischen. Den fertigen Salat kann man
noch mit Kürbiskernen bestreuen und mit Tomaten garnieren.

Kartoffelsuppe
1 kl. Karotte, 1 kl. Stück Sellerie, 1 Zwiebel, 3 Kartoffeln, 3 EL
Sauerrahm, Kümmel, Majoran, Kräutersalz, Petersilie, Zitronenthymian
Alle Gemüsesorten in Würfel schneiden, mit 1 Liter Wasser und 1 TL
Kümmel ca. 10 Minuten kochen, pürieren. Zum Schluß mit den
restlichen Gewürzen abschmecken und mit Rahm legieren.

Die Angaben sind jeweils für eine Person gedacht.
Zu trinken gibt es immer nur Kräuter- oder Früchtetees.

...weizer Skiläufer auf die Piste. Jetzt gibts aufbauende Worte für
...meraden Karl Wendlinger - Worte, bezahlt von Sauber.

...haels Sieg in São Paulo sicher bei. Das meint auch Schumacher-
... Fitness-Guru auf den gemeinsamen Erfolg an.

**Einen echten Magier schickten die Brasilianer vor dem GP-Start
ins Fahrerlager, um Schumachers Wagen zu beschwören...**

Mika Häkkinen hat 1994 bei McLaren ein schweres Erbe angetreten. Als Nachfolger von Ayrton Senna soll er dem neuen Zehnzylinder von Peugeot binnen kürzester Zeit das Siegen beibringen. Denn nur das zählt für McLaren-Boß Ron Dennis.

McLaren

Die Unschlagbaren keuchen

Beim letzten Rennen 1993 wurde McLaren das erfolgreichste Team der Formel 1. Aber 1994 wird hart: Keine Topfahrer, ein neuer Motor.

Am 7. November 1993 war McLaren-Boß Ron Dennis am Ziel seiner Träume. Möchte man meinen. Sein höchstbezahlter Angestellter, Ayrton Senna, wurde beim Großen Preis von Australien als Sieger abgewunken und bescherte dem Team damit den 104. Sieg. Vor dem Rennen hatte McLaren genau wie Ferrari 103 Siege in der Statistik verbucht. Und jetzt war es einer mehr, jetzt hatte das englische Team die italienische Traditionsmarke abgehängt. Der Unternehmensleiter umarmte seinen berühmten Arbeitnehmer, dessen Kündigung er längst auf dem Schreibtisch hatte. Damit erschöpften sich in Adelaide aber auch die Jubelorgien, denn Ron Dennis, der Chef des erfolgreichsten Teams der

Formel-1-Geschichte, ist ein Mann der ruhigen Töne, Typ seriöser Manager. Gerade deshalb ist die Erfolgsstory von McLaren allein sein Werk.

Als das Team 1963 von dem neuseeländischen Formel-1-Fahrer Bruce McLaren gegründet wird, schlägt sich der junge Dennis in England als Rennmechaniker durch. Den ersten Auftritt im Grand-Prix-Zirkus hat die Kombination McLaren-Motor mit McLaren am Steuer 1966 in Monaco. Zwei Jahre später fährt Bruce im belgischen Spa den ersten Sieg seines eigenen Teams ein. Für den Neuseeländer, der noch heute in den Formel-1-Annalen als jüngster Sieger (1959 gewann er als 22jähriger in Sebring/USA mit einem Cooper) geführt wird, ist es der vierte und letzte Triumph seiner Karriere. Am 2. Juni 1970 kommt Bruce McLaren bei Testfahrten mit einem CanAm-Auto in Goodwood ums Leben.

Die Leitung des Rennstalls übernimmt der kleinwüchsige Brite Teddy Mayer gemeinsam mit seinem Landsmann Tyler Alexander. Das Duo etabliert McLaren allmählich im Oberhaus der Formel 1. Zwar springt bis 1972 nur ein weiterer Sieg heraus, doch mit dem M23 aus der Feder von Chefingenieur Gordon Coppuck gelingt der große Wurf. Das Auto ist richtungsweisend. An der Grundkonstruktion des Wagens wird in den folgenden drei Jahren nur wenig geändert. Zu Recht, denn dank des M23 beginnt McLaren Mitte der 70er Jahre mit dem Sammeln von WM-Titeln. Den Anfang macht 1974 der Brasilianer Emerson Fittipaldi, der mit dem M23B drei Siege einfährt und am Saisonende seine zweite WM-Krone erhält. Zwei Jahre später beschenkt der Brite James Hunt im M23D den McLaren-Stall mit dem zweiten Fahrertitel. Die Behauptung, nur der schwere Unfall von Hunts großem Konkurrenten 1976, Niki Lauda, habe dem britischen Sunnyboy den Titel eingebracht, entkräftet der Österreicher mehr als ein Jahrzehnt später höchstpersönlich: „Hunt war damals mit dem McLaren der bessere Mann."

Jahre später wird Lauda zu einer entscheidenden Figur in der McLaren-Erfolgschronik. Ausgangspunkt hierfür ist die Übernahme von McLaren durch Ron Dennis im Jahr 1980. Der Hintergrund: 1978 und 1979, in den Anfängen der Wingcar-Ära, verpaßt McLaren mehr und mehr den Anschluß zu den Spitzenteams Ferrari, Williams und Ligier. Der damals schon gewichtige Hauptsponsor Marlboro sucht einen Nachfolger für Stall-Chef

1974 gewann Emerson Fittipaldi mit dem M23B den ersten Fahrer-WM-Titel für McLaren.

Gründer Bruce McLaren starb 1970 bei Testfahrten mit einem CanAm-Auto.

Teddy Mayer leitete in den 70er Jahren die erfolgreiche McLaren-Ära ein.

Nach sechs erfolgreichen Jahren brach die Ehe zwischen Ron Dennis und Ayrton Senna auseinander. Schon die Saison 1993 hatte mit einem Millionenpoker begonnen.

Ein neuer Motor in der Formel 1
Peugeot

Im Formel-1-Zirkus brüllt endlich auch ein Löwe. Nach dem Gewinn von Rallye- und Sportwagen-WM sowie den nicht minder prestigeträchtigen Erfolgen beim Langstreckenklassiker von Le Mans und beim Wüstenmarathon Paris-Dakar greift Peugeot nun nach dem Nonplusultra des Motorsports: dem WM-Titel in der Formel 1. Für Peugeot-Chef Jacques Calvet eine „logische Steigerung" nach den bisherigen Erfolgen. Der Hintergedanke des Millionenprojekts ist ebenso simpel wie schwer zu verwirklichen: Der französische Konzern will sein Image verändern. Dynamisch, technisch hochwertig, sportlich sind die Attribute, die durch Formel-1-Siege in die Hirne der jungen Käufer gebrannt werden.

Damit auch weiterhin alles schnellstmöglich zu Gold wird, was Peugeot im Motorsport anfaßt, schnappte man sich als Partner das erfolgreichste Team der Formel 1. Die Franzosen liefern den Motor, McLaren das Chassis. Auch wenn man in Paris kräftig auf die Euphoriebremse tritt, die Fachpresse kocht das erbitterte französische Duell Peugeot gegen Renault auf großer Flamme. „Erwartet anfangs nicht zuviel von uns", bat Jean-Pierre Jabouille zu Jahresbeginn die Vertreter der Medien. Der Peugeot-Rennleiter hatte zuvor höchstpersönlich die Erwartungen hochgeschraubt, indem er die Zielsetzung seiner Formel-1-Aktivitäten

Jean-Pierre Jabouille

verriet. Zum Saisonende 1993 sollen McLaren-Peugeot-Piloten auf dem Siegertreppchen stehen, 1994 sollen die ersten Siege eingefahren werden und im Jahr darauf muß der Titel her. Speziell die französische Presse wird den ehemaligen Formel-1-Piloten Jabouille beim Wort nehmen.

Nicht nur die Auseinandersetzung zwischen den beiden französischen Automobilriesen wird für Gesprächsstoff sorgen. Da ist auch das pikante Duell der Rennleiter Jean Todt und Jean-Pierre Jabouille. Unter Todt feierte Peugeot all seine großen Erfolge. Als der kleine Franzose seinem Vorstand vorschlug, mit einem kompletten Auto in die Formel 1 zu gehen, winkten die Manager ab - zu teuer. Todt nahm seinen Hut und heuerte im Juli 1993 bei Ferrari an.

Als dessen Nachfolger Jabouille wenige Wochen darauf dem Vorstand ein Konzept vorlegte, bei dem sich Peugeot mit der Rolle des Motorenlieferanten begnügt (was dem Finanzvorstand wesentlich besser gefiel), waren die Arbeiten am Zehnzylinder bereits in vollem Gange.

Jabouille und Chefingenieur Jean-Pierre Boudy hatten heimlich mit der Entwicklung begonnen. Nach der Absegnung durch den Vorstand gelang Jabouille ein wichtiger Coup. Er spannte Formel-1-Treibstofflieferant elf den Chefchemiker aus, denn Jean-Claude Fayard gilt im Bereich der Verbrennungstechnologie als Genie. Ohne einen solchen Mann kann man mit einem Zehnzylinder nicht binnen kürzester Zeit in (traumhafte) Drehzahlregionen von 15.000 U/min vorstoßen.

130 Leute arbeiten fieberhaft an dem Motor mit der internen Bezeichnung „A4". 80 Triebwerke sollen 1993 für McLaren gefertigt werden. Noch für dieses Jahr ist eine weiterentwickelte Version geplant. Am 10. Januar wurde das 133 kg leichte Stück in Paris vorgestellt, am 1. Februar brüllte der V10 erstmals im Heck des neuen McLaren MP4/9. Keine besonders gelungene Premiere, denn erstens regnete es in Silverstone und zweitens warf Mika Häkkinen das wunderschöne Auto vor 200 Journalisten nach einer Runde in den Dreck. Der schnelle aber noch zu unerfahrene Finne lieferte die Begründung dafür, warum sich McLaren und Peugeot im Winter so vehement um ein Comeback des viermaligen Weltmeisters Alain Prost bemüht haben. Das britisch-französische Baby braucht eine Top-Hebamme, will man den ehrgeizigen Fahrplan von Peugeot einhalten.

Mayer. Der Rennstall McLaren und das Dennis-Team „Project Four" fusionieren. Das Kind wird „McLaren International" genannt, anfangs von Dennis und Mayer gemeinsam und nach einem Jahr vom Jung-Manager allein geleitet.

Der neue Chef macht aus einem klassischen englischen Team einen High-Tech-Betrieb. Professionalisierung heißt von nun an das Zauberwort auf allen Ebenen. Sehr zur Freude der Vertragspartner, wie zum Beispiel Porsche. Mit dem V6-Turbo aus Zuffenhausen, dessen Entwicklungkosten - Dennis sei dank - die saudische Firma TAG übernimmt, wird die Vergabe des WM-Titels in den Jahren 1984 bis 1986 zur McLaren-Angelegenheit. Lauda wird 1984 zum dritten Mal Weltmeister - mit einem halben Punkt Vorsprung vor Prost, der in den beiden darauffolgenden Jahren den Fahrer-Titel einstreicht.

McLarens Nimbus der Unschlagbarkeit wird 1987 durch Nelson Piquet und Williams-Honda beschädigt. Doch Undercover-Manager Dennis gelingt der größte Deal seiner Karriere. Er wirbt dem amtierenden Weltmeisterteam den Motorenpartner ab und lockt das Supertalent Ayrton Senna von Lotus zu McLaren. Unter dem japanisch-brasilianischen Einfluß sammelt McLaren wieder Siege und Titel am Fließband. 1988 gewinnt das Team 15 von 16 Rennen, Senna wird Weltmeister. Im Jahr darauf muß sich der Brasilianer nach der (ersten) historischen Kollision von Suzuka seinem großen Widersacher Alain Prost geschlagen geben, doch bleibt die WM-Krone zumindest in der (McLaren-)Familie. Die große Revanche gelingt Senna 1990 (durch die zweite Suzuka-Kollision mit Prost) und 1991 mit dem Gewinn seiner Fahrer-Titel Nummer 2 und 3. Nebenbei darf der leidenschaftliche Trophäensammler Dennis von 1988 bis 1991 alljährlich bei der FISA in Paris den Pokal für den Konstrukteurs-Titel in Empfang nehmen.

Doch damit ist die große Dominanz der rot-weißen Autos aus Woking vorerst beendet. Williams und vor allem Motorenlieferant Renault sorgen für eine Verlagerung der Kräfte. Ende 1992 verabschiedet sich Honda von der Formel-1-Bühne, zwölf Monate später verliert McLaren auch noch Ayrton Senna. Den Brasilianer - mit 35 Siegen erfolgreichster McLaren-Pilot vor Prost (30) - muß er ausgerechnet in Richtung Williams ziehen lassen, wo durch den Gewinn der WM-Titel 1992 (Mansell) und 1993 (Prost) die von Dennis zugefügten Wunden immer besser verheilen. Die Feindschaft zwischen den beiden Topteams wird gepflegt. Frank Williams über Ron Dennis: „Ich mag ihn ums Verrecken nicht. Aber er ist ein verdammt guter Manager, und wenn er angeschlagen ist, wird er am gefährlichsten."

Den Beweis für Williams Aussage liefert Dennis im Herbst 1993. Er schnappt Larrousse und Benetton die Peugeot-Motoren vor der Nase weg. Aber er muß auch eine herbe Enttäuschung verpacken: Sein Wunschfahrer Alain Prost kommt nicht zu McLaren zurück - obwohl angeblich 60 Mio. Mark auf dem Zahltisch lagen. Mit Mika Häkkinen und Martin Brundle hat Dennis gute Fahrer, aber halt (noch) keine Spitzenklasse. Beim Saisonstart stehen sie auf den ungewohnten Plätzen 8 und 18 - ins Ziel kommt keiner.

Die Bilanz des Teams weist McLaren dennoch als beste Wahl für die Peugeot-Motorlieferanten: neun Fahrer-WM-Titel, sieben Konstrukteurs-Titel, 104 Siege, 79 Pole-Positions. Auch die Besichtigung des McLaren-Werks in Woking dürfte die Truppe um

Der M23D, mit dem James Hunt 1976 den Titel holte, entsprach zum Großteil dem Weltmeisterauto von 1974. Der M23 war über drei Jahre der Garant für Erfolg.

Mit dem von Porsche entwickelten TAG-Turbomotor im Heck gewann Niki Lauda 1984 seinen dritten WM-Titel - mit einem halben Punkt Vorsprung vor Teamkollege Prost.

Peugeot-Rennleiter Jean-Pierre Jabouille überzeugt haben. In der Eingangshalle sind die Autos der letzten Jahre ausgestellt, unter dem Glasdach des Foyers hängt ein MP4 wie eine startbereite Rakete.

In den klinisch reinen Hallen wird der neue MP4/9 mit dem Peugeot-Zehnzylinder gefertigt. Das Auto soll McLaren wieder an die Spitze katapultieren. Was schwer genug ist, wie Lehrmeister Dennis gerne doziert: „Ein Rennen zu gewinnen ist keine Kunst. Schwierig wird es erst, wenn man über Jahre hinaus erfolgreich sein will." 1994 wird hart für McLaren.

GS

Die elf McLaren-Sieger:	
Ayrton Senna	35 Siege
Alain Prost	30 Siege
James Hunt	9 Siege
Niki Lauda	8 Siege
Denis Hulme	6 Siege
Emerson Fittipaldi	5 Siege
John Watson	4 Siege
Gerhard Berger	3 Siege
Peter Revson	2 Siege
Jochen Mass	1 Sieg
Bruce McLaren	1 Sieg
	104 Siege

Die McLaren-Weltmeister	
1974	Emerson Fittipaldi
	McLaren-Ford
1976	James Hunt
	McLaren-Ford
1984	Niki Lauda
	McLaren-Porsche
1985	Alain Prost
	McLaren-Porsche
1986	Alain Prost
	McLaren-Porsche
1988	Ayrton Senna
	McLaren-Honda
1989	Alain Prost
	McLaren-Honda
1990	Ayrton Senna
	McLaren-Honda
1991	Ayrton Senna
	McLaren-Honda

Benetton: Formel 1 und Mode. Ganz klar, daß die Piloten oft neben Mannequins Modell stehen müssen. Ein harter Job. Zwischen Reifen und Motoren spielen viele Frauen oft eine mitentscheidende Rolle.

Starke Frauen in der Formel 1

Frauen in der Formel 1 - da denken viele
nur an Groupies oder die langbeinigen
Frauen der Formel-1-Stars.
Daß Frauen in der Formel 1 auch harte
und verantwortungsvolle Arbeit leisten,
wird oft verkannt.

Nehmen wir das Beispiel Goodyear: Für den US-Reifengiganten kümmert sich die Technikerin Janet Melia darum, daß bei Ferrari die Reifen gut temperiert sind und die Pneus zur richtigen Zeit an der richtigen Stelle liegen. Im Goodyear-Hauptquartier in Akron/Ohio arbeitet sie in der Forschung. Dazu gehört vor allem die Entwicklung neuer Reifenmischungen.

„Mich reizt am Rennsport besonders, daß man seine Ideen so schnell umsetzen kann", sagt sie. „Wenn mir am Montag etwas einfällt, können wir am Freitag den neuen Reifen backen und in der nächsten Woche damit testen gehen. Andere Ingenieure müssen Monate oder manchmal Jahre warten, um ihre Ideen zu verwirklichen."

Fest zum Formel-1-Zirkus gehört schon lange Valerie Jorquera, Chemikerin bei Elf. Sie tüftelt ständig neue Mischungen des französischen „Wundersprits" aus. Valerie war ursprünglich Mechanikerin für Straßenautos. „Aber Rennsport hat mich schon immer interessiert. Als Elf 1967 jemanden mit technischem Talent suchte, habe ich zugegriffen. Von da an hat sich mein Job ständig weiterentwickelt, mein chemisches Wissen habe ich mir erst im Laufe der Zeit angeeignet."

An Valerie als Dame im Formel-1-Zirkus hatte sich die Herrenriege gewöhnt - aber für die Überraschung schlechthin sorgte 1993 Neuling Sauber mit seiner Teammanagerin Carmen Ziegler. So etwas hatte die Formel 1 noch nie gesehen. Daß ausgerechnet die ansonsten so konservativen Schweizer die Formel 1 revolutionieren, gibt dem Ganzen natürlich eine besondere Note.

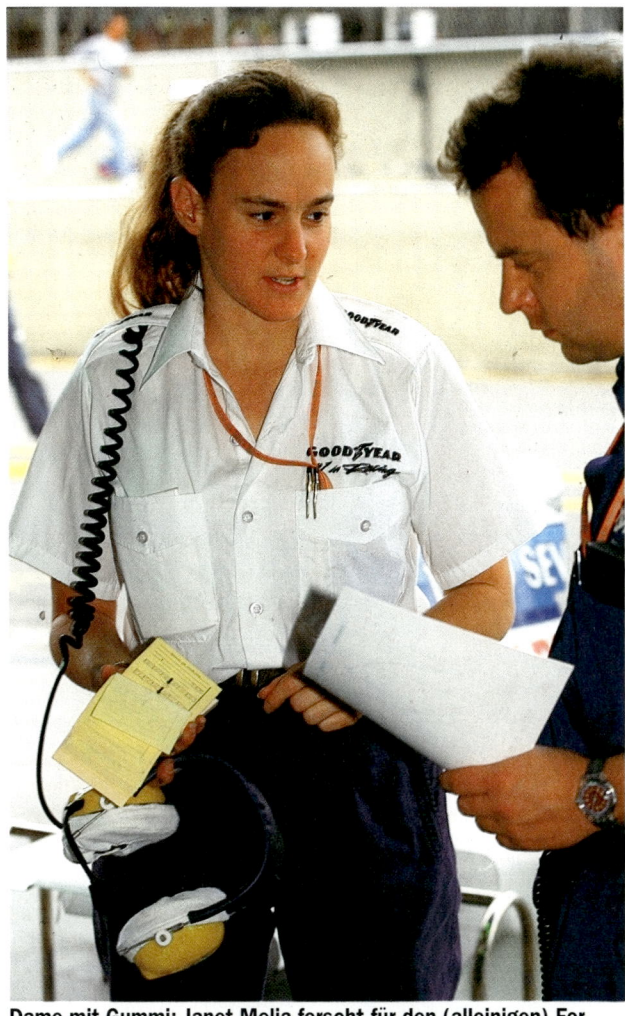

Dame mit Gummi: Janet Melia forscht für den (alleinigen) Formel-1-Reifenlieferanten Goodyear nach neuen Mischungen.

Die Französin Valerie Jorquera kennt die „Zauberformel" von Elf, dem Treibstoff von Williams, Benetton und Sauber.

Die frühere Assistentin von Mercedes-Sportchef Norbert Haug ist bei Sauber nicht nur für Organisation, Reiseplanung etc. verantwortlich, sondern auch an der Rennstrecke in alle Entscheidungen mit eingebunden. Sie nimmt an den Briefings teil und spricht bei technischen und taktischen Planungen ein entscheidendes Wort mit. Daß sie dabei als Frau in einer von Männern dominierten Umgebung agiert, ist für sie nicht relevant: „Wichtig ist das Ergebnis. Daß man seinen Job richtig macht." Der 33jährigen gefällt in der Formel 1 vor allem die Teamarbeit: „Ich arbeite gerne mit anderen zusammen. Aber ich mag auch die Verantwortung, die ich in meiner Position habe." Autoritätsprobleme kennt sie nicht: „Ich kann mich durchaus auch durchsetzen, ohne laut zu werden."

Carmen Ziegler mag die vielen Reisen in der Formel 1, „auch wenn es manchmal sehr anstrengend ist. Das Privatleben muß man natürlich zurückstecken. Familie und Freunde sieht man relativ selten."

Bei Lotus laufen seit 1992 alle organisatorischen Fäden bei Suzanne Redbone zusammen. Dabei wäre die Australierin vor zehn Jahren nicht im entferntesten auf den Gedanken gekommen, in der Formel 1 zu arbeiten. Die gelernte Lehrerin brachte zunächst Touristen die Schönheiten ihrer Heimat Südaustralien näher. „Ich stamme aus Adelaide und habe dort für den Fremdenverkehrs-Verein Südaustralien gearbeitet. Dadurch kam ich mit der Formel 1 in Berührung. Zwei Jahre lang habe ich mich für den Veranstalter um die Zimmerreservierungen gekümmert."

Die Leute, die sie dabei kennenlernte, gefielen Suzanne ebenso wie die Atmosphäre rund um die Formel 1. „Irgendwann faßte ich den Plan, in einem Team mitzuarbeiten. Ich habe meinen Job aufgegeben und bin auf gut Glück nach England gegangen." Ganz so einfach, wie es sich heute dahersagt, war die Sache freilich nicht. Suzanne mußte feststellen, daß die Jobs in der Formel 1 nicht vom Himmel fallen. Sie begann eine Stufe niedriger als Sekretärin beim Formel-3-Spitzenteam West Surrey Racing. Zwei Jahre später verpflichtete Lotus-Teamchef Peter Collins Suzanne als Assistentin. Inzwischen organisiert sie selbständig die kompletten Reisen des Teams, einschließlich der Planung der Verladung von Autos und Ersatzteilen. „Es ist harte Arbeit, aber es gibt mir sehr viel", sagt sie.

Bei Lotus ist sie als Frau in vorderster Linie nicht allein. Melanie Brown, Tochter des kaufmännischen Direktors von McLaren, Creighton Brown, ist bei dem Traditionsteam für die PR zuständig. Sie trägt den Titel „Promotion Manager". Die Pressebetreuung bei Lotus liegt in den Händen der immer hilfsbereiten Anita Smith.

PR- und Pressearbeit sind in der Formel 1 schon lange eine weibliche Domäne. Agnes Carlier, Formel-1-Pressechefin von Marlboro, ist aus der Szene nicht mehr wegzudenken. Viele Teams haben sich inzwischen eine Pressesprecherin zugelegt. „Wobei es da manchmal einen Konflikt gibt, weil die Teams am liebsten ein hübsches Mädchen zum Vorzeigen wollen. Gleichzeitig brauchen sie eine intelligente Frau, die auch unter schwierigen Bedingungen gute Arbeit leistet", meint Ellen Bernfield, früher Diplom-Archäologin und Rallye-Beifahrerin. Sie machte den PR-Job 1993 bei Tyrrell, 1994 arbeitet sie für Pacific. „Je mehr

Noch selten: Eine Dame als Teammanagerin. Carmen Ziegler hat die verantwortungsvolle Aufgabe bei Sauber. Sie ist wichtigster Ansprechpartner für Heinz-Harald Frentzen und Karl Wendlinger.

Frauen in der Formel 1 arbeiten, auch in technischen Jobs, desto mehr wird sich die Tendenz zum Vorzeigemädchen legen", hofft sie.

Eines allerdings fehlt noch immer in der 43jährigen Geschichte der Formel 1 - die erste Grand-Prix-Siegerin. Versucht haben es schon einige, zuletzt scheiterte 1992 die Italienerin Giovanna Amati. Für sie sprang aus dem Formel-1-Abenteuer immerhin ein enger privater Kontakt zu Ferrari-Berater Niki Lauda heraus.

Viele Piloten und F1-Manager sind froh, wenn ihre Frauen und Freundinnen mit zu den Rennen kommen. Sie sind oft engste Berater, sitzen bei den Besprechungen dabei und leisten psychologische Aufbauarbeit. Auch wenn sie nicht auf der Gehaltsliste des Teams stehen.

„Zur Verlobung einen Sieg", wünschte sich Flavio Briatore in Brasilien. Schumacher tat dem Benetton-Manager den Gefallen. Für Briatore und seine dänische Braut Julia unvergeßlich.

Marlboros F1-PR-Chefin Agnes Carlier: Immer hilfsbereit.

Einst Fremdenführerin, jetzt bei Lotus: Suzanne Redbone.

DER FORMEL 1-REISESPEZIALIST

Grand Prix `94

GP Brasilien/Sao Paulo 27. März
Flugreise mit Varig vom 18. bis 29.3.
GP Pacific/Japan 17. April (nur GOLDEN CARD)
GP San Marino/Imola 1. Mai
Flug - und Busreise, Hotel - und Tribünenkartenverm.
GP Monaco/Monte Carlo 15. Mai
Flugreise (3 Varianten) von allen großen deutschen Flughäfen, Busreise (4 Varianten), Tribünenkarten - und Hotelvermittlung
GP Spanien/Barcelona 29. Mai
Flugreise, Hotel- und Eintrittskartenvermittlung
GP Kanada/Montreal 12. Juni
Flugreise mit Lufthansa vom 4. bis 14.6. / 3 Tage Toronto (Niagara-Fälle)- und 6 Tage Montrealaufenthalt.
GP Frankreich/Magny-Cours 3. Juli
Nur Vermittlung von Eintrittskarten
GP Großbritannien/Silverstone 10. Juli
Flug- und Busreise sowie Hotelarrangement und Tribünenkartenvermittlung

GP Deutschland/Hockenheim 31. Juli
Hotelarrangement, Tagesbusreise und Tribünenkartenvermittlung
GP Ungarn/Budapest 14. August
Flug- und Busreise sowie Hotelarrangement und Tribünenkartenvermittlung
GP Belgien/Francorchamps 28. August
Hotelarrangement, Tagesbusreise und Tribünenkartenvermittlung
GP Italien/Monza 11. September
Flug- und Busreise sowie Tribünenkartenvermittl.
GP Portugal/Estoril 25. September
Flugreise und Tribünenkartenvermittlung
GP Argentinien/Buenos Aires 16. Oktober
Flugreise inkl. Rio und Igacu (Wasserfälle)
GP Japan/Suzuka 6. November
Nur Vermittlung der GOLDEN CARD.
GP Australien/Adelaide 13. November
Nur Vermittlung der GOLDEN CARD.

Eintrittskartenvermittlung:
Racing Tours ist der deutsche Agent für den Eintrittskartenverkauf verschiedener Grand Prix und kann Ihnen daher für viele Grand Prix beste Tribünenkarten vermitteln.

RACING TOURS * deutscher Agent für die GOLDEN CARD * **Die beste F1- Karte die es für Geld zu kaufen gibt**
Die GOLDEN CARD bietet: 3 - Tage Boxenstraßenbesuch (täglich 45 Minuten) * 3 - Tage Tribünensitzplatz (++)
* 3 - Tage VIP Parkplatz * 3 - Tage Getränke (Wein, Bier, Kaffee) * Firstclass - Mittagsmenü an allen 3 Tagen *
*** Mitgliedschaft im "Formula One Paddock Club" *** TV-Monitore im GOLDEN CARD VIP-Zelt ***.

***
Bitte Detailinfo anfordern!

RACING TOURS REISE GMBH • Schillerstr. 82 • D-45768 Marl • Tel.: (023 65) 1 20 01 • Fax (023 65) 1 84 02

Sinfonie der Farben - oder: Musik liegt in der Luft. David Brabham in seinem Simtek-Ford, unterwegs für den Fernsehkanal MTV. Davids Va
bekannte Audi- und VW-Tuner Konrad Schmidt (SMS) aus Cadolzburg bei Nürnberg. Aber auch „Black Jack", der einst ein eigenes, sehr

Jack Brabham wurde 1959, 60 und 66 Formel-1-Weltmeister. Mitinhaber des Simtek-Stalls ist der in der europäischen Motorsportszene folgreiches Team führte, unterstützt das Projekt.

Der Lotus 25 sorgte 1962 für einen der größten Quantensprünge in der Formel-1-Entwicklung. Es war das erste Auto in Monocoque-Bauwe zwang dem Piloten die heute noch übliche liegende Sitzposition auf. Fahrer Jim Clark wirkt nicht besonders glücklich. Bis dahin saßen

Tops und Flops

Formel-1-Autos entstehen auf der Gratwanderung zwischen Genialität und Wahnsinn.
Helmut Zwickl erzählt von Autos, die funktionierten und von solchen, die ihre Erfinder fast verrückt werden ließen.

In der Geschichtsschreibung der Formel 1 wird allzu gern unterschlagen, daß nicht nur die Piloten Legenden produzieren, sondern auch jene Männer, die ihnen die fahrbaren Untersätze bauten. Wer spricht von den Taten eines Chapman, Murray, Ducarouge oder Barnard? Nehmen wir Colin Chapman.

Er war Gründer und Chef des Formel 1-Teams Lotus, das nach McLaren und Ferrari immer noch den dritten Platz in der Konstrukteurs-WM hält.

Chapman war ein Genie. Er hatte Visionen, zeichnete seine Geistesblitze auf Servietten oder Speisekarten. Die Drecksarbeit leisteten andere: Sie mußten seine Vorgaben in die Praxis umsetzen. Auf den Meilensteinen, die der Brite in den Rennsport einbrachte, stehen: Leichtbau,

Wagen war stabiler, sicherer und ~ten wie auf einem Sessel.

Einer der großen Flops: Der von Colani entworfene Eiffelland sollte aerodynamische Maßstäbe setzten, war aber fast unfahrbar. Rolf Stommelen hatte 1972 keine Freude mit dem Auto.

Monocoque, Turbinenautos, Keilform, Ground effect, aktive Radaufhängung.

Chapman war ein Mann, der mit fünf Menschen in einen Aufzug einstieg, der bloß für drei zugelassen war. Als am 20. Mai 1962 sein neuer Lotus 25 in Zandvoort vorgestellt wurde, stand die Vollgas-Branche kopf. Das Revolutionäre an diesem Wagen war das „Blechkasten"-Chassis, bald Schalen-Chassis genannt, im Englischen als Monocoque bezeichnet. Das tragende Element des Wagens war eine Rumpfschale aus Alu, die zusammengenietet und durch vier Querspanten aus Stahl versteift wurde. In den Rumpfschalen lagen links und rechts neben dem Cockpit die beiden Haupttanks, ein dritter Tank war unter dem Fahrersitz installiert. Jim Clark gab nach

seiner ersten Fahrt zu Protokoll: „Ich lag fast auf dem Rücken; ich war sehr unglücklich, speziell in engen Kurven..."

Saß man zu Fangios Zeiten mit gegrätschten Beinen wie auf einem Sessel völlig aufrecht im Cockpit, so lag Clark im Lotus 25 mit ausgestreckten Beinen wie in einem Liegestuhl. Drehte man zu Fangios Zeiten noch an hölzernen Lenkrädern, die bis zu 50 cm Durchmesser hatten, so agierte Clark mit einem 31 cm-Lenkrad. Das Cockpit war ein Maßanzug. Die Schale steifer als ein Rohrrahmen, die Aerodynamik war besser, die Straßenlage erforderte einen neuen Fahrstil. Lotus schrieb mit dem 25-er Motorsportgeschichte. Die Konkurrenz begann das Blech-Monocoque zu kopieren.

Das Genie: Colin Chapman (†1982) baute Autos, die viele Fahrer auf das Podest beförderten - einige aber auch in die Leitplanken.

1969 setzte Chapman in der Formel 1 seine Jetons auf einen Wagen mit Vierradantrieb. Jedoch die Fortschritte auf dem Reifensektor machten den Allradantrieb bei den damaligen PS-Leistungen überflüssig, obendrein geriet er zu schwer.

Im November 1969 hatte Chapman seinen Konstrukteur Maurice Philippe zur Konstruktion des Typ 72 animiert. Erstmals wurden die Wasserkühler vom Bug in die Seitenflanken verlegt. Keilform und Leichtbau waren angesagt. Um ungefederte Massen einzusparen, wurden auch die vorderen Scheibenbremsen von den Felgen nach innen gelegt. Die Bremswellen waren hohl, sie rissen nicht nur einmal. Als in Monza bei Jochen Rindt im Anbremsen der Parabolica die rechte vordere Bremswelle brach, bog der Lotus 72 unkontrollierbar nach links ab, bei Tempo 270. Rindt starb beim Anprall an die Leitschienen. Das Kohlefaser-Monocoque war noch nicht erfunden. Übrigens wurden die Bremswellen nach Jochen Rindts Tod in Monza verstärkt.

1971 ließ Chapman den Lotus 56B bauen, der von einer 450 PS starken Pratt & Whitney-Gasturbine angetrieben wurde. Ein Auto, das auf Erfahrungen mit dem Turbinen-Keil basierte, den Chapman für Andy Granatellis STP-Rennstall gebaut hatte, um 1968 die 500 Meilen von Indianapolis zu gewinnen - was mißlang. Ein achter Platz von Fittipaldi 1971 im Grand Prix von Italien in Monza signalisierte: Die Turbine machte noch kein Top-Auto.

Die Lorbeeren für die Erfindung des „Ground effects" ausschließlich über Chapman zu streuen, wäre Geschichtsverfälschung. Peter Wright, heute technischer Direktor bei Lotus, experimentierte bereits 1968 mit Flügelprofilen, die seitlich, aber verkehrt angebracht, an einem Rennauto Abtrieb

Ayrton Sennas erstes Formel-1-Auto (1984): In dem wuchtigen Frontflügel des Toleman saß der Kühler.

erzeugten. Er gab diese Idee an March weiter, wo Robin Herd 1970 in seinem March 701 den seitlichen Tanks ein Flügelprofil gab. Es begann ein jahrelanges Experimentieren im Windkanal.

Brabham-Konstrukteur Gordon Murray versiegelte seinen BT44 beim Argentinien Grand Prix 1974 mit Schürzen, um ein Vakuum zu erzeugen. Peter Wright überzeugte Chapman, daß man ein seitliches Flügelprofil nur dann zur Wirkung bringt, wenn man den Luftstrom seitlich durch Schürzen abdichtet. Mario Andretti gewann mit so einem Lotus 77 im Jahre 1976 den Regen-Grand-Prix von Japan in Fuji.

Im Lotus 79 der Saison 1978 war die „Ground effect"-Idee schon derart perfektioniert, daß Mario Andretti und Ronnie Peterson Platz eins und zwei in der WM belegten.

Auf der Suche nach „Ground effect" verstieg sich Brabhams Gordon Murray 1978

zu einem Wahnsinns-Projekt. Lotus hatte gewissermaßen den Stein der Weisen gefunden. Murray stieß nach.

Im ersten Training zum Grand Prix von Schweden zündete Niki Lauda einen Brabham, in dessen Heck ein riesiger Ventilator integriert war. Murray hatte die Wasserkühler vom Bugspoiler zurückgeholt und über den Alfa-Boxermotor gelegt. An die Hauptwelle des Getriebes kuppelte er über Zahnräder einen Ventilator an. Durchmesser 50 cm, den Brabham als „Kühlluft-Ventilator" deklarierte, der bei 12.000 Umdrehungen des Motors 7000 Touren drehte. Die CSI, damals das oberste Sport-Gremium, gab der Brabham-Geheimwaffe schon vor dem Lauf in Anderstorp grünes Licht.

Colin Chapman freilich ging auf die Barrikaden. Er rechnete vor, daß der Brabham-Ventilator „zwölfmal soviel Luft produzierte, als für die

Wasser-Kühlung erforderlich" gewesen wäre.

Der Amerikaner Jim Hall hatte in seinem Chaparral bereits acht Jahre früher zwei Sogproduzierende Propeller installiert, die von einem Snowmobile-Zweitaktmotor angetrieben wurden. Als dieser Motor einmal versagte, riß mit einem Schlag die Saugnapfwirkung und der Pilot Vic Elford flog in die Botanik. Als Lauda mit dem umstrittenen Brabham-Staubsauger den Grand Prix von Schweden gewann, war Feuer am Dach. Die gesamte Formel 1, mit Chapman als Rädelsführer, lief gegen den BT46B Sturm. Tage nach dem Schweden-Sieg wurde das Auto verboten. Gordon Murray war erschüttert: „Wir haben 200.000 Pfund in den Staubsauger investiert..."

Unter all den Top-Autos hatte Lotus auch geniale Flops. Da war der Typ 88 mit seinen zwei Chassis. Das „Haupt-Chassis" aus Carbon-Keflar trug die Kühler und den Unterboden samt Seitenkästen und den starren Schürzen - zum Abdichten des Sogs - und es war auf steifen Schraubenfedern aufgehängt, die sich auf die Radnabenträger stützten. Das „Neben-Chassis" war die Rumpfschale.

Schon in Long Beach wurde der Lotus 88 mit Protesten vernichtet, schließlich mit schwarzen Fahnen aus dem Samstag-Training geholt. Das gleiche Theater beim nächsten Rennen in Rio. In Argentinien setzte es für Chapman eine 100.000 Dollar-Strafe, die dann wieder zurückgenommen wurde. Lotus zog seine Autos vom San Marino-Grand Prix zurück und erst in Silverstone, als Chapman die Waffen abgab, war wieder Friede. Er ersetzte den Lotus 88 und alle seine von der Konkurrenz so verhaßten Versionen durch den reglementkonformen Typ 87.

Noch einmal ging eine aufsehenerregende Innovation

von Lotus aus: die aktive Radaufhängung. Im Lotus-Honda 99T hatte man 1987 erstmals jene von Computern gesteuerten Hydraulik-Elemente, die eine neue Ära des bodennahen Fahrens im Zusammenspiel mit einer aerodynamischen Optimierung zuließen - wenn alles funktionierte.

Lotus begann 1983 mit den ersten Versuchen und der Beginn war furchterregend. Nigel Mansell erinnert sich: „Der erste Lotus mit hydraulischen Elementen war eine Zeitbombe. Wenn der Öldruck zusammenbrach, kollabierte das ganze Chassis, und es bahnte sich ein mörderischer Crash an. Dann installierte man Warnlampen. Wenn sie aufflammten, war bereits alles zu spät, da bist du schon von der Straße gesegelt."

Peter Wright war es, der bei Lotus das „aktive" Zeitalter vorantrieb, und von ihm stammt auch die beste Beschreibung, wie das System funktioniert: „Ein Skifahrer fährt über einen Buckel, das Knie meldet dem Gehirn den Buckel, worauf das Gehirn dem Knie signalisiert: Drück härter dagegen!"

Senna gewann in Monaco und Detroit, wurde Dritter in der WM 1987, doch die „aktive Radaufhängung" war ungeheuer komplex. Unter dem Druck eines Renn-Weekends konnte man das Potential kaum nutzen, erkennen, interpretieren, analysieren. Immerhin: Lotus war wieder einmal Pionier gewesen.

Als Günther Hennerici, Erzeuger der Eifelland-Wohnwagen, 1972 ein Formel-1-Team gründete, gab er Fahrer Rolf Stommelen eine seltsame Karosse, die er als aerodynamische „Großtat" empfand. Entworfen wurde sie vom Stardesigner Luigi Colani, der sich damit erstmals an einem Rennwagen versuchte. Allerdings war sie ein Flop. Man mußte den

Der Staubsauger-Brabham kam, sah, siegte und wurde verboten. Nach dem Triumph von Niki Lauda 1978 in Schweden protestierte die Konkurrenz den BT46B ins Museum.

Der Sechsrad-Tyrrell setzte sich nicht durch. Ein kleines Sichtfenster im Cockpit ermöglichte es Patrick Depailler, einen Blick auf die kleinen Vorderräder zu werfen.

Mit dem Lotus 79 gewann Mario Andretti 1978 die Fahrer-WM vor seinem Teamkollegen Ronnie Peterson. Dank der Schürzen an der Seite klebte der Wagen auf der Straße.

Über seinen dritten Platz 1982 in Long Beach konnte sich Gilles Villeneuve nur kurz freuen. Er wurde disqualifiziert, weil man den Doppelflügel seines Ferrari für illegal befand.

Das Konstruktionsprinzip des Tyrrell mit der hohen Nase (1990) wird noch heute bei vielen Autos verwendet. Es ermöglicht eine bessere Anströmung des Fahrzeugrumpfes.

Eifelland-March wieder auf einen March zurückschrauben, damit er einigermaßen fahrbar wurde.

Aber selbst ein Super-Aerodynamiker wie der Franzose Jaques Hiss, der als Erfinder der Hochnase gilt, verrannte sich 1992 mit seinem Doppeldecker-Ferrari F92A in eine Sackgasse, aus der es kein Zurück mehr gab. Der doppelte Unterboden hatte im Windkanal hervorragende Werte geliefert, der Abtrieb war stärker, der Widerstand geringer. Was im Windkanal wie das Gelbe vom Ei aussah, war in der Praxis ein Flop. Der Ferrari vermasselte die Saison 1992. Da fuhren die Roten in Hockenheim mit gewaltigen 726 PS im Rennen, doch die Motorleistung wurde von der miserablen Aerodynamik mehr als aufgefressen.

Im Wettrüsten wurden die erstaunlichsten Waffen geschmiedet. Nehmen wir nur den Sechsrad-Tyrrell P-34 der Saison 1976. Nach dem ersten Test fuhr Patrick Depailler mit Ken Tyrrells Privatwagen, von Silverstone kommend, in Richtung London, als Tyrrell seinen französischen Piloten fragte: „Du bist jetzt Gott. Die Entscheidung liegt nun bei dir allein, vier oder sechs Räder?"

Depailler überlegte nicht lange. Er plädierte für das Sechsrad. Der Startschuß für das Projekt 34 des Konstrukteurs Derek Gardner war gefallen.

Mit jedem Rennen offenbarte das Sechsrad neue Vorzüge, das große Siegerauto allerdings wurde es nicht. „Das lag daran", erklärte Depailler, „daß wir zuwenig Testfahrten unternommen haben. Das Sechsrad hat aber Zukunft..."

Wo die Vorteile lagen? Die vier winzigen Vorderräder eliminierten alle lästigen Untersteuerungs-Probleme. Der in Kurven wie angeschraubt liegende Vorderwagen erlaubte dem Fahrer ein sehr frühes Öffnen des Gashahns. Die Tyrrell-Sechsräder verloren daher immer ihre Bodenhaftung zuerst an den Hinterrädern. Jody Scheckter gewann den Grand Prix von Schweden, und wurde von der Verläßlichkeit seines Sechsrades hinter James Hunt und Niki Lauda auf den dritten WM-Rang getragen.

Mißgeburten gab es an den F1-Pisten immer wieder. Robin Herd hatte 1972 eine mit seinem March 721X in die Welt gesetzt. Als solche war sie aber erst nach drei Rennen erkennbar. Niki Lauda hatte von Beginn an Bedenken, doch Ronnie Peterson, dieser unerhörte Grenzgänger, konnte mit jeder Gurke von Auto schnell fahren. „Und der 721X war die größte aller Gurken, die ich je gefahren bin", erinnert sich Niki Lauda.

Er war es auch, der damals, Ronnie Peterson mit sich reißend, bei March auf die Barrikaden stieg: „Wir fahren dieses Auto nicht mehr. Wir wünschen uns jenen Formel-1-Zwitter, wie ihn Mike Beutler fährt." Der Brite hatte in ein March Formel-2-Chassis mit ver-

größertem Tank einen 3-Liter Cosworth-Motor eingebaut. Robin Herd kopierte das Auto für Lauda-Peterson. Für den französischen Grand Prix war die Kopie fertig und sie war wenigstens kein Flop.

Daß den erfolgreichsten Formel-1-Technikern bisweilen im Teamwork ein Flop gelang, wurde beim Brabham-BMW BT55 demonstriert. Wer den größeren Anteil an dem Flop hatte - Brabham oder BMW - darüber wurden sich die Ingenieure nie einig. Gordon Murray setzte die extremste Schwerpunkt-Absenkung in Gang, die machbar war, „weil das mehr Abtrieb und höhere Kurventempi bringt."

Jedoch: mit der Flachlegung des BMW-Motors geriet die Kurbelwelle aus der Mitte, man mußte ein völlig neues Getriebe bauen. Das in England gebaute Getriebe wurde zum großen Sargnagel. BMW ließ die Innereien schließlich in Deutschland fertigen. Die Gewichtsverteilung geriet außer

Kontrolle. Die Probleme waren schwer einzukreisen, die Masse des Getriebes verzehrte die Beschleunigung. Als Elio De Angelis in einem BT55 bei Testfahrten in Le Castellet tödlich verunglückte, hätte Bernie Ecclestone seinen Brabham-Rennstall schon damals am liebsten abgestoßen. Mitte der Saison wollte BMW aussteigen. Doch man hatte die Kündigungsfrist verpaßt, damit war man automatisch bis Ende 1987 an Brabham gebunden. BMW mußte sich zu einem Rückzug vom Rückzug bekennen.

Zu den Top-Autos der letzten Jahrzehnte gehört sicherlich der McLaren MP4/2-TAG Porsche Turbo, der 1984 Niki Lauda vor seinem Teamkollegen Prost den Weltmeistertitel brachte.

McLarens Technik-Guru John Barnard hatte die Flaschenhalsform kreiert, die Rümpfe aus Kohlefaser bei Hercules in Salt Lake City „backen" lassen. Barnard entwickelte mit der französischen Firma SEP neue Carbon-

Bremsscheiben und Porsche steuerte einen V-60 Grad Turbomotor bei, der eine Leistung zwischen 800 und 950 PS einsetzen konnte. Dank des neuen Steuergeräts MP1.3 von Bosch lief der Motor unerhört effizient.

Lauda und Prost konnten im Rennen einfach mit mehr Leistung den Gegner ärgern. Wer den beiden nachfahren wollte, dem ging der Sprit aus.

Dagegen war der V-12-Zylinder-Sauger, mit dem Porsche und Footwork einander eine Zeit lang in der Saison 1991 beglückten, ein ausgesprochener Flop: zu schwer, zu schwach, am Pflichtenheft eines Formel-1-Autos vorbeientwickelt.

Die abenteuerlichste Zeitspanne der Formel 1 war wohl jene zwischen dem belgischen Grand Prix 1968 und Monaco 1969. Damals begann man, zunächst über dem Heck, dann auch über dem Bug der Rennwagen, Flügel anzubringen.

Flach und erfolglos: Für den Brabham BT55 mußte BMW einen speziellen Motor konstruieren, der schräg liegend eingebaut wurde. Was in der Theorie logisch klang (tiefer Schwerpunkt = bessere Straßenlage), erwies sich 1986 als Flop.

Schlank und erfolgreich: Der Brabham-BMW aus der Feder von Gordon Murray, mit dem Nelson Piquet 1983 Meister wurde. Es war der erste Titel für ein Auto mit Turbomotor.

Das außergewöhnlichste Auto der Saison 94: Mit dem 412 T1 von Stardesigner John Barnard will Ferrari endlich wieder siegen. Die früheren Erfolge des Konstrukteurs sprechen dafür.

Anfang 1969 wurde errechnet, daß sich damit der Bodendruck bei 200 km/h um rund 200 kg, bei 300 km/h um 400 kg erhöhte. Man fühlte sich in die Pionierzeit der Fliegerei versetzt - mit allen bösen Konsequenzen. Nicht alle Autos waren so ingeniös durchgestylt wie Jackie Stewarts Matra, dessen hinterer Heckflügel elektrohydraulisch seinen Anstellwinkel ändern konnte. An vielen Autos brachen die Flügel, es gab haarsträubende Unfälle. Graham Hill und Jochen Rindt (Lotus) klopften in Barcelona 1969 an die Himmelstür, als ihre Heckflügel im 200 km/h-Tempo wie Papierdrachen davonflogen. Kurz darauf wurden die hochfliegenden Flügel nach dem ersten Training zum Großen Preis von Monaco verboten. Niemand hat ihnen nachgetrauert, weder Konstrukteure noch Fahrer.

Daß aus Luft gewissermaßen Straßenlage zu gewinnen war, hatte Stirling Moss bereits 1955 an Hand der spektakulären Luftbremsen erkannt, mit denen die Mercedes 300SLR in Le Mans erschienen. Er ließ die große Klappe am Heck in den Kurven halb geöffnet. Das Auto fühlte sich plötzlich stabiler an, und er konnte viel früher aufs Gas steigen.

Derartige Kniffe sind mittlerweile zwar verboten, doch schenken die Konstrukteure auch 40 Jahre später dem Fahrzeugheck größte Aufmerksamkeit. Besonders auffällige Beispiele liefern in diesem Jahr Williams und Ferrari. Beim Weltmeisterauto ist die untere Fläche des Heckflügels geknickt wie ein Hausdach. Ferraris Topdesigner ließ zwar beim Flügel alles beim alten, doch heftete er das Stück auf das schmalste Fahrzeugheck der jüngeren Formel-1-Historie. Die von ihm Anfang der 80er Jahre kreierte Flaschenhalsform trieb Barnard diesmal im wahrsten Sinne des Wortes auf die Spitze.

Kaum wiederzuerkennen sind die Formel-1-Wagen, wenn sie für den Überseetransport präpariert werden.

Das Rennen zwischen den Rennen

Logistik und Transport der
Teams sind eine Wissenschaft für sich.
Zwei Jumbo-Jets werden benötigt, um das gesamte Formel-1-Material
zu den Rennstrecken in Übersee zu schaffen.

Spätestens sechs Stunden nach dem Ende eines Grand Prix rollen die letzten Trucks der Teams aus dem Fahrerlager. Bereits mit Freigabe der Boliden aus dem Parc fermé hat der Countdown für den nächsten WM-Lauf begonnen. Während der „harte Kern" der GP-Berichterstatter im Pressezentrum noch bis nach Mitternacht die Ereignisse des Nachmittags zu Papier bringt, kämpfen auch die Rennställe gegen die Uhr.

Zurück ins Werk heißt die Devise. Der Montag ist ein Werktag und wird möglichst schon wieder voll für die Vorbereitung auf den nächsten Einsatz genutzt. Die „Große Inspektion" umfaßt sechs herausragende Positionen: Zunächst werden die Rennwagen zerlegt und gereinigt. Der Motor muß vom Monocoque getrennt werden, um ihn zur Revision dem Hersteller zusenden zu können. Dann nehmen schnelle Hände das Getriebe auseinander. Die einzelnen Zahnräder, die Schaltgabel und die Kupplung werden gegen neue Teile getauscht. Sämtliche Aufhängungselemente werden auf Bruchstellen hin untersucht. Dabei wird zunächst ein extrem feinflüssiger roter Farbstoff aufgetragen und wenig später wieder entfernt. In möglichen Rißstellen bleiben gegebenenfalls rote Spuren zurück...

Die Radlager haben ihren Dienst nach einem Einsatz-Wochenende getan und werden durch neue ersetzt. Schließlich werden Schadstellen der Lackierung ausgebessert - die Sponsoren danken es! Damit ist die Arbeit nur scheinbar erledigt, denn beim nächsten Auftritt sollen die Autos ja noch besser sein, und deshalb müssen die Boliden modifiziert werden. Ergebnisse des Test-Teams werden ausgewertet. Jede Änderung, die sich bewährt hat, berücksichtigen die Techniker bei der Vorbereitung auf das nächste Rennen.

Je mehr Zeit im Werk verbracht wird, desto besser sind die Möglichkeiten für die angestrebte perfekte Präparierung. Aus dieser Weisheit resultiert eine Hatz rund um die Welt. Fast fünfmal umrundet der Formel-1-Zirkus 1994 rechnerisch die Erdkugel. Durchschnittlich knapp über 200 Stunden verbringen die Troß-Mitglieder in Düsen-Jets und auf Flughäfen.

Zehn Prozent ihres Budgets investieren die Rennställe in Transportkosten. Bei den Überseereisen wird den zehn besten Teams ein Teil dieser Aufwendungen durch die Konstrukteurs-Vereinigung FOCA abgenommen. Zugrunde gelegt werden dabei während der ersten Saisonhälfte die im Vorjahr gezeigten Leistungen. In der zweiten Saisonhälfte zählen die

Resultate der beiden zurückliegenden Halbjahre. Da es vor Ort an nichts mangeln darf - in Krisensituationen wurden in der Vergangenheit allerdings auch schon Ersatzteile per Concorde-Überschallflug „nachbestellt" -, werden Unmengen Material an die Pisten befördert: Drei Rennwagen, Verkleidungsteile und Flügel, Ersatznasen, Motoren, Telemetrie-Equipment, Strom-Generatoren, Werkzeug, Wagenheber, Preßluftflaschen... Die Zusammenstellung und Verstauung erfordert Routine und Klugheit. Wer Mühe hat, seinen Urlaubskoffer zu packen, sollte sich nicht für diesen Job interessieren.

Kam ein Top-Team in den Zeiten eines Jochen Rindt noch mit sechs Tonnen Material aus,

wird heute mehr als die vierfache Last um den Globus gekarrt. Alfa Romeo, 1950 der Maßstab aller Dinge in der Formel 1, schaffte im Geburtsjahr des Championats 2,5 Tonnen Material an die Rennstrecken - zehn Prozent der Tonnage der Gegenwart.

Transportiert wird die Ausrüstung in den Team-eigenen Trucks, die trotz ihrer eindeutig erkennbaren Herkunft ohne den obligatorischen „Paß" an der Windschutzscheibe nicht ins Fahrerlager eingelassen werden. Der Kampf um die wenigen Stellplätze hinter den Boxen ist hart. Erfolgreiche Rennställe erhalten dabei mehr „Parkraum" als die Hinterbänkler.

Gleich eine ganze Serie denkwürdiger Zwischenfälle ereignete sich 1992 in Magny-

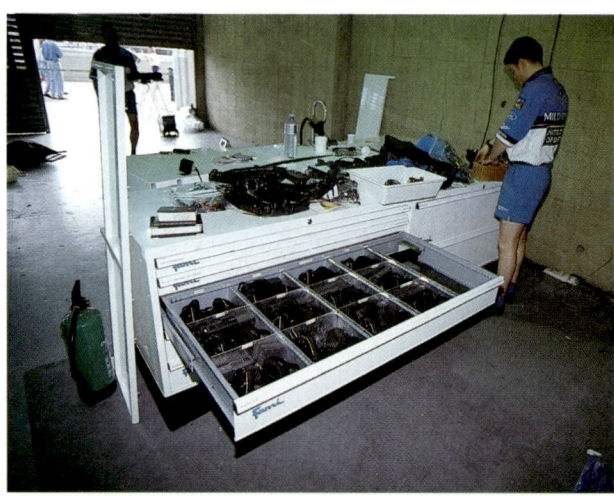

Groß, praktisch und blitzeblank: Die Trucks der Teams sind auf Hochglanz polierte Spezialanfertigungen.

Gleich mehrere solcher Werkzeugschränke haben alle Teams dabei. Jedes Ersatzteil ist dutzendfach vorhanden.

Cours, als protestierende französische Lkw-Fahrer viele Landstraßen und Autobahnen blockierten. Letztlich bewältigten alle Teams die Probleme. Auch der Benetton-Truck mit Michael Schumachers Rennwagen an Bord. Der traf allerdings erst im Fahrerlager ein, nachdem der mutige Trucky wild entschlossen mit Vollgas eine Barriere aus brennenden Strohballen durchstoßen hatte.

Unvergessen ist auch eine Episode aus dem Jahr 1963. Auf der Anreise zum Großen Preis von Deutschland landete der Transporter des italienischen Rennstalls ATS im Straßengraben, weil der Fahrer übermüdet eingenickt war. Zwar traf der Wagen noch rechtzeitig am „Ring" ein, doch die kostbare Fracht war nicht mehr einsatzbereit, obwohl Ex-Weltmeister Phil Hill fleißig mitschraubte. 1992 „verlor" Brabham bei der Einreise von Frankreich nach Spanien einen Rennwagen! Das Auto wurde am Zoll beschlagnahmt, weil Brabham - damals kurz vor dem finanziellen Ruin - Rechnungen in Höhe von 100.000 DM eines französischen Wohnmobil-Verleihs nicht beglichen hatte.

Den legendärsten Rennwagen-Transporter aller Zeiten baute Mercedes-Benz in den 50er Jahren. Das sensationelle Vehikel trug huckepack einen der Werkswagen vom Typ W196 und erreichte beladen dank eines 300 SL-Motors ein Tempo von 170 km/h! Konstrukteur Rudolph Uhlenhaut hatte den viel bestaunten Lieferwagen für Notsituationen konstruieren lassen. Zum Beispiel für den Fall, daß sich im Werk die Vorbereitung eines Rennwagens verspätete und die Zeit bis zum Trainingsbeginn davonzulaufen drohte.

Ein solches Mißgeschick passierte 1952 Gordini, als das Auto des Franzosen Jean Behra verspätet für den GP der Schweiz fertiggestellt wurde. Scheinbar stand die Truppe vor einem unlösbaren Problem. Dann aber ließ Behra den Gordini volltanken und fuhr den Rennwagen eigenhändig und in Rekordzeit von Paris nach Bern! Verboten war ein solch kühner Streich schon damals - aber bei Polizisten und Zöllnern war menschliches Verständnis noch nicht völlig weggezüchtet.

Zurück in die Gegenwart: Wie die Boxen dienen die - nach ihrer Ankunft sofort wieder auf Hochglanz gebrachten - Trucks als Arbeitsraum. Eingerichtet wie eine kleine Werkstatt, können Teile verändert und gefertigt werden. Der Bau eines Formel-1-Boliden endet erst dann, wenn das Nachfolgemodell einsatzbereit ist.

Daß kein Team Zeit zu verschenken hat, wohl aber Mützen, T-Shirts, Sticker und andere Utensilien, wird an den Grenzen deutlich. Immer wieder kommt es vor, daß einzelne Mitglieder der Truck-Karawane von Zöllnern aufgehalten werden, obwohl die Logistik-Manager der Rennställe alle Dokumente griffbereit halten. Ein paar Souvenirs, die den Besitzer wechseln, bewirken in solchen Situationen oft kleine Wunder und „überreden" die unbestechlichen Uniformträger überraschend zu einer schnelleren Gangart.

Auch bei Übersee-GP ist der Zoll oft eine zeitraubende Hürde. Hier ließ auch schon die FOCA ihre unsichtbaren Muskeln spielen. Als sich vor Jahren ein kleines Team einmal nicht am Sammeltransport im gecharterten „FOCA-Bomber" beteiligte und das weitaus günstigere Angebot einer Fluglinie annahm, tat sich bei der Einreise am Zoll gar nichts! Wertvolle Stunden verstrichen, während die Konkurrenz bereits Boxen und Fahrerlager bevölkerte. Erst in letzter Minute gaben die Grenzer grünes Licht, und beim folgenden Übersee-Termin nutzten die Hinterbänkler wieder artig und ohne zu mucken das teure FOCA-Angebot...   AS

Im Fahrerlager herrscht drangvolle Enge. Jeder Meter ist vergeben. Die besten Teams erhalten für ihre Trucks und Hospitality-Zelte auch die besten Plätze zugewiesen.

Für Sondereinsätze konstruierte Mercedes in den 50er Jahren einen Huckepack-Benz für den Silberpfeil. Beladen schaffte der Transporter mit seinem 300 SL-Motor Tempo 170!

Die vorerst letzte Saison für Alain Prost. Es war nicht der glanzvollste Titel seiner Karriere. Er mußte Vorurteile und Häme abschütteln, und er mußte aufhören, weil sein Team seinen „Erzfeind" engagierte.

Der Abschied

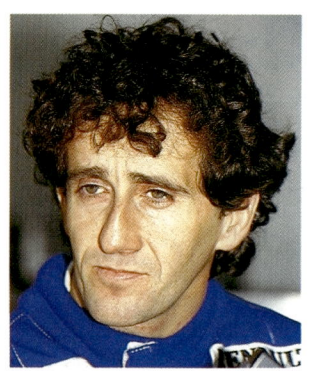

1993 sicherte sich der große Alain Prost zum Abschied seiner Formel-1-Karriere den vierten WM-Titel. Viele, die sich an den insgesamt 51 Siegen des Franzosen sattgesehen hatten, nehmen seinen Rücktritt mit Erleichterung und in der Hoffnung auf einen Generationswechsel zur Kenntnis. Spätestens mit dem

Abstand einiger Jahre werden auch sie erkennen, daß mit dem „Professor" ein Superstar die GP-Bühne verließ - eine Ausnahmeerscheinung. Wer ihn auf den Pisten beobachten durfte, wird diese Erinnerung stolz und sorgsam bewahren. So wie jene es tun, die einen Nuvolari, einen Fangio oder einen Clark live miterlebten.

Alain Prosts vierter Titel war sicherlich nicht sein glanzvollster. Er war das Ergebnis harter Arbeit unter schwierigsten Bedingungen. Nie zuvor stand ein Pilot derart unter Erfolgszwang. Jeder Fehler, jedes Mißgeschick wurde von der Öffentlichkeit mit Häme quittiert. Gestreßt und verdammt zum Siegen lagen seine Nerven schon frühzeitig blank. Zu Unrecht fühlte er sich von jenen

kritisiert, die die harte Arbeit im Cockpit nicht aus eigener Erfahrung kennen. Und zu Unrecht fühlte er sich in Monaco und Hockenheim durch die Funktionäre bestraft - nicht viel fehlte, und Prost hätte den Krempel vorzeitig hingeschmissen.

Aber 1993 war noch mehr als der zuweilen verbittert geführte Abschiedskampf des Alain Prost. Das zurückliegende Rennjahr war der vorläufige Höhepunkt raffiniertester Techniken. Power-Brakes, aktive Fahrwerke, Traktions-Kontrollen und Vierradlenkung machten die Formel-1-Boliden zunehmend zu Geschossen, die ihre Chauffeure immer weniger benötigten. Die Funktionäre schoben dieser Entwicklung einen Riegel vor.

Mit Ayrton Senna, der auf unterlegenem Material fünf Grand Prix gewinnen konnte, und Michael Schumacher, der jede (!) seiner Zielankünfte auf dem Podest feiern durfte, meldeten gleich zwei Fahrer ihre Ansprüche auf die Prost-Nachfolge an. Ein anderer großer Pilot scheiterte vorzeitig am Abenteuer Formel 1: Der Amerikaner Michael Andretti - Sohn des F1-Champions 1978 - zerbrach an der Herausforderung und kehrte frustriert in die USA zurück. Andere, wie Rubens Barrichello oder F1-Heimkehrer Mika Häkkinen, kündigten sich als potentielle Sieger für die Zukunft an.

Unvergeßlich auch die unfreiwilligen Beweise der Sicherheit moderner Kohlefaser-Monocoques. Schwere

Unfälle - wie Alessandro Zanardis Trainingssturz in Spa, Christian Fittipaldis dramatischer Rückwärts-Salto in Monza und Gerhard Bergers Imitation eines Geisterfahrers in Estoril - wurden nicht mit nennenswerten Verletzungen der Piloten bezahlt.

Beim Finale in Adelaide, als die Meisterschaft bereits zu Prosts Gunsten entschieden war, wurde dann noch einmal F1-Geschichte geschrieben: Sennas Sieg bedeutete den 104. GP-Erfolg für McLaren. Damit übernahm der Rennstall aus Woking die Führung in der ewigen Bestenliste. Ferrari, bis dahin über Jahrzehnte das erfolgreichste aller Teams, ging in Australien zum 50. Mal in Folge leer aus...

Formel 1

Fahrerweltmeisterschaft 1993

	Punkte	1	2	3	4	5	6	GP	
1. Alain Prost	99	7	3	2	1	–	–	16	Williams-Renault
2. Ayrton Senna	73	5	2	–	3	1	–	16	McLaren-Ford
3. Damon Hill	69	3	4	3	1	–	–	16	Williams-Renault
4. Michael Schumacher	52	1	5	3	–	–	–	16	Benetton-Ford
5. Riccardo Patrese	20	–	1	1	1	3	1	16	Benetton-Ford
6. Jean Alesi	16	–	1	1	2	–	–	16	Ferrari
7. Martin Brundle	13	–	–	1	–	3	3	16	Ligier-Renault
8. Gerhard Berger	12	–	–	1	1	1	3	16	Ferrari
9. Johnny Herbert	11	–	–	–	3	1	–	16	Lotus-Ford
10. Mark Blundell	10	–	–	2	–	1	–	16	Ligier-Renault
11. Michael Andretti	7	–	–	1	–	1	1	13	McLaren-Ford
12. Karl Wendlinger	7	–	–	–	1	1	2	16	Sauber
13. JJ Lehto	5	–	–	–	1	1	–	16	Sauber
Christian Fittipaldi	5	–	–	–	1	1	–	14	Minardi-Ford
15. Mika Häkkinen	4	–	–	1	–	–	–	3	McLaren-Ford
16. Derek Warwick	4	–	–	–	1	–	1	16	Footwork-Mugen
17. Rubens Barrichello	2	–	–	–	–	1	–	16	Jordan-Hart
Philippe Alliot	2	–	–	–	–	1	–	14	Larrousse-Lamborghini
19. Fabrizio Barbazza	2	–	–	–	–	–	2	8	Minardi-Ford
20. Erik Comas	1	–	–	–	–	–	1	16	Larrousse-Lamborghini
Alessandro Zanardi	1	–	–	–	–	–	1	11	Lotus-Ford
Eddie Irvine	1	–	–	–	–	–	1	2	Jordan-Hart
23. Andrea de Cesaris	0	–	–	–	–	–	–	16	Tyrrell-Yamaha
Ukyo Katayama	0	–	–	–	–	–	–	16	Tyrrell-Yamaha
Aguri Suzuki	0	–	–	–	–	–	–	16	Footwork-Mugen
Luca Badoer	0	–	–	–	–	–	–	12	Lola-Ferrari
Thierry Boutsen	0	–	–	–	–	–	–	10	Jordan-Hart
Michele Alboreto	0	–	–	–	–	–	–	9	Larrousse-Lamborghini
Pierluigi Martini	0	–	–	–	–	–	–	8	Minardi-Ford
Pedro Lamy	0	–	–	–	–	–	–	4	Lotus-Ford
Jean-Marc Gounon	0	–	–	–	–	–	–	2	Minardi–Ford
Toshio Suzuki	0	–	–	–	–	–	–	2	Larrousse-Lamborghini
Ivan Capelli	0	–	–	–	–	–	–	1	Jordan-Hart
Emanuele Naspetti	0	–	–	–	–	–	–	1	Jordan-Hart
Marco Apicella	0	–	–	–	–	–	–	1	Jordan-Hart

Konstrukteurs-Weltmeisterschaft 1993

	Ges.-Punkte	Platz	1	2	3	4	5	6
1. Williams-Renault	168		10	7	5	2	–	–
2. McLaren-Ford	84		5	2	2	3	2	1
3. Benetton-Ford	72		1	6	4	1	3	1
4. Ferrari	28		–	1	2	3	1	3
5. Ligier-Renault	23		–	–	3	–	4	3
6. Lotus-Ford	12		–	–	–	3	1	1
7. Sauber	12		–	–	–	2	2	2
8. Minardi-Ford	7		–	–	–	1	1	2
9. Footwork-Mugen Honda	4		–	–	–	1	–	1
10. Jordan-Hart	3		–	–	–	–	1	1
Larrousse–Lamborghini	3		–	–	–	–	1	1
12. Lola BMS-Ferrari	0		–	–	–	–	–	–
Tyrrell-Yamaha	0		–	–	–	–	–	–

Verlierer 1993

Riccardo Patrese

1993 fuhr der Italiener seinen 250. Grand Prix, stand als Benetton-Teamkollege von Michael Schumacher allerdings im Schatten des 15 Jahre jüngeren deutschen Formel-1-Stars. Er verlor bei Benetton für 1994 seinen Arbeitsplatz. Eine würdige Alternative zeichnete sich für den Vizeweltmeister von 1992 in der Formel 1 nicht mehr ab. Schon im Oktober 1993 bewarb sich Patrese um ein Alfa-Romeo-Lenkrad in der DTM zunächst ohne Erfolg.

Ivan Capelli

1992 war der Italiener noch Ferrari-Werksfahrer. Die Tifosi trennten sich noch vor dem Saisonende von dem F3000-Meister von 1986. Das F1-Gesetz, daß von Ferrari Entlassene tief fallen, konnte auch Capelli nicht widerlegen: Er bekam gerade noch ein Lenkrad bei Jordan angeboten. Als er sich für den Brasilien-GP als einziger noch nicht einmal qualifizierte, hatte Eddie Jordan mit dem 30jährigen Italiener kein Mitleid mehr.

Thierry Boutsen

Als Ivan Capelli bei Jordan nach zwei Rennen gekündigt wurde, bot man Boutsen seinen Wagen an. Der 36jährige Belgier bekam in den folgenden zehn Rennen keinen Stich gegen den 15 Jahre jüngeren Teamkollegen Barrichello. Er beendete frustriert seine zehnjährige F1-Karriere ausgerechnet im Anschluß an seinen Heimat-GP in Spa. Fast tragisch: Der Ire Eddie Irvine holte in Boutsens Wagen bei seinem Debüt in Japan auf Anhieb den 6. Platz.

Alain Prost

Der „Professor" erreichte mit seinem vierten WM-Titel sein Jahresziel. Auch wenn ihn die Verpflichtung Ayrton Sennas durch Frank Williams fuchste, taten die auf dem Fuße folgenden Angebote dem Ego des 38jährigen gut. Bis zu 60 Mio Mark sollen im Gespräch gewesen sein, zusammengeworfen von McLaren und Peugeot. Aber Williams hielt den Vertrag hoch: Stop für Prost bis Ende 94. Dennoch: Ausschließen kann man nichts - mehr dazu auf Seite 90.

Nicht sonderlich begeistert von seinem Formel-1-Abenteuer ist Andrettis Frau Sandra.

Damon Hill

Als Williams-Testfahrer war der Sohn des F1-Weltmeisters Graham Hill nicht die erste Wahl von Frank Williams. Nach dem Wechsel von Weltmeister Mansell in die Indy-Serie und der Trennung von Patrese war Hill im Herbst 1992 der einzige Fahrer, der sich mit dem Williams High-Tech-Geschoß FW14 auskannte. Zu Saisonbeginn belächelt, in der Saison-Mitte als Pechvogel verschrieen, wurde Hill in der zweiten Saison-Hälfte 1993 zum dreifachen GP-Sieger. Ob er dies seiner persönlichen Leistungsfähigkeit oder der Überlegenheit des Williams zu verdanken hat, werden wir 1994 sehen.

Michael Andretti

Als McLaren-Chef Ron Dennis den Sohn von Mario Andretti, dem F1-Weltmeister von 1978, für die Saison 1993 verpflichtete, begründete er seine Wahl damit, daß „der CART-Champion die eigentliche Kunst des Rennfahrens, das Überholen, perfekt beherrscht." Zum Überholen kam der 31jährige Andretti in seinen 13 F1-Rennen allerdings äußerst selten, da er meist schon in den ersten Rennrunden in Unfälle verwickelt wurde. „Der Andretti kommt mit dem stehenden Start nicht zurecht und will in der ersten Kurve verlorenen Boden aufholen", schimpfte Gerhard Berger. 7 Saisonpunkte waren dem Elite-Team McLaren zu wenig. Nach Monza, dem erfolgreichsten F1-Rennen von Andretti (3. Platz), bekam der Amerikaner von Ron Dennis den blauen Brief und wurde durch den McLaren-Testfahrer Mika Häkkinen ersetzt. Für 1994 hat sich Andretti in die CART-Serie zurückgezogen.

Gerhard Berger (unten) übersteht die Andretti-Attacke unversehrt.

Gerhard Berger

Der 34jährige Österreicher zählt zu den Gewinnern der Saison 1993: er hat überlebt... Die Unfallserie, die er bei Ferrari erlebte, hätte ein schwächeres Gemüt in psychiatrische Behandlung gebracht: Sein schwerer Trainingsunfall wegen kollabierter aktiver Aufhängung stellte in Sao Paulo nur das Warm-Up für den Startcrash mit Andretti am gleichen Wochenende dar, der Gerhard in der ersten Kurve in der Luft überholte. Seine Horror-Serie setzte sich im Juli in Hockenheim fort: Spektakulärer Abflug im Abschlußtraining, danach schmerzhafte, mehrfach operativ behandelte Schleimbeutelentzündung im linken Ellenbogen kurz vor dem Ungarn-GP, wo Gerhard allem zum Trotz Dritter wurde. In Monza kollidierte Berger im Abschlußtraining bei Tempo 330 km/h mit seinem Teamkollegen Alesi und flog spektakulär über alle Kiesbetten der Ascari-Kurve bis in eine Leitplanke. Krönender Abschluß der Unglücksserie war sein von einem Programmierfehler der Aufhängung ausgelöster Crash nach dem Boxenstopp in Estoril/Portugal, als Berger kreiselnd die Startziel-Gerade überquerte und nur mit dem typischen Tiroler-Glück eine Kollision bei Tempo 300 km/h mit Warwick und Lehto vermied. Nach diesem Unfall bot sogar F1-Zirkusdirektor Ecclestone dem Österreicher eine Extra-Prämie für zukünftige Showeinlagen an. Berger soll dankend abgelehnt haben...

Ayrton Senna

Er selbst wird 1993 sicherlich nicht als erfolgreich abbuchen. Trotzdem: 5 GP-Siege auf einem unterlegenen Auto hätte ihm wahrscheinlich keiner nachgemacht. Daß er im Sommer auf den schnellen Strecken an den überlegenen Williams verzweifelte und sich eher seiner neuen Freundin widmete als seinem McLaren, ist verständlich. Trotzdem versäumte er es nicht, sich für 1994 mit dem Williams-Renault den voraussichtlich besten Wagen zu sichern und mit seinem Vertrag auch noch dem Erzfeind Prost eins auszuwischen.

Treppenbesetzung in Japan durch Senna und Häkkinen.

Mika Häkkinen

Es war lange Zeit unklar, ob Ayrton Senna 1993 für das McLaren-Team fahren würde. Als der Brasilianer in Kyalami startete, saß der 25jährige Finne als McLaren-Tester auf der Reservebank. Nachdem Ron Dennis Michael Andretti im September in die Wüste schickte, war Mika am Ziel seiner Wünsche. Vollmotiviert stellte er schon bei seinem McLaren-Debüt in Estoril seinen Wagen in der Startaufstellung vor Ayrton Senna. Für 1994 ist der fliegende Finne der Fahrer Nummer 1 bei McLaren-Peugeot.

Team Sauber

Ursprünglich sollte der 50jährige Schweizer Peter Sauber die Operation „Mercedes-Benz Comeback" in der Formel 1 leiten. Als man in Stuttgart das Comeback absagte (oder vertagte?), wagte Peter Sauber mit finanziellem Polster von Mercedes-Benz den alleinigen Sprung in das tiefe Wasser der Formel 1. Sauber wurde zum besten Team ohne aktive Radaufhängung. Für 1994 wird das Mercedes-Engagement intensiviert: die Stuttgarter kauften Anteile des Sauber-Motorenlieferanten Ilmor. Der Sauber-Motor trägt seither den Mercedes-Benz-Schriftzug auf der Verkleidung und aus den „Sauber-pfeilen" werden vielleicht doch noch die legendären Silberpfeile. In Brasilien feierte jedenfalls Mercedes-Vorstand Hubbert den guten Einstand des Sauber-Teams wie einen persönlichen Erfolg.

Zufrieden: Peter Sauber

Überredet: Mercedes-Vorstand Hubbert mit den Sauber-Fahrern.

1. Lauf 14. März 1993
Südafrika (Kyalami)

Erste Startreihe:
A. Prost, A. Senna

Schnellste Runde:
Alain Prost (F) Williams-Renault in 1.19,492 min (= 192,970 km/h)

Sieger: Alain Prost (F) Williams-Renault in 1:38.45,082 Std. = 186,971 km/h
2. Platz: Senna (BRA) McLaren-Ford 1.19,824 min zurück
3. Platz: Blundell (GB) Ligier-Renault 1 Runde zurück
4. Platz: Fittipaldi (BRA) Minardi-Ford 1 Runde zurück
5. Platz: Lehto (SF) Sauber 2 Runden zurück
6. Platz: Berger (A) Ferrari 3 Runden zurück/Motor defekt

Weitere: 7. Warwick (3 Rd., Unfall)

Ausfälle: Brundle (57 Rd., Unfall), Alboreto (55, Motor), Comas (51, Motor), Patrese (46, Dreher), Schumacher (39, Kollision, Dreher), Herbert (38, Motor), Wendlinger (33, Elektrik), Barrichello (31, Getriebe), Alesi (30, Aufhängung), Alliot (27, Dreher), Barbazza (21, Unfall), Suzuki (21, Unfall), Badoer (20 Getriebe), Hill (16, Unfall), Zanardi (16, Unfall), Andretti (4, Unfall), Capelli (2, Unfall), Katayama (1, Getriebe), De Cesaris (0, Kraftübertragung)

2. Lauf 28. März 1993
Brasilien (Interlagos)

Erste Startreihe:
A. Prost, D. Hill

Schnellste Runde: Michael Schumacher (D) Benetton-Ford in 1:20,024 min (= 194,567 km/h)

Sieger: Ayrton Senna (BRA) McLaren-Ford in 1:51:15,485 Std. (=165,601 km/h)
2. Platz: Hill (GB) Williams-Renault 16,625 sec zurück
3. Platz: Schumacher (D) Benetton-Ford 45,436 sec zurück
4. Platz: Herbert (GB) Lotus-Ford 46,557 sec zurück
5. Platz: Blundell (GB) Ligier-Renault 52,127 sec zurück
6. Platz: Zanardi (I) Lotus-Ford 1 Runde zurück

Weitere: 7. Alliot (1 Rd.), **8. Alesi** (1 Rd.), **9. Warwick** (2 Rd.), **10. Comas** (2 Rd.), **11. Alboreto** (3 Rd.), **12. Badoer** (3 Rd.)

Ausfälle: Wendlinger (61 Runden, Kühler), Lehto (52, Elektrik), De Cesaris (48, Benzindruck), Prost (29, Unfall), Fittipaldi (28, Unfall), Suzuki (27, Unfall), Katayama (26, Unfall), Barrichello (13, Getriebe), Patrese (3, akt. Radaufhängung), Brundle, Barbazza, Andretti, Berger (alle 0, Unfälle)

3. Lauf 11. April 1993
Europa (Donington)

Erste Startreihe:
A. Prost, D. Hill

Schnellste Runde: Ayrton Senna (BRA) McLaren-Ford in 1.18,029 min (= 185,608 km/h)

Sieger: Ayrton Senna (BRA) McLaren-Ford in 1:50.46,570 Std
2. Platz: Hill (GB) McLaren-Ford 1.13,199 min zurück
3. Platz: Prost (F) Williams-Renault 1 Runde zurück
4. Platz: Herbert (GB) Lotus-Ford 1 Runde zurück
5. Platz: Patrese (I) Benetton-Ford 2 Runden zurück
6. Platz: Barbazza (I) Minardi-Ford 2 Runden zurück

Weitere: 7. Fittipaldi (3 Rd.), **8. Zanardi** (4 Rd.), **9. Comas** (4 Rd.), **10. Barrichello** (6 Rd., Benzindruck), **11. Alboreto** (6 Rd.)

Ausfälle: Warwick (66 Runden, Getriebe), Boutsen (61, Gaszug klemmt), De Cesaris (55, Getriebe), Alesi (36, akt. Radaufhängung), Suzuki (29, Getriebe), Alliot (27, Unfall), Schumacher (22, Dreher), Blundell (20, Dreher), Berger (19, akt. Radaufhängung), Lehto (13, Aufgabe), Katayama (11, Kupplung), Brundle (7, Dreher), Wendlinger (0, Unfall), Andretti (0, Unfall)

4. Lauf 25. April 1993
San Marino (Imola)

Erste Startreihe:
A. Prost, D. Hill

Schnellste Runde: Alain Prost (F) Williams-Renault 1:26,128 min (= 210,663 km/h)

Sieger: Alain Prost (F) Williams-Renault in 1:33:20,413 Std. (= 197,625 km/h)
2. Platz: Schumacher (D) Benetton-Ford 32,410 sec zur.
3. Platz: Brundle (GB) Ligier-Renault 1 Runde zurück
4. Platz: Lehto (FIN) Sauber 2 Runden zurück
5. Platz: Alliot (F) Larrousse-Lamborghini 2 Runden zurück
6. Platz: Barbazza (I) Minardi-Ford 2 Runden zurück

Weitere: 7. Badoer (3 Rd.), **8. Herbert** (4 Rd., Motor), **9. Suzuki** (7 Rd.)

Ausfälle: Zanardi (53 Rd., Unfall), Wendlinger (48, Motor), Senna (42, Hydraulik), Alesi (40, Getriebe), Fittipaldi (36, Lenkung), Andretti (32, Dreher), Warwick (29, Dreher), Katayama (22, Motor), Hill (20, Dreher), Comas (18, Öldruck), De Cesaris (18, Getriebe), Barrichello (17, Dreher), Berger (8, Getriebe), Boutsen (1, Getriebe), Patrese (0, Unfall), Blundell (0, Unfall)

5. Lauf 9. Mai 1993
Spanien (Barcelona)

Erste Startreihe:
A. Prost, D. Hill

Schnellste Runde: Michael Schumacher (D) Benetton-Ford in 1:20,989 min (= 211,006 km/h)

Sieger: Alain Prost (F) Williams-Renault in 1:32:27,685 Std. (= 200,227 km/h)
2. Platz: Senna (BRA) McLaren-Ford 16,873 sec zurück
3. Platz: Schumacher (D) Benetton-Ford 27,125 sec zur
4. Platz: Patrese (I) Benetton-Ford 1 Runde zurück
5. Platz: Andretti (USA) McLaren-Ford 1 Runde zurück
6. Platz: Berger (A) Ferrari 2 Runden zurück

Weitere: 7. Blundell (2 Rd.), **8. Fittipaldi** (2 Rd.), **9. Comas** (2 Rd.), **10. Suzuki** (2 Rd.), **11. Boutsen** (3 Rd.), **12. Barrichello** (3 Rd.), **13. Warwick** (3 Rd.)

Ausfälle: Zanardi (60 Runden, Motor), Lehto (53, Motor), Badoer (43, Kühlerleck), Wendlinger (42, Benzindruck), De Cesaris (42, schwarze Flagge), Hill (41, Motor), Alesi (40, Motor), Barbazza (37, Unfall), Alliot (26, Getriebe), Brundle (11, Unfall), Katayama (11, Unfallfolgen), Herbert (2, akt. Radaufhängung)

6. Lauf 23. Mai 1993
Monaco

Erste Startreihe:
A. Prost, M. Schumacher

Schnellste Runde: Alain Prost (F) Williams FW15C-Renault V10 in 1:23,604 min (= 143,304 km/h)

Sieger: Ayrton Senna (BRA) McLaren-Ford in 1:52:10,947 Std. (= 138,837 km/h)
2. Platz: Hill (GB) Williams-Renault 52,118 sec zurück
3. Platz: Alesi (FRA) Ferrari 1:03,362 sec zurück
4. Platz: Prost (FRA) Williams-Renault 1 Runde zurück
5. Platz: Fittipaldi (BRA) Minardi-Ford 2 Runden zurück
6. Platz: Brundle (GB) Ligier-Renault 2 Runden zurück

Weitere: 7. Zanardi (2 Rd.), **8. Andretti** (2 Rd.), **9. Barrichello** (2 Rd.), **10. De Cesaris** (2 Rd.), **11. Barbazza** (3 Rd.), **12. Alliot** (3 Rd.), **13. Wendlinger** (4 Rd.), **14. Berger** (8 Rd., Kollision)

Ausfälle: Herbert (61 Runden, Unfall), Patrese (53, Motor), Comas (51, Unfall), Suzuki (46, Unfall), Warwick (43, Gaszug), Schumacher (32, Hydraulik), Katayama (31, Wasserverlust), Alboreto (28, Getriebe), Lehto (23, Unfall), Boutsen (12, Aufhängung), Blundell (3, Unfall)

7. Lauf 13. Juni 1993
Kanada (Montreal)

Erste Startreihe:
A. Prost, D. Hill

Schnellste Runde: Michael Schumacher (D) Benetton-Ford in 1:21,500 min (= 195,681 km/h)

Sieger: Alain Prost (F) Williams-Renault in 1:36,41,822 Std. (= 189,667 km/h)
2. Platz: Schumacher (D) Benetton-Ford 14,527 sec zur.
3. Platz: Hill (GB) Williams-Renault 38,158 sec zurück
4. Platz: Berger (A) Ferrari 1 Runde zurück
5. Platz: Brundle (GB) Ligier-Renault 1 Runde zurück
6. Platz: Wendlinger (A) Sauber 1 Runde zurück

Weitere: 7. Lehto (1 Rd.), **8. Comas** (1 Rd.), **9. Fittipaldi** (2 Rd.), **10. Herbert** (2 Rd.), **11. Zanardi** (2 Rd.), **12. Boutsen** (2 Rd.), **13. Suzuki** (3 Rd.), **14. Andretti** (3 Rd.), **15. Badoer** (4 Rd.), **16. Warwick** (4 Rd.), **17. Katayama** (5 Rd.)

Ausfälle: Senna (62 Runden, Elektrik), Patrese (52, Aufgabe), De Cesaris (45, Unfall), Barbazza (33, Getriebe), Alesi (23, Kühler), Blundell (13, Unfall), Barrichello (10, Elektrik), Alliot (8, Getriebe)

8. Lauf 4. Juli 1993
Frankreich (Magny-Cours)

Erste Startreihe:
D. Hill, A. Prost

Schnellste Runde: Michael Schumacher Benetton-Ford in 1:19,256 min (=193,045 km/h)

Sieger: Alain Prost (F) Williams-Renault in 1:38:35,241 Std. (= 186,231 km/h)
2. Platz: Hill (GB) Williams-Renault 0,342 sec zurück
3. Platz: Schumacher (D) Benetton-Ford 21,209 sec zur.
4. Platz: Senna (BRA) McLaren-Ford 32,405 sec zurück
5. Platz: Brundle (GB) Ligier-Renault 33,795 sec zurück
6. Platz: Andretti (USA) McLaren-Ford 1 Runde zurück

Weitere: 7. Barrichello (1 Rd.), **8. Fittipaldi** (1 Rd.), **9. Alliot** (2 Rd.), **10. Patrese** (2 Rd.), **11. Boutsen** (2 Rd.), **12. Suzuki** (2 Rd.), **13. Warwick** (2 Rd.), **14. Berger** (2 Rd.), **15. De Cesaris** (4 Rd.), **16. Comas** (6 Rd., Getriebe)

Ausfälle: Alesi (47 Runden, Motor), Badoer (28, Federung), Wendlinger (25, Getriebe), Lehto (22, Getriebe), Blundell (20, Dreher), Herbert (16, Dreher), Barbazza (16, Dreher), Katayama (9, Motor), Zanardi (3, akt. Radaufhängung)

9. Lauf 11. Juli 1993
England (Silverstone)

Erste Startreihe:
A. Prost, D. Hill

Schnellste Runde: Damon Hill (GB) Williams-Renault in 1:22,515 min (= 228,002 km/h)

Sieger: Alain Prost (F) Williams-Renault in 1:25:38,189 Std. (= 216,030 km/h)
2. Platz: Schumacher (D) Benetton-Ford 7,660 sec zur
3. Platz: Patrese (I) Benetton-Ford 1:17,482 min zurück
4. Platz: Herbert (GB) Lotus-Ford 1:18,407 min zurück
5. Platz: Senna (BRA) McLaren-Ford 1 Runde zurück
6. Platz: Warwick (GB) Footwork-Mugen 1 Runde zurück

Weitere: 7. Blundell (1 Rd.), 8. Lehto (1 Rd.), 9. Alesi (1 Rd.), 10. Barrichello (1 Rd.), 11. Alliot (2 Rd.), 12. Fittipaldi (3 Rd., Getriebe), 13. Katayama (4 Rd.), 14. Brundle (6 Rd.)

Ausfälle: De Cesaris (43 Runden, Spurstange), Hill (41, Motor), Zanardi (41, Dreher), Boutsen (41, Radlager), Badoer (32, Motor), Martini (31, Aufgabe), Wendlinger (24, Unfall), Berger (10, Hydraulik), Suzuki (8, Unfall), Andretti (0, Unfall), Comas (0, Motor)

10. Lauf 25. Juli 1993
Deutschland (Hockenheim)

Erste Startreihe:
A. Prost, D. Hill

Schnellste Runde: Michael Schumacher (D) Benetton-Ford in 1:41,859 min (= 240,862 km/h)

Sieger: Alain Prost (F) Williams-Renault in 1:18:40,885 Std. (= 233,861 km/h)
2. Platz: Schumacher (D) Benetton-Ford 16,664 sec. zur.
3. Platz: Blundell (GB) Ligier-Renault 59,349 sec. zurück
4. Platz: Senna (BRA) McLaren-Ford 1:08,229 min zurück
5. Platz: Patrese (I) Benetton-Ford 1:31,516 min zurück
6. Platz: Berger (A) Ferrari 1:34,754 min zurück

Weitere: 7. Alesi (1.35,841 min.), 8. Brundle (1 Rd.), 9. Wendlinger (1 Rd.), 10. Herbert (1 Rd.), 11. Fittipaldi (1 Rd.), 12. Alliot (1 Rd.), 13. Boutsen (1 Rd.), 14. Martini (1 Rd.), 15. Hill (2 Rd., Reifen), 16. Alboreto (2 Rd.), 17. Warwick (3 Rd.)

Ausfälle: Barrichello (35 Runden, Radlager), Katayama (28, Dreher), Lamy (22, Unfall), Zanardi (19, Dreher), Suzuki (9, Getriebe), Andretti (4, Lenkung), Badoer (4, Federung), De Cesaris (1, Getriebe), Comas (0, Getriebe)

11. Lauf 15. August 1993
Ungarn (Mogyoród)

Erste Startreihe:
A. Prost, D. Hill

Schnellste Runde: Alain Prost (F) Williams-Renault in 1:19,633 min (= 179,383 km/h)

Sieger: Damon Hill (GB) Williams-Renault in 1:47:39,098 Std. (= 170,292 km/h)
2. Platz: Patrese (I) Benetton-Ford 1:11,915 min zurück
3. Platz: Berger (A) Ferrari 1:18,042 min zurück
4. Platz: Warwick (GB) Footwork-Mugen 1 Runde zurück
5. Platz: Brundle (GB) Ligier-Renault 1 Runde zurück
6. Platz: Wendlinger (A) Sauber 1 Runde zurück

Weitere: 7. Blundell (1 Rd.), 8. Alliot (2 Rd.), 9. Boutsen (2 Rd.), 10. Katayama (4 Rd.), 11. De Cesaris (5 Rd.), 12. Prost (7 Rd.)

Ausfälle: Martini (59 Runden, Unfall), Comas (54, Ölverlust), Zanardi (45, Getriebe), Suzuki (41, Dreher), Alboreto (39, Kühler), Herbert (38, Dreher), Badoer (37, Dreher), Schumacher (26, Benzindruck), Fittipaldi (22, Unfall), Alesi (22, Unfall), Lehto (18, Motor), Senna (17, Gaspedal), Andretti (15, Gaspedal), Barrichello (0, Unfall)

12. Lauf 29. August 1993
Belgien (Spa-Francorchamps)

Erste Startreihe:
A. Prost, D. Hill

Schnellste Runde: Alain Prost (F) Williams-Renault in 1:51,095 min (= 225,990 km/h)

Sieger: Damon Hill (GB) Williams-Renault in 1:24:32,124 Std. (= 217,795 km/h)
2. Platz: Schumacher (D) Benetton-Ford 3,668 sec zur.
3. Platz: Prost (F) Williams-Renault 14,988 sec zurück
4. Platz: Senna (BRA) McLaren-Ford 1:39,763 min zurück
5. Platz: Herbert (GB) Lotus-Ford 1 Runde zurück
6. Platz: Patrese (I) Benetton-Ford 1 Runde zurück

Weitere: 7. Brundle (1 Rd.), 8. Andretti (1 Rd.), 9. Lehto (1 Rd.), 10. Berger (2 Rd. Unfall), 11. Blundell (2 Rd.), 12. Alliot (2 Rd.), 13. Badoer (2 Rd.), 14. Alboreto (3 Rd.), 15. Katayama (4 Rd.)

Ausfälle: Comas (37 Runden, Benzinpumpe), Warwick (28, Elektrik), Wendlinger (27, Motor), De Cesaris (24, Motor), Fittipaldi (15, Unfall), Martini (15, Dreher), Suzuki (14, Getriebe), Barrichello (11, Radlager), Alesi (4, Aufhängung), Boutsen (0, Getriebe)

13. Lauf 12. September 1993
Italien (Monza)

Erste Startreihe:
A. Prost, D. Hill

Schnellste Runde: Damon Hill (GB) Williams-Renault in 1:23,575 min (= 249,835 km/h)

Sieger: Damon Hill (GB) Williams-Renault in 1:17:07,509 Std. (= 239,144 km/h)
2. Platz: Alesi (F) Ferrari 40,012 sec zurück
3. Platz: Andretti (USA) McLaren-Ford 1 Runde zurück
4. Platz: Wendlinger (A) Sauber 1 Runde zurück
5. Platz: Patrese (I) Benetton-Ford 1 Runde zurück
6. Platz: Comas (F) Larrousse-Lamborghini 2 Runden zurück

Weitere: 7. Martini (2 Rd., Unfall), 8. Fittipaldi (2 Rd., Unfall), 9. Alliot (2 Rd.), 10. Badoer (2 Rd.), 11. Lamy (4 Rd., Motor), 12. Prost (5 Rd., Motor), 13. De Cesaris (6 Rd., Öldruck), 14. Katayama (6 Rd.)

Ausfälle: Alboreto (23 Runden, Aufhängung), Schumacher (21, Motor), Blundell (20, Unfall), Berger (15, akt. Radaufhängung), Herbert (14, Dreher), Brundle (8, Unfall), Senna (8, Unfall), Suzuki, Warwick, Lehto, Apicella, Barrichello (alle 0, Unfall)

14. Lauf 26. September 1993
Portugal (Estoril)

Erste Startreihe:
D. Hill, A. Prost

Schnellste Runde: Damon Hill (GB) Williams-Renault in 1:14,859 min (= 209,193 km/h)

Sieger: Michael Schumacher (D) Benetton-Ford in 1:32:46,309 Std. (= 199,748 km/h)
2. Platz: Prost (F) Williams-Renault 0,982 sec zurück
3. Platz: Hill (GB) Williams-Renault 8,206 sec zurück
4. Platz: Alesi (F) Ferrari 1:07,605 min zurück
5. Platz: Wendlinger (A) Sauber 1 Runde zurück
6. Platz: Brundle (GB) Ligier-Renault 1 Runde zurück

Weitere: 7. Lehto (2 Rd.), 8. Martini (2 Rd.), 9. Fittipaldi (2 Rd.), 10. Alliot (2 Rd.), 11. Comas (3 Rd.), 12. De Cesaris (3 Rd.), 13. Barrichello (3 Rd.), 14. Badoer (3 Rd.)

Ausfälle: Patrese (63 Runden, Unfall), Warwick (63, Unfall), Lamy (61, Dreher), Herbert (60, Unfall), Blundell (51, Unfall), Alboreto (38, Unfall), Berger (35, Unfall), Häkkinen (32, Unfall), Suzuki (27, Getriebe), Senna (19, Motor), Katayama (12, Dreher), Maspetti (8, Motor)

15. Lauf 24. Oktober 1993
Japan (Suzuka)

Erste Startreihe:
A. Prost, A. Senna

Schnellste Runde: Alain Prost (F) Williams-Renault in 1:41,176 min (= 208,65 km/h)

Sieger: Ayrton Senna (BRA) McLaren-Ford in 1:40:27,912 Std. (= 185,612 km/h)
2. Platz: Prost (F) Williams-Renault 11,435 sec zurück
3. Platz: Häkkinen (FIN) McLaren-Ford 26,129 sec zurück
4. Platz: Hill (GB) Williams-Renault 1:23,538 min zurück
5. Platz: Barrichello (BRA) Jordan-Hart 1:35,101 min zurück
6. Platz: Irvine (IRE) Jordan-Hart 1:46,421 min zurück

Weitere: 7. Blundell (1 Rd.), 8. Lehto (1 Rd.), 9. Brundle (2 Rd.), 10. Martini (2 Rd.), 11. Herbert (2 Rd.), 12. Suzuki (2 Rd.), 13. Lamy (4 Rd.), 14. Warwick (5 Rd.)

Ausfälle: Patrese (Unfall), Berger (40, Motor), Suzuki (28, Dreher), Katayama (26, Motor), Gounon (26, Team-Anordnung), Wendlinger (25, Gasventil), Comas (17, Motor), Schumacher (10, Unfall), Alesi (7, Motor)

16. Lauf 7. November 1993
Australien (Adelaide)

Erste Startreihe:
A. Senna, A. Prost

Schnellste Runde: Damon Hill (GB) Williams-Renault in 1:15,381 min (= 180,523 km/h)

Sieger: Ayrton Senna (BRA) McLaren-Ford in 1:43:27,476 Std. (= 173,183 km/h)
2. Platz: Prost (F) Williams-Renault 9,259 sec zurück
3. Platz: Hill (GB) Williams-Renault 33,902 sec zurück
4. Platz: Alesi (F) Ferrari 1 Runde zurück
5. Platz: Berger (A) Ferrari 1 Runde zurück
6. Platz: Brundle (GB) Ligier-Renault 1 Runde zurück

Weitere: 7. Suzuki (1 Rd.), 8. Patrese (2 Rd.), 9. Blundell (2 Rd.), 10. Warwick (2 Rd.), 11. Barrichello (3 Rd.), 12. Comas (3 Rd.), 13. De Cesaris (4 Rd.), 14. Suzuki (5 Rd.), 15. Wendlinger (6 Rd.)

Ausfälle: Wendlinger (73 Runden, Bremsen), Lehto (56, Gaspedal), Gounon (34, Dreher), Häkkinen (28, Bremsen), Schumacher (19, Motor), Katayama (11, Lenkung), Irvine (10, Unfall), Herbert (9, Hydraulik), Martini (5, Getriebe), Lamy (0, Unfall)

INTERLAGOS

Brasilien weinte. 1991 und 1993 hatte Ayrton Senna den Grand Prix gewonnen. Auch diesmal saß er in der ersten Reihe. Ein neuer Sieg des Brasilianers schien vorprogrammiert: Der beste Fahrer der Welt auf dem schnellsten Auto der Welt. Aber da stand ein junger Mann neben ihm...

Kein anderer Grand Prix wird so temperamentvoll gefeiert, wie der G... war nur die Frage, mit welchem Vorsprung Senna als erster durchs Z...

Michaels furioser Saisonstart

Erstmals seit 1989 - damals wurde noch in den „Krokodils-Sümpfen" südlich von Rio de Janeiro gefahren - wurden die ersten WM-Punkte des Jahres wieder in Brasilien vergeben.

Der klare Favorit hieß Ayrton Senna - der neue Star des siegverwöhnten Teams Williams. Die große Frage lautete nicht, ob er seinen Home-Grand-Prix ein drittes Mal gewinnen kann, sondern mit welchem Vorsprung er auf den zweitplazierten Piloten abgewinkt wird...

Das Teilnehmerfeld machte den aktuellen Generationswechsel der Formel 1 deutlich: 13 - oder knapp 50 Prozent - der Piloten waren vor Jahresfrist in Sao Paulo nicht mit von der Partie! Michael Schumacher, den zwei Tage vor Trainingsbeginn noch eine Grippe mit 38 Grad Fieber plagte, legte deshalb seine Stirn in Sorgenfalten. „Es wäre keine Überraschung", prophezeite er nachdenklich, „wenn wir hier am Sonntag einen Start-Crash erleben."

Im Training zeichnete sich ebenso schnell wie unerwartet ab, daß Senna an diesem Wochenende kein leichtes Spiel haben würde. Nur 18 Hundertstelsekunden nahm er Michael Schumacher im ersten Qualifying ab. Im Abschluß-

Klammeraffe Schumi: Fassungslos vor Glück springt er nach der Siegerehrung seinem Teamchef Flavio Briatore an die Brust. Beide heulen wie Schloßhunde.

...s von Brasilien. Für die Paolistos
en würde. Aber es kam anders...

Autodromo José Carlos Pace Sao Paulo

Runde
4,325 km

Rundenzahl
71

Renndistanz
307,075 km

Rundenrekord
Michael Schumacher (D)
Benetton B194-Ford V8 in 1:18,455 (= 198,400 km/h), GP 94

Reta Oposta

Curva do Sol

Descida do Lago

„S" do Senna

Pinheirinho

N

Ayrton Senna besichtigt in der Box seinen neuen Dienstwagen Marke Williams. Der Titelfavorit wirkt nicht zuversichtlich.

Großer Preis von Brasilien

Erster GP:	1973 (Interlagos)
Damaliger Sieger:	E. Fittipaldi (BRA) Lotus Ford
Häufigster Sieger:	6 x Prost: (82, 84, 85, 87, 88, 90)
	3 x Reutemann: (77, 78, 81)

Sieger der letzten Jahre:

1993	Senna	McLaren-Ford	
1992	Mansell	Williams-Renault	
1991	Senna	McLaren-Honda	
1990	Prost	Ferrari	
1989	Mansell	Ferrari	(Rio)
1988	Prost	McLaren-Honda Turbo	(Rio)
1987	Prost	McLaren-TAG Porsche Turbo	(Rio)
1986	Piquet	Williams-Honda Turbo	(Rio)
1985	Prost	McLaren-TAG Porsche Turbo	(Rio)
1984	Prost	McLaren-TAG Porsche Turbo	(Rio)

Startaufstellung

1. A. Senna 1:15,962
   2. M. Schumacher 1:16,290
3. J. Alesi
   4. D. Hill
5. HH Frentzen
   6. G. Morbidelli
7. K. Wendlinger
   8. M. Häkkinen
9. J. Verstappen
   10. U. Katayama
11. C. Fittipaldi
   12. M. Blundell
13. E. Comas
   14. R. Barrichello
15. P. Martini
   16. E. Irvine
17. G. Berger
   18. M. Brundle
19. O. Panis
   20. E. Bernard
21. J. Herbert
   22. M. Alboreto
23. O. Beretta
   24. P. Lamy
25. B. Gachot
   26. D. Brabham

Nicht qualifiziert:
R. Ratzenberger, P. Belmondo

Beim Start kommt Alesi gut weg, setzt sich sofort vor Schumacher. HH Frentzen hat links freie Bahn und nutzt sie. Er hält bis zum Ausfall seinen fünften Rang.

training baute er seinen Vorsprung zwar auf 32 Hundertstel aus, doch noch hatte jeder der beiden Piloten einen Reifensatz zur Verfügung. Aber der letzte Schlagabtausch fiel buchstäblich ins Wasser: Ein gewaltiger tropischer Platzregen ging nieder, und damit stand das Ergebnis fest. Bei Benetton machte sich der Fleiß der Winterarbeit bezahlt: Schumachers Auto rollte bereits seit sieben Wochen, als der Williams FW16 ersten Testfahrten unterzogen wurde.

Hinter den beiden Superstars folgten die Besten der Verfolger wie ein Schluck Wasser. Erik Comas lag als 13. nur eine(!) Sekunde hinter Jean Alesi, der Rang drei erobern konnte. Ganz vorn mit dabei auch Sauber-Mercedes. 29 Jahre nachdem sich Mercedes in Monza mit einem Doppelsieg aus der Formel 1 verabschiedet hatte, kehrte der „Stern" mit den Startplätzen fünf für Neuling Heinz-Harald Frentzen und sieben für Karl Wendlinger in die GP-Szene zurück.

Pech hingegen für Paul Belmondo, der während des Zeittrainings wegen technischer Probleme keine einzige Runde zustande brachte und Roland Ratzenberger, der wegen diverser kleiner Pannen nicht über eine Zeit von 1.22,7 Minuten hinauskam - beide Piloten scheiterten damit an der Qualifikationshürde und mußten sonntags zuschauen. Zuschauen mußte auch Schumachers Teamkollege JJ Lehto. Wegen einer bei Testfahrten zugezogenen Unfallverletzung wurde er von Benettons Testfahrer Jos Verstappen vertreten.

Kurz vor 13 Uhr, als die Beobachter ein letztes Mal die Chancen der 26 Fahrer hochrechneten, lag eine Frage in der Luft. Erinnerungen an den GP von Portugal 1993 wurden wach: Würde Jean Alesi auf den ersten Metern mit

In der zweiten Runde ringt Schumacher zum zweiten Mal Alesi nieder - diesmal endgültig. Der Benetton ist dem um vier Zylinder reicheren Ferrari offensichtlich überlegen.

Trauriges Weekend für Gerhard Berger: Nur Motorprobleme, nur ein 15. Startplatz, nur fünf Runden.

Gute Fahrt, trauriger Heimweg: HH Frentzen.

35. Runde: Verstappen überfliegt kopfüber Brundle und Hauptverursacher Irvine. Bernard hat sich ins Grüne gerettet. Brundle muß zwei Wochen in die Klinik, Irvine wird für drei Rennen gesperrt.

einem seiner gefürchteten „Katapultstarts" die Führung an sich reißen? Den Paulistas - deren euphorische Ausgelassenheit erneut alle der alten Welt bekannten Maßstäbe sprengte - kamen solche Gedanken gar nicht erst in den Sinn. Tatsächlich war ihre Welt noch in Ordnung, als sich die bunte Wagenkette erstmals durch das - nach ihrem Idol benannte - Geschlängel am Ende der Boxengeraden bergab wand. Senna lag vorn!

Alesi folgte in der Bremszone knapp dahinter, und kurz schoß es dem Franzosen durch den Kopf: Schnapp dir Ayrton. Dann eine nüchterne Korrektur des kühnen Plans: Wenn's schiefgeht und du ihn rempelst, dann wirst du von den Massen gelyncht...
Also bremste sich der Ferrari-Fahrer artig hinter dem Lokal-Matador, aber vor Michael Schumacher, ein.

Senna nutzte die Gunst der Situation und gab Gas, als ginge der Grand Prix über fünf statt 71 Umläufe. Sein deutscher Widersacher kämpfte zwar bereits in der Startrunde Alesi nieder, kam aber während der Überraschungsattacke etwas von der Linie ab und der Ferrari-Pilot konterte im Gegenzug.

Schumacher wurde es jetzt warm unter dem Helm - käme er nicht bald an Alesi vorbei, würde eine Vorentscheidung zu Sennas Vorteil fallen. Exakt dort, wo er es bereits zuvor versucht hatte, ging der Rheinländer erneut auf Überholkurs, und diesmal glückte das Manöver. Später lobte der Benetton-Fahrer: „Jean fuhr sauber und fair."

Der Positionswechsel auf den Verfolgerrängen bremste Sennas Flucht nach vorn. In Runde drei konnte er den Abstand nur um drei weitere Zehntelsekunden ausbauen - die Wende war eingeläutet. Schnell zeichnete sich anschließend ab, daß der Grand Prix im

Duell zwischen Senna und Schumacher entschieden wird. Weder Alesi, noch Hill, Häkkinen, Frentzen, Wendlinger oder die übrigen Piloten des vorderen Mittelfeldes konnten das Tempo der Superstars auch nur annähernd mithalten.

Während Schumacher vorn Zehntelsekunde um Zehntelsekunde seines Rückstands auf den unverändert umjubelten Spitzenreiter abknabberte, begann dieses Mittelfeld zu schmelzen. Zunächst erwischte es Mika Häkkinen, der nach 13 Runden seine Boxen ansteuerte. Nach kurzem Check schoben die Mechaniker den McLaren-Peugeot des Finnen auf einen Dauerparkplatz! Offiziell schwieg sich die Teamführung über den Ausfallgrund aus, doch einer der Mechaniker plauderte: „Ein kleiner Brandherd im Heck verschmorte einige Elektrik-Kabel."

Heinz-Harald Frentzen - im Training besser als jeder GP-Neuling seit Carlos Reutemanns perfektem Einstand auf der Pole-Position 1972 in Argentinien - drehte sich wenig später auf Rang fünf. Ein tragischer Patzer, denn bis zu diesem Augenblick hatte er unangenehmste Probleme locker gemeistert. Jetzt, da er erstmals „durchatmen" konnte, rodelte er von der Bahn. „Es lag wohl daran", erklärte der Mönchengladbacher stocksauer, „daß ich den Fahr-Rhythmus etwas änderte."

Das kurze Rennen des deutschen Rookie war ein wahrer Hindernislauf: Während der beiden ersten Runden sprühte der Hillsche Williams überschüssiges Getriebeöl auf Frentzens Visier. Gleichzeitig quoll ihm ständig Wasser aus dem Mund, denn die Pumpe seiner Trinkflasche förderte das Naß unaufgefordert und pausenlos... Also riß der Sauber-Pilot den Schlauch aus dem Mund, und nun sprühte

Sao Paulo erlebte den Kampf seines Sohnes Ayrton Senna hautnah mit. Die Stadt wuchs bis an die Rennpiste.

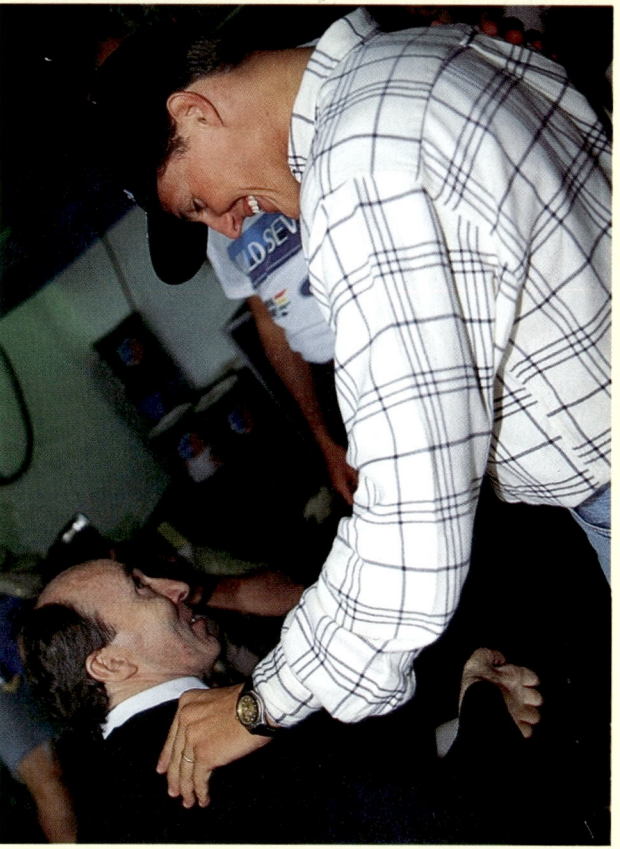
Das gabs noch nie in der F1: Frank Williams rollte in die Box des Siegerteams. Er gratulierte Michael Schumacher.

die Brühe von innen ans Visier! „Als mich Häkkinen überholte", erklärte er, „konnte ich nichts dagegen tun - ich wußte ja kaum, wo ich mich befand." Dann endlich ein kleiner Vorsprung auf Wendlinger und wieder freie Sicht, der verständliche Rhythmuswechsel und das Aus.

Während Frentzen noch mit dem Schicksal haderte, saugte sich Schumacher an der Spitze in den Windschatten des führenden Williams. Fast zeitgleich lenkten beide ihre Boliden nach 21 Runden in die Boxengasse, um neue Reifen und Sprit zu fassen. Der Stopp hatte Folgen: Senna wurde in 7,2 Sekunden abgefertigt, der Rheinländer einen Tick schneller, so daß er das Rennen als neuer Spitzenreiter wieder aufnahm. „Auf der Piste", gestand Schumacher später, „hätte ich Ayrton nicht überholen können, weil er auf den Geraden zu schnell war. Der kürzere Stopp war meine einzige Chance."

Und die nutzte er konsequent. Dann aber lenkte ein Ereignis im Mittelfeld von der sensationellen Entwicklung an der Spitze ab: Im Kampf um Platz sieben zogen Martin Brundle, Eddie Irvine und Jos Verstappen Rad-an-Rad ihre Bahn. Mittendrin mischte auch Eric Bernard mit, der allerdings bereits eine Runde zurücklag. Plötzlich - am Ende der „Gegengeraden" - die Schrecksekunde: Brundles McLaren wurde langsamer, Bernard nahm im Windschatten Tempo weg, und Irvine zog seinen Jordan auf Überholkurs. Dabei übersah der Ire, daß sein Hintermann Verstappen die Situation längst erkannt hatte, gleich drei auf einen Streich vernaschen wollte und deshalb schon fast längsseits des Jordan lag. Die beiden Autos berührten sich, Neuling Verstappen verlor die Kontrolle über seinen Benetton und raffte - sich überschlagend - das komplette Quartett ins Aus!

Brundle bezahlte den Crash mit einem angeknacksten Sturzhelm, Verstappen sah noch eine Stunde später „alles doppelt". Während der Brite recht nachdenklich wirkte, berührte das Horror-Szenario die Seele des coolen Niederländers offenbar nicht: „Während des Überschlags hoffte ich natürlich, auf den Rädern zu landen." (Irvine wurde zur Strafe für drei Grand Prix gesperrt. Für ihn trat kurzfristig Aguri Suzuki bei Jordan an.)

Nach weiteren Stopps des Spitzen-Duos - Senna hielt nach 44, Schumacher nach 45 Runden - spitzte sich die Lage vorn noch einmal zu: Von 9,2 bis auf fünf Sekunden fuhr sich der Brasilianer innerhalb von neun Runden an den Benetton heran. In Panik geriet Schumacher deshalb keineswegs: „Ich kontrollierte die Situation." Das „Problem Senna" erledigte sich für ihn von allein: 15 Runden vor Ende des Rennens drehte sich - „Meine Schuld!" - der Jäger. Sauer auf sich selbst berichtete er: „Ich konnte den ersten Gang nicht einlegen, gab dann in der Not Gas und würgte prompt den Motor ab."

Wie sehr Senna die Möglichkeiten seines Williams bis dahin genutzt hatte, zeigt ein Blick auf den Team-Gefährten Hill, der zu diesem Zeitpunkt bereits eine Runde hinter dem Brasilianer zurücklag...

Kurz darauf kreuzte Michael Schumacher als Sieger den Zielstrich - eine Runde vor Hill, Alesi und Barrichello. Mit so großem Vorsprung gewann zuletzt Alain Prost 1986 in Zeltweg. Ukyo Katayama hatte als Fünfter bereits ebenso zwei Runden Rückstand wie Karl Wendlinger. Das Tempo des Sauber-Mercedes drosselte in den Schlußrunden ein gebrochener Auspuff, was den möglichen vierten Platz kostete.

Bei aller Freude über den Sieg, der nach einem unbegründeten Protest endgültig erst um 17.45 Uhr Ortszeit feststand, reagierte der Gewinner sachlich. „Titel-Favorit bleibt für mich Ayrton - der Williams-Renault hat viel Potential", meinte der Deutsche, bevor er per Helikopter Richtung Flughafen Guarulhos flog, um die Abendmaschine der British Airways nach London zu erwischen.

Rennreport 1. Lauf — Brasilien

Zieleinlauf		Punkte
1. M. Schumacher, Benetton	1'35:38,759 Std.	10
2. D. Hill, Williams	1 Runde zurück	6
3. J. Alesi, Ferrari	1 Runde zurück	4
4. R. Barrichello, Jordan	1 Runde zurück	3
5. U. Katayama, Tyrrell	2 Runden zurück	2
6. G. Wendlinger, Sauber	2 Runden zurück	1

Weitere: 7. Herbert, 8. Martini, 9. Comas, 10. Lamy, 11. Panis, 12. Brabham

Ausfälle: Senna (55 Runden, Dreher), Bernard/Verstappen/Irvine/Brundle (33, Unfall), Blundell (21, Unfall), Fittipaldi (21, Getriebe), Frentzen (15, Dreher), Häkkinen (13, Motor), Alboreto (7, Motor), Morbidelli (5, Getriebe), Berger (5, Motor), Beretta (2, Unfallfolge), Gachot (1, Unfall)

Wetter: Heiter. **Zuschauer:** 47.000

Veranstalter:
C.B.A., Rua da Gloria 290, 8. andar
Grupos 801/802, CEP 20241
Rio de Janeiro, Brasilien
Tel. 0055-21-2214895
Fax 0055-21-2424494

Bis zu 2.600 Mark haben die 55.
ben, wie Michael Schumacher sei

IDA

„Der Favorit heißt für mich Ayrton Senna", beteuerte Michael Schumacher vor der Reise nach Japan. Aber eines hatte er sich vorgenommen: Die erste Pole-Position seiner GP-Laufbahn. Die kriegte er nicht. Dafür seinen zweiten Pokal.

Sennas Abschuß

Die überwiegende Mehrheit der Mitglieder des Grand-Prix-Zirkus sah dem 550. Lauf der Championats-Geschichte mit großer Skepsis entgegen. Nur zwei Wochen nach dem Saison-Auftakt in Südamerika ins ferne Japan reisen zu müssen, das paßte niemandem so recht ins Konzept, zumal der Rennstrecke kein guter Ruf vorausging.

Tief in der Provinz West-Japans - nahe des Städtchens Aida - hatte der steinreiche 47jährige Geschäftsmann Hajime Tanaka 1990 den TI Circuit erbauen lassen. Nach eigenen Plänen, versteht sich. Tanaka-Sans gestalterische Erfahrungen beruhten zu diesem Zeitpunkt auf dem Bau von drei Golfplätzen... Tatsächlich fielen die ersten Urteile der Piloten negativ aus. Nach ersten Runden während des Informations-Trainings am Donnerstag kritisierte Karl Wendlinger: „Die Strecke ist ein Witz". Auf die Frage nach Überholmöglichkeiten antwortete Heinz-Harald Frentzen achselzuckend: „Auf dieser Piste kommst du nur an deinem Gegner vorbei, wenn du ihm ins Hinterrad fährst." Diesem

Nachteil der engen Piste konnte Michael Schumacher eine positive Seite abgewinnen: „In meinem 40. Grand Prix will ich meine erste Pole-Position. Wenn ich das schaffe, überholt mich im Rennen keiner mehr - denn das geht auf diesem Kurs nicht!"

In der Tat hatte der Sao Paulo-Sieger nach den 90 Minuten Info-Training allen Grund zum Optimismus. 1,265 Sekunden nahm er Ayrton Senna ab und galt damit tatsächlich als Anwärter auf den besten Startplatz. Der Brasilianer hingegen zeigte Nerven. In den langsamen Kurven tauge sein Williams nichts, meinte er deprimiert.

Aber die Williams-Crew leistete beste Arbeit: Als freitags der Ernst des Lebens begann, lief der Williams unerwartet gut, und Senna hatte die Nase plötzlich wieder vorn. Michael Schumacher mußte sich im ersten Qualifying mit Platz zwei begnügen. 0,222 Sekunden fehlten ihm auf die Zeit des Brasilianers. Den Kopf ließ er deshalb nicht hängen: „Im zweiten Versuch war mein Auto nicht optimal abgestimmt - wir experimentierten in die falsche

chauer für ein Ticket an der neuen GP-Strecke hingelegt. Sie erleiten Sieg entgegengefährt - erstmals mit roten Punkten.

Richtung. Morgen geht's schneller, der Kampf ist noch nicht entschieden."

Heinz-Harald Frentzen belegte zu diesem Zeitpunkt Rang zehn und hielt damit die Fahnen des Teams Sauber-Mercedes hoch. Nur vier Runden hatte der Mönchengladbacher gedreht, dann rutschte er in der ersten Kurve nach Start-und-Ziel ins Aus. „Da lag Sand auf der Bahn", erklärte er, „ich konnte nichts machen". Teamchef Peter Sauber reagierte ungehalten: „Komisch, alle anderen blieben auf der Piste..." Die Laune des Schweizers war wohl deshalb schlecht, weil Karl Wendlinger nur auf Platz 19 rangierte. Enttäuscht berichtete der Tiroler: „Kein Grip, ich rutschte hilflos daher."

Diese Meinung teilte die Mehrheit der Konkurrenz, allen voran die Ferrari-Fahrer. Gerhard Berger war ebenso ratlos wie Nicola Larini. Der italienische Tourenwagen-Pilot vertrat Jean Alesi, der bei Testfahrten in Mugelio rückwärts mit Tempo 240 km/h in die Leitplanken geknallt war. Den furchtbaren Aufprall - „Ich hatte das Gefühl, vom Eiffelturm gefallen zu sein" - bezahlte der Franzose mit schweren Rückenprellungen, die

ihn auf Wochen schachmatt setzten. In Abwesenheit Alesis glänzte Ferrari nur in einem Punkt: Auf den Geraden war der 412 T1 unschlagbar. An allen drei offiziellen Meßpunkten lag Larini vorn. Am Ende der Gegengeraden wurde er mit 297,5 km/h gestoppt! Zum Vergleich: Senna fuhr an dieser Stelle 12 km/h langsamer, Schumacher kam sogar nur auf „müde" 279 km/h. Sobald Konstrukteur John Barnard diesem Auto beigebracht hat, sich um die Ecken lenken zu lassen, werden sich die Gegner warm anziehen müssen...

Samstag machte das Wetter der Formel 1 einen Strich durch die Rechnung. Deutlich angestiegene Temperaturen verlangsamten die Piste. Auf den vorderen Plätzen tat sich nichts mehr, Ayrton Senna hatte die 64. Pole-Position seiner F1-Karriere in der Tasche.

Leidtragende des Sonnenscheins waren auch Frentzen und Wendlinger. In seiner Not ins T-car umgestiegen, blieb der Österreicher wie angewurzelt auf dem 19. Rang stehen und behauptete sich damit nur knapp vor Aguri Suzuki, der Eddie Irvines Platz bei Jordan eingenommen hatte, weil der Ire wegen des Unfalls in Sao Paulo

Startaufstellung

1. A. Senna 1.10,218
   2. M. Schumacher 1.10,440
3. D. Hill
   4. M. Häkkinen
5. G. Berger
   6. M. Brundle
7. N. Larini
   8. R. Barrichello
9. C. Fittipaldi
   10. J. Verstappen
11. HH Frentzen
   12. M. Blundell
13. G. Morbidelli
   14. U. Katayama
15. M. Alboreto
   16. E. Comas
17. P. Martini
   18. E. Bernard
19. K. Wendlinger
   20. A. Suzuki
21. O. Beretta
   22. O. Panis
23. J. Herbert
   24. P. Lamy
25. D. Brabham
   26. R. Ratzenberger

Nicht qualifiziert: B. Gachot, P. Belmondo (beide Team Pacific)

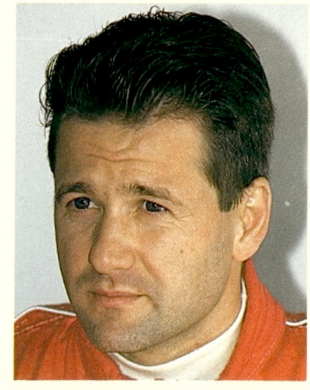

Nicola Larini, Champion der DTM 1993 auf Alfa, vertritt bei diesem Rennen Jean Alesi. Der Ferrari-Pilot hatte sich bei Testfahrten am Rücken verletzt. Larini, 30 Jahre und Ferrari-Testfahrer, hat bereits 40 GP-Läufe (u.a. Osello, Ligier, Lambo) hinter sich, aber nie einen Punkt geholt.

Nur kurz ist Ayrton Senna vom Gas gegangen - zu unerwartet für M.

kkinen, der auffährt. Senna dreht sich und wird von Ferraris Ersatzfahrer Nicola Larini von der Strecke geräumt. Aus für den Favoriten.

Tanaka International Circuit in Aida

Runde

3,703 km

Rundenzahl

83

Renndistanz

307,339 km

Rundenrekord

Michael Schumacher (D)
Benetton B194-Ford V8 in 1:14,023 (= 180,0 km/h), GP 94

eine grausam harte Sperre für drei Rennen „abbrummte": Frentzen rutschte vorn aus der Top-Ten, da sich Christian Fittipaldi verbesserte. An den Gewinn von WM-Punkten glaubte jetzt bei Sauber-Mercedes niemand mehr.

Ganz andere Sorgen plagten Ferrari. Merkwürdige Geräusche beim Beschleunigen aus den langsamen Kurven hatten morgens Spekulationen angeheizt, Ferrari fahre mit einer unerlaubten Traktions-Kontrolle. Als sich Larini dann auch noch verplapperte, als er anmerkte, die Traktions-Kontrolle seines Boliden funktioniere nicht korrekt, war Feuer im Dachstuhl. Die Funktionäre der FIA verlangten daraufhin den Ausbau der „Anlage, die möglicherweise nicht im Einklang mit dem Reglement ist." Natürlich stritt die Teamführung alle Vorwürfe ab.

Der Sonntagmorgen. Glaubt man Ayrton Senna, so geschahen nach dem Warm-up Dinge, die den Verlauf der ersten Sekunden des Pacific Grand Prix entscheidend beeinflußten. Während des obligatorischen Briefing

Mit einem Blitzstart setzt sich Michael Schumacher aus der zweiten Position an die Spitze des Feldes. „Mein bester Formel-1-Start", jubelt er später.

In der 50. Runde verabschiedet sich Benettons Ersatzfahrer Jos Verstappen (für JJ Lehto) mit einem Dreher.

FOCA-Boss Bernie Ecclestone vereinbart mit dem millionenschweren Japaner Tanaka: Formel 1 bis 1996 in Aida.

Trauriges Nationalidol Ukyo Katayama. Der Yamaha in seinem Tyrrell gab den Geist auf. Ukyo schaut dem Rennen zu.

verkündete Starter Roland Bruynseraede, während der Formationsrunde werde ein Pace-Car das Tempo des Feldes bestimmen, nachdem in Sao Paulo zu sehr gebummelt worden sei. Zunächst sorgte diese Ankündigung für Heiterkeit, denn sofort meldete sich Johnny Herbert zu Wort und bat Funktionär Charly Whiting - den Fahrer des Pace-Car - auf ihn und seinen Lotus Rücksicht zu nehmen und nicht gar so schnell zu fahren. Nach dem Rennen behauptete Senna, er habe die Reifen seines Williams während der Formationsrunde nicht optimal anwärmen können und nur deshalb das Start-Duell gegen Schumacher verloren.

Als sich das Feld für den zweiten WM-Lauf des Jahres formierte, waren erstmals seit zehn Jahren wieder drei Österreicher mit von der Partie. Ein großer Tag für die Alpen-Republik.

Knapp 55.000 Zuschauer - die umgerechnet bis zu 2600 Mark für ein Ticket (nur im Paket mit Unterkunft, Transfer erhältlich) berappt hatten - säumten den Kurs, als die Startampel auf Grünlicht sprang. Michael Schumacher, bisher eher für „geruhsame" Starts bekannt, kam traumhaft weg. Für Sekundenbruchteile drehten die Antriebsräder des Williams mit Startnummer 2 zu sehr durch und schon lag Schumacher in Front, der diesmal den Sprint zur ersten Kurve fehlerfrei anzog.

Senna spielte kurzfristig mit dem Gedanken, alles auf eine Karte zu setzen, nahm dann aber kurz das Gas weg, um eine drohende Karambolage zu verhindern... Kurz darauf krachte es trotzdem: Mika Häkkinen rempelte den Titelanwärter unbeabsichtigt, dessen Williams stellte sich quer. Als dann Nicola Larini nicht ausweichen konnte - „Es war, als stünde aus dem Nichts heraus eine Mauer vor mir" - wurde Ayrton Superstar „mittschiffs" gerammt.

Überholen fast unmöglich. Rundenlang kämpft sich Michael Schumacher durch den Pulk der Überrundeten. Ein riskanter Versuch kann jederzeit das Aus bedeuten.

Für den hart bestraften Eddie Irvine - drei Rennen gesperrt - zwängt sich der Japaner Aguri Suzuki in den Jordan. Aber nach 42 Runden bricht die Vorderrad-Aufhängung weg.

133

Schumacher beobachtete die Szene in den Rückspiegeln seines Benetton und ein Schreck fuhr ihm durch die Glieder: Er fürchtete einen Abbruch des Rennens und damit den Verlust der so spektakulär gewonnenen Führung. „Erst als ich dann nirgendwo rote Flaggen sah", berichtete der Kerpener später, „war ich beruhigt."

Enttäuscht und sauer marschierte Senna anschließend zur Rennleitung und beschwerte sich über die „jungen Fahrer, die beim Start zu viel riskieren." Null Punkte nach zwei Grand Prix, so hatte er sich den WM-Auftakt 1994 nicht vorgestellt.

Innerhalb von nur vier Runden fuhr der Spitzenreiter anschließend einen Vorsprung von sechs Sekunden heraus. Wer sollte diesen Mann an diesem Tag schlagen können? Tatsächlich war auch im weiteren Rennverlauf keiner seiner Konkurrenten in der Lage, ihn auch nur annähernd zu gefährden. Hinter dem souverän seinem vierten Formel-1-Sieg

entgegenfahrenden Schumacher entbrannte ein packender Kampf um Platz zwei, auf den sich zunächst Häkkinen und Hill Hoffnungen machen durften. Der Finne, der bereits einen Williams auf dem Gewissen hatte, verabschiedete in der vierten Runde auch Hill ins Abseits, doch anders als Senna konnte der Brite das Rennen nach einem Dreher wieder aufnehmen.

Als es in der Schlußphase im Kampf um die Ehrenplätze ernst wurde, waren sowohl Häkkinen als auch Hill - der noch einmal bis auf Rang zwei vorfahren konnte - längst als Opfer technischer Defekte ausgeschieden. Jetzt stritten sich Gerhard Berger und Rubens Barrichello um die freien Plätze auf dem Siegerpodest, und Michael Schumacher war gespannt auf den Ausgang dieses Duells. Der Deutsche lag nämlich - mit fast einer Runde Vorsprung - unmittelbar hinter den beiden. „Ich freute mich auf den Kampf", sagte der Sieger später, „aber dann bog Barrichello in die Boxengasse ab." Dort erlebte der Brasilianer eine Schrecksekunde. Er würgte den Jordan ab und glaubte die Top-Plazierung bereits verloren, bis er die zehn Zylinder doch wieder zum Leben erwecken konnte.

„Als ich in Sao Paulo vierter wurde", gestand er, „weinte ich vor Freude. Hier holte ich Platz drei, aber ich kämpfte gegen die Tränen an, weil ich wußte, daß Millionen Leute vor den Fernsehern sitzen und zuschauen." Gerhard Berger, zweiter und absolut kein Neuling auf dem Siegerpodest, zeigte verständlicherweise wenig Rührung, sprach aber von einem wertvollen Motivations-Schub für Ferrari und auch davon, daß die Plazierung ihm persönlich sehr gut getan habe.

Und Heinz-Harald Frentzen? Der fuhr ein schnelles und kluges Rennen, das mit zwei Punkten für Rang fünf belohnt wurde. Phantastisch sei es für ihn gelaufen, sagte er überglücklich im Ziel. Jetzt habe er bewiesen,

Deutsche Töne auf dem Treppchen hätte nichts gebracht. Ein Brasilian[...]

daß er einen Grand Prix sicher über die Runden bringen könne. Beinahe hätte es sogar noch einen weiteren WM-Punkt für Sauber-Mercedes gegeben, den Karl Wendlinger vor Augen hatte. Doch diesen letzten Zähler wollte auch Michele Alboreto, und ein mißglücktes Überholmanöver brachte für beide das Aus.

Die japanische Presse überschlug sich nach der Siegerehrung mit Lobeshymnen für den Gewinner. Möglicherweise habe man in Aida den neuen Weltmeister gesehen, hieß es. Doch der wollte vom Titelgewinn nichts wissen. „Seit Sao Paulo hat sich nichts geändert, für mich ist Ayrton unverändert WM-Favorit", sagte Schumacher zum Abschied, „aber weder die 20 Punkte noch die Freude über die beiden Siege zum Saisonauftakt kann mir jemals irgend jemand nehmen."

AS

Rennreport 2. Lauf — Pacific

Zieleinlauf		Punkte
1. M. Schumacher, Benetton	1:46.01,693 Std.	10
2. G. Berger, Ferrari	1.15,300 Min. zurück	6
3. R. Barrichello, Jordan	1 Runde zurück	4
4. C. Fittipaldi, Footwork	1 Runde zurück	3
5. H.-H. Frentzen, Sauber	1 Runde zurück	2
6. E. Comas, Larrousse	3 Runden zurück	1

Weitere: 7. Herbert, 8. Lamy, 9. Panis, 10. Bernard, 11. Ratzenberger

Ausfälle: Morbidelli (69 Runden, Dreher), Wendlinger (69, Unfall), Alboreto (69, Unfall), Brundle (67, Motor), Martini (63, Dreher), Verstappen (54, Dreher), Hill (49, Kraftübertragung), Suzuki (44, Vorderrad-Aufhängung), Katayama (42, Motor), Häkkinen (19, Getriebe), Beretta (14, Elektronik), Brabham (2, Motor), Blundell (0, Unfall), Senna (0, Unfall), Larini (0, Unfall)

Wetter: Sonnig **Zuschauer:** 55.000

Veranstalter:
Japan Racing Organisation
3-5-8 Shibakoen, Minato-ku
Tokyo 105
Tel. 0081-3 35844067
Fax 0081-3 35843525

WM-Punktestand nach dem 2. Lauf

1. Schumacher	20 Punkte
2. Barrichello	7
3. Hill	6
Berger	6
5. Alesi	4
6. Fittipaldi	3
7. Katayama	2
Frentzen	2
9. Wendlinger	1
Comas	1

Konstrukteurs-WM

1. Benetton (20 Punkte); 2. Ferrari (10)
3. Jordan (7); 4. Williams (6)
5. Arrows (3); 6. Sauber (3)
7. Tyrrell (2); 8. Larrousse (1)

erhard Berger ist als einziger von Michael Schumacher nicht überrundet worden - das riskante Manöver abei: nicht Ayrton Senna sondern Rubens Barrichello, der nun zweiter in der WM-Wertung ist.

Der Tag danach: Michael trifft seine Verlobte Corinna Betsch in Köln. „Eine perfekte Beziehung", sagt er stolz. „Sie gibt mir Kraft." Beide wohnen in der Rennfahrerkolonie Monte Carlo.

SERVICE

Nach dem Pacific-GP...

... war Redaktionsschluß für dieses Buch. Auf den folgenden Seiten bringen wir eine Vorschau auf die weiteren 14 Rennen des Jahres. Wie üblich können Sie die Ergebnisse Rennen für Rennen eintragen.

Wenn Ihnen am Jahresende einzelne Ergebnisse fehlen sollten: Wir schicken Ihnen gerne kostenlos eine Liste mit sämtlichen Zieleinläufen des Jahres zu. Bitte schreiben Sie an:

ZEITGEIST VERLAG
Düsseldorfer Str. 49
40545 Düsseldorf

Legen Sie bitte einen adressierten und mit 1 DM frankierten Rückumschlag bei.
Vielen Dank.

Reisetips

Wenn Sie einen Grand Prix besuchen möchten: Wir haben bei jedem Grand Prix den Ticketservice angegeben. Wenn Sie ein Ticket bestellen, erhalten Sie mit der Bestätigung eine Rechnung. Diese ist innerhalb von zwei Wochen fällig. Erst kurz vor dem Renntag werden Ihnen dann die Karten zugeschickt. Dadurch sollen Fälschungen erschwert werden.

Leichter ist es jedoch, sich an einen professionellen Grand-Prix-Reiseveranstalter zu wenden. Der erledigt auch gleich zwei andere Probleme für Sie: Die Anreise und die Unterbringung. Und er hat meistens besonders attraktive Plätze.

135

IMOLA

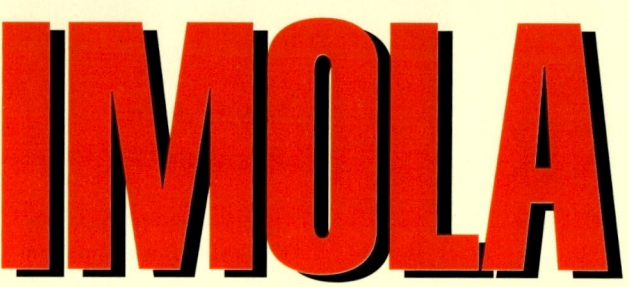

Die Piste von Imola spielt in diesem Land nur die zweite Geige hinter Monza. Aber die Rennstrecke am Südrand der Po-Ebene poliert ihr Image von Jahr zu Jahr auf. Ursprünglich war Imola „nur" Schauplatz von Motorrad- und Sportwagen-Rennen. Dabei gastierte die Formel 1 bereits im Jahr 1963 zum ersten Mal in der Kleinstadt. Damals wurde zum drittenmal ein Rennen namens Gran Premio d'Imola ausgetragen. Zur F1-WM zählte das Rennen zwar nicht, aber das Startfeld konnte sich sehen lassen: Es siegte der spätere Weltmeister Jim Clark aus Schottland auf einem Lotus-Climax, der auch mit einer Zeit von 1.48,3 Minuten die Pole-Position markierte.

Der Wert, den Jim Clark 1963 vorlegte, macht deutlich, was sich in 30 F1-Jahren tat. Eine 1.21er-Zeit wird man 1994 wohl fahren müssen, um den besten Startplatz zu ergattern. Fast eine halbe Minute pro Runde weniger, als vor 31 Jahren! Senna & Co. müssen dabei drei langsame Schikanen meistern, die es 1963 noch nicht gab...

Die Rennstrecke ist nach Enzo Ferrari und dessen in jungen Jahren verstorbenen Sohn Dino benannt. Das verleiht der Anlage eine ganz besondere Würde, was natürlich den Tifosi gar nicht erst erklärt werden muß.

Mit der simplen Formel „GP-Sport = Ferrari" im Kopf, pilgern die Fans an die geweihte Stätte. Ihren Herzenswunsch bekamen die einheimischen Zuschauer allerdings

Autodromo Enzo e Dino Ferrari

Runde
5,04 km

Rundenzahl
61

Renndistanz
307,44 km

Rundenrekord
Riccardo Patrese (I)
Williams FW14B-Renault
V10 in 1:26,100 min
(= 210,732 km/h)
GP 1992

Variante Alta
Rivazza
220
Traguardo
Variante Bassa
N

In San Marino können sich einige Einwohner die teuren Sitzplatzkarten für Tribünen sparen. 1993 verfolgen sie den ersten Imola-Auftritt der pechschwarzen Sauber. Lehto feiert als Vierter gleich sein bestes Saisonergebnis.

Großer Preis von San Marino

Erster GP:	1981
Damaliger Sieger:	Nelson Piquet (BR), Brabham-F
Häufigste Sieger:	3 x Senna (88, 89, 91)
	3 x Prost (84, 86, 93)

Sieger der letzten Jahre:

1993	Prost	Williams-Renault
1992	Mansell	Williams-Renault
1991	Senna	McLaren-Honda
1990	Patrese	Williams-Renault
1989	Senna	McLaren-Honda
1988	Senna	McLaren-Honda Turbo
1987	Mansell	Williams-Honda Turbo
1986	Prost	McLaren-TAG Porsche Turbo
1985	de Angelis	Lotus-Renault Turbo
1984	Prost	McLaren-TAG Porsche Turbo
1983	Tambay	Ferrari-Turbo

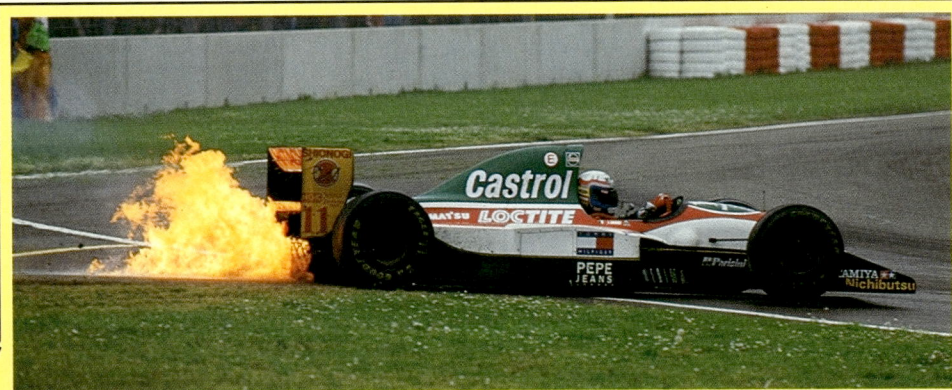

Nach einem Dreher mit Mauerkontakt schleppt Zanardi 1993 seinen brennenden Lotus noch bis zur Tamburello, wo er das Feuer endlich löschen läßt. Er sagt, er habe an den Feuerunfall von Berger 1989 denken müssen: „Die Streckenposten hatten an der Stelle einen guten Job geleistet."

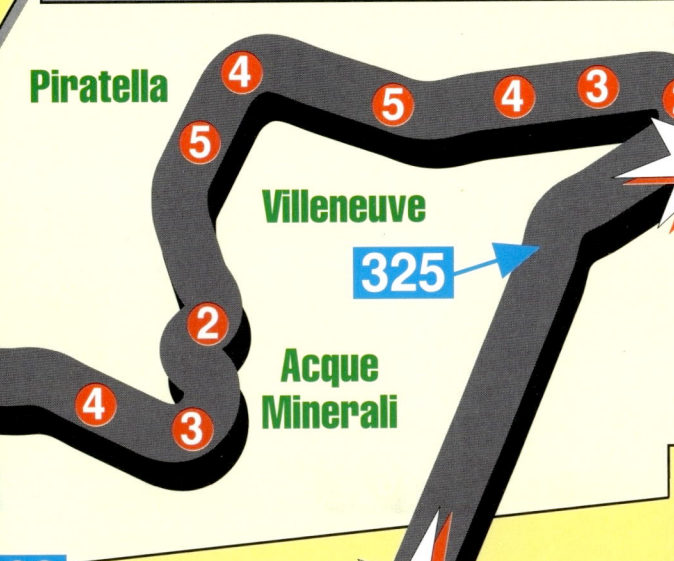

Piratella **Tosa**

Villeneuve

325

Acque Minerali

Tamburello

Peinlicher Dreher für Alain Prost bereits in der Einführungsrunde 1991: die Regenreifen waren nicht angewärmt.

MORBIDELLIS
URTEIL

„Ich lebe in Pesaro, das ist keine 100 km von Imola entfernt, Imola ist also „meine" Strecke. Sie ist schwierig zu fahren und technisch anspruchsvoll. Die Piste zählt zur ersten Garnitur im ganzen Kalender.

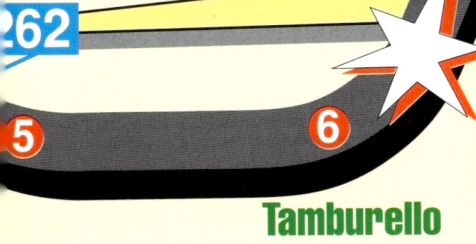

Der letzte große Feuerunfall der Formel 1: Gerhard Berger hat 1989 hier alle Schutzengel auf seiner Seite.

Jean Alesi auf Zeitenjagd: Der Franzose nimmt mit seinem Ferrari in seiner typischen, spektakulären Fahrweise eine neue Trainingsrunde in Angriff. Auf der Anzeigetafel bei Start- und Ziel kann er die zu schlagende Pole-Zeit ablesen.

Nach sieben Jahren gewinnt Alain Prost 1993 wieder in Imola. Es ist sein zweiter Saisonsieg, wodurch der große Favorit zu Ayrton Senna in der WM-Tabelle aufschließt.

bisher nur zweimal erfüllt: In den Jahren 1982 und 1983 kreuzte Ferrari siegreich die Linie.

Speziell der Grand Prix von San Marino 1982 wird noch auf lange Zeit hinaus unvergessen bleiben, obwohl das Rennen ein absoluter Flop zu werden drohte. Damals lagen sich die regelgebende FISA und die Konstrukteurs-Vereinigung FOCA scheinbar unversöhnlich in den Haaren. In Imola kam es zur Machtprobe: Die FOCA-Teams boykottierten das Rennen. Kümmerliche 14 Autos nahmen das Training auf. Die Italiener ließen sich den Spaß aber nicht verderben - 70.000 marschierten auf, denn Ferrari war schließlich mit von der Partie. Als Derek Warwick nicht aus der Formationsrunde zurückkehrte, und Brian Henton mit Getriebeschaden nicht über die ersten Meter hinauskam, schmolz das ohnehin kleine Feld auf ein volles Dutzend...

Bis in die 45. Runde gab René Arnoux am Steuer seines Renault den Ton an, dann verstummte sein Turbo und das Ferrari-Duo übernahm das Kommando. Mal führte Didier Pironi, mal Gilles Villeneuve. Der Ferrari-Crew, die per Boxensignal den Zieleinlauf Villeneuve vor Pironi signalisierte, glitt die Kontrolle völlig aus der Hand.

Mit vier Zehntelsekunden Vorsprung wurde Pironi im Ziel als Sieger abgewinkt, und Villeneuve war stocksauer. Zu einer Aussöhnung zwischen den beiden verkrachten Stars sollte es nicht mehr kommen: 13 Tage später verunglückte Villeneuve in Zolder tödlich.

1989 wurde die Piste erneut zur Bühne eines Bruderzwistes, als die McLaren-Piloten Alain Prost und Ayrton Senna aneinandergerieten. Und wieder ging es um Stallregie. Während der Vorbereitungen

für den Neustart - der wegen Gerhard Bergers schwerem Feuerunfall notwendig war - einigten sich die Favoriten, daß derjenige von ihnen siegen dürfe, der in der ersten Kurve die Nase vorn hätte. Im Linksbogen Tamburello lag daraufhin Prost in Front und wähnte sich bereits in Sicherheit, als

Senna bei Tosa die Führung übernahm und sie anschließend nicht mehr abgab. Später „entschuldigte" sich der Brasilianer mit der Erklärung, Tamburello sei keine Kurve. Der Grundstein für eine dauerhafte Feindschaft war gelegt...

An ein „langweiliges" Rennen in Imola wird sich so

schnell niemand erinnern, zumal der GP von San Marino generell als wertvolle Standortbestimmung gilt: Wer die vielen Herausforderungen dieses Kurses - Bremsen, Abtrieb, Balance und Motorleistung - bewältigt, sieht auch auf den meisten anderen Rennstrecken sehr gut aus.

Rennreport zum Ausfüllen

Startaufstellung
(die ersten Zehn)

1. R. _____

2. R. _____

3. R. _____

4. R. _____

5. R. _____

Schnellste Trainingszeit

Ausfälle

Fahrer	Runde

Notizen

Zieleinlauf

Fahrer	Punkte
1.	10
2.	6
3.	4
4.	3
5.	2
6.	1
7.	
8.	

WM-Punktestand nach dem 3. Lauf

Fahrer	Ges.-Punkte
1.	
2.	
3.	
4.	
5.	
6.	
7.	
8.	
9.	
10.	
11.	
12.	

Bilder, wie sie nur die italienischen Fans liefern können: Um sich einen Stehplatz für den Grand Prix zu sichern, stecken die Tifosi Tage vor dem Rennen „Claims" ab. Wie sie sich in diesem Chaos zurecht finden, wird wohl auf Dauer ihr Geheimnis bleiben.

REISETIPS

Die Rennstrecke ist ideal für Fans, die den Wert eines guten Streckenplatzes zu schätzen wissen. Sehr beliebt ist der „Feldherrnhügel" im Innenbereich der Anlage oberhalb der Zufahrt zur Schikane Variante Bassa. Aber auch die zahlreichen Tribünenplätze sind ihr Geld wert - ganz speziell die Sitzplätze im Bereich des Streckenabschnitts „Acque Minerali": Dort können immer wieder spektakuläre Ausflüge ins Gelände beobachtet werden, wenn allzu riskante Bremsmanöver vor allem junger Piloten mißlingen.

Da die Kleinstadt Imola nur über wenige Hotels verfügt, sollte bei der Buchung die gesamte Region von Bologna bis Ravenna - wo es auch die weltberühmten byzantinischen Mosaike zu bewundern gibt - berücksichtigt werden. Zelten direkt an der Strecke wird geduldet. Die Qualität der italienischen Küche darf wohl als bekannt vorausgesetzt werden. Man findet sie beispielsweise - vornehm und teuer serviert - im Restaurant Naldi nahe der Rennstrecke, oder aber nicht weniger schmackhaft und deutlich preiswerter in der Pensione Alma im nahegelegenen Riolo Terme.

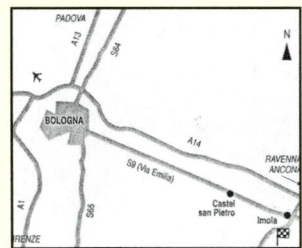

LAGE
33 km südöstlich von Bologna. Zu erreichen über die Autobahn A 14 oder die Landstraße SS9.

BAHNHÖFE
Imola
Bologna

FLUGHÄFEN
Bologna Ponigole
Rimini National

LADENÖFFNUNGSZEITEN
Montag-Samstag 10.00-13.00
und 15.30-16.30

TICKET-VERKAUF
SAGIS S.p.A.
Via Calari a D
I-40122 Bologna
Tel.0039-51 522075
Fax 0039-51 552158

EINTRITTSPREISE
ca. 90-350 DM

LANDESWÄHRUNG
Lire. 1000 Lit = ca. 1,01 DM
(01.03.94)

EXTRATIP
Modellautos und Souvenirs werden hinter der Haupttribüne angeboten. Autogrammjäger haben im Hotel Donatello Chancen.

MONTE CARLO

Circuit de Monte Carlo

Runde

3,328 km

Rundenzahl

70

Durch einen minimalen Frühstart verspielt Prost 1993 die Chance, zum fünften Mal im Fürstentum siegreich zu sein. Die Sportkommissare greifen hart durch. Der Williams-Pilot bekommt eine Stop-and-Go-Strafe aufgebrummt.

Ste Devote

255

6

5

4

3

2

4

2

4

3

4

2

1

4

Tab

1988 streift Ayrton Senn wegen eines Konzentratio fehlers die Leitplanke u verliert den sicheren Sie

La Piscine

Antony Noghes

La Rascasse

Das Rennen auf dem Stadtkurs des kleinen Fürstentums am Mittelmeer ist alljährlich das Juwel in der Kette der 16 WM-Läufe. Ein einzigartiges Flair, spektakulärste Passagen - die von den besten Tribünenplätzen aus geringer Entfernung zum Geschehen eingesehen werden können - und außergewöhnlich dramatische Qualifying-Sitzungen machen den Reiz dieses Klassikers aus. Die Fans wissen das genau: Bereits im Januar war der erbitterte Kampf um die besten Sitzplätze trotz wirklich stolzer Preise in vollem Gang.

Von Portier bis am Meer entla Fahrer samt A letzt der Austra Jahren), gehör teil der Sicher

D ie Tradition der Veranstaltung geht auf das Jahr 1929 zurück, als bei Start- und-Ziel noch Straßenbahngleise verlegt waren. Obwohl von Sicherheits-Aposteln immer wieder kritisch ins Visier genommen, ist der Kurs relativ sicher: Bei 51 Grand Prix, darunter ein Sportwagenrennen, gab es zwei tote Piloten zu beklagen - Luigi Fagioli, der an den Folgen eines Beinbruchs starb und Lorenzo Bandini, der in den Tücken der inzwischen mehrfach entschärften Hafenschikane umkam. Es gibt Kurse mit weitaus tragischeren Bilanzen.

Renndistanz

259,584 km

Rundenrekord

Nigel Mansell (GB) Williams FW14B-Renault V10 in 1:21,598 min (=146,827 km/h) GP 1992

s Gedränge kurz nach dem Start ein großer Risikofaktor. 1980 ft Derek Daly (Tyrrell) mit einer geinlage gleich drei Konkurren- aus dem Wettbewerb.

Die Haarnadelkurve vor dem Hotel Loews wird 1993 zum Wildgehege des Gerhard Berger. Erst rempelt er hier seinen Ferrari-Kollegen Alesi an, später rammt er im Kampf um Platz zwei den Williams von Hill. Der Brite kann weiterfahren, der Tiroler fällt aus.

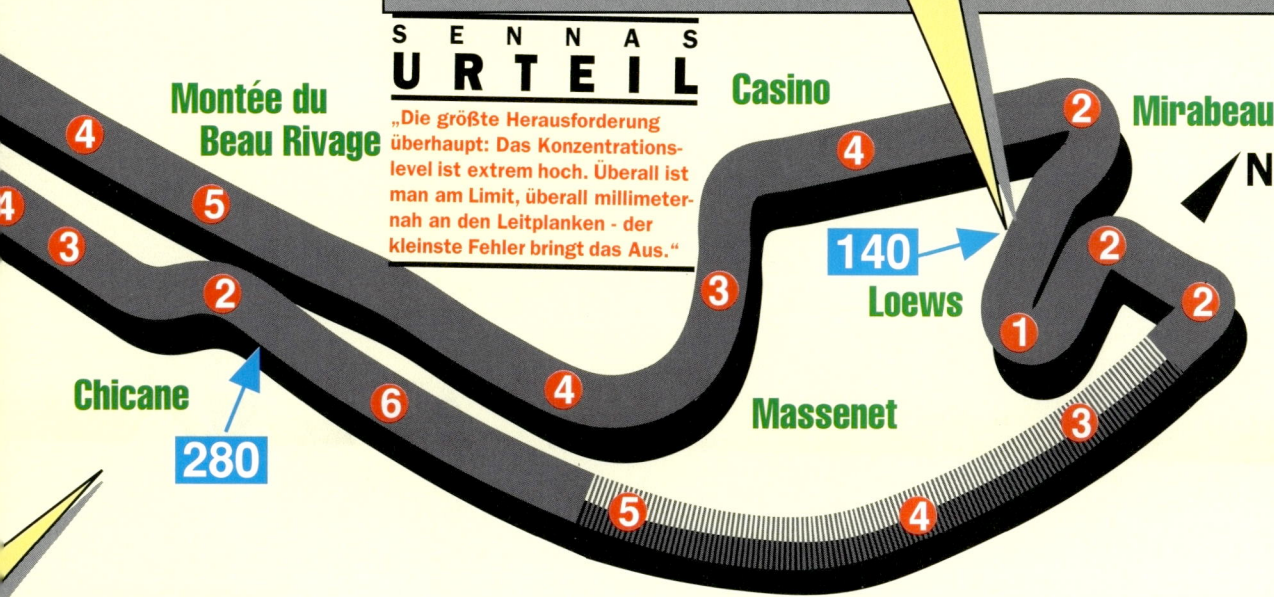

SENNAS URTEIL

„Die größte Herausforderung überhaupt: Das Konzentrations- level ist extrem hoch. Überall ist man am Limit, überall millimeter- nah an den Leitplanken - der kleinste Fehler bringt das Aus."

Montée du Beau Rivage

Casino

Mirabeau

N

140

Loews

Chicane

280

Massenet

Tunnel

asse führt die Strecke den Fall, daß ein afenbecken landet (zu- kins in den 60er her zum festen Bestand- ehrungen.

Großer Preis von Monaco

| Erster GP: | 1950 |
| Damaliger Sieger: | J.-M. Fangio (ARG) Alfa Romeo |

Häufigste Sieger: 6 x Senna (87, 89, 90, 91, 92, 93) 5 x G. Hill (63, 64, 65, 68, 69) 4 x Prost (84, 85, 86, 88)

Sieger der letzten Jahre:

1993	Senna	McLaren-Ford
1992	Senna	McLaren-Honda
1991	Senna	McLaren-Honda
1990	Senna	McLaren-Honda
1989	Senna	McLaren-Honda
1988	Prost	McLaren-Honda Turbo
1987	Senna	Lotus-Honda Turbo
1986	Prost	McLaren-TAG Porsche Turbo
1985	Prost	McLaren-TAG Porsche Turbo
1984	Prost	McLaren-TAG Porsche Turbo
1983	Rosberg	Williams-Ford

Fürst Rainier (l.) gratuliert dem „König" von Monaco. Zehn Starts, sechs Siege - eine stolze Bilanz von Ayrton Senna.

Wer in Monaco auch nur eine Kurve findet, in der sich im Verlauf der vielen Jahre keine interessanten Dinge abspielten, hat sich eine Prämie verdient. Geradezu legendäre Berühmtheit erlangte Alberto Ascaris unfreiwilliger Flug ins Hafenbecken, dem F1-Freaks natürlich eine weitaus höhere Bedeutung beimessen als dem Prager Fenstersturz (der 1618 den Dreißigjährigen Krieg auslöste).

Es war der 22. Mai 1955, und die Formel 1 stand ganz im Zeichen der Silberpfeile von Mercedes-Benz. Aber dies war nicht der Sonntag der Truppe um den dicken Rennleiter Alfred Neubauer: In Monaco steckten die Deutschen die einzige Niederlage der Saison ein. Zwar führten Fangio und Moss bis zur 50. Runde überlegen, doch dann streikte die desmodromische Ventilsteuerung im Motor des Argentiniers. Dreißig Umläufe später stoppte Moss wegen des gleichen Problems.

Damit war der Weg für den Lancia-Piloten Alberto Ascari frei, doch der zweifache Ex-Champion kam auch nicht mehr weit. Nur einmal passierte der Italiener Start-und-Ziel als Spitzenreiter, dann geriet sein D50 im Bereich der Schikane ins Schleudern. Dem Flug - den linken Arm „schützend" ausgestreckt - folgte die Notwasserung des Stars. Nicht der kuriose Unfall, den Ascari mit geringfügigen Blessuren überstand, machte den Zwischenfall so berühmt, sondern die Tatsache, daß der peinliche Patzer der lebenden Legende Ascari unterlief. Denn als der Australier Paul Hawkins zehn Jahre später an gleicher Stelle in die trübe Brühe plumpste, bekam er zwar von seinen Kollegen zur Erinnerung einen Rettungsring geschenkt, sorgte aber nicht für Schlagzeilen. Der Sieg ging 1955 letztlich an den

Rennreport zum Ausfüllen

Startaufstellung
(die ersten Zehn)

1. R. _____

2. R. _____

3. R. _____

4. R. _____

5. R. _____

Schnellste Trainingszeit

Ausfälle

Fahrer	Runde

Notizen

Zieleinlauf

Fahrer	Punkte
1.	10
2.	6
3.	4
4.	3
5.	2
6.	1
7.	
8.	

WM-Punktestand nach dem 4. Lauf

Fahrer	Ges.-Punkte
1.	
2.	
3.	
4.	
5.	
6.	
7.	
8.	
9.	
10.	
11.	
12.	

Neunten (!) des Trainings, den Franzosen Maurice Trintignant, einen der Trauzeugen von Jean Alesi.

Auf keiner Rennstrecke wird deutlicher, was den Reiz einer schnellen Runde wirklich ausmacht. Es ist nämlich keineswegs das hohe Tempo - in Monaco wird zwangsläufig recht langsam gefahren -, sondern die relative Geschwindigkeit: Speed im richtigen Verhältnis zur Streckenführung und zum Verkehr. Während der Startrunde kann es durchaus passieren, daß das hintere Feld im Nadelöhr der Ste.-Devote-Schikane beinahe zum Stand kommt - aufregend ist es trotzdem. Ausgangs der Bergab-Rechtskurve am Hotel Mirabeau wurden 1993 Geschwindigkeiten von knapp 140 km/h gemessen, und den Beobachtern blieb der Atem stehen! „Grenzbereich" heißt das Zauberwort dieses Sports. Wenn deutlich wird, daß sich die Piloten am Limit bewegen, spielt das Tempo keine Rolle. Im

Monaco ist einzigartig. Bar jeder Vernunft und doch faszinierend. „Würde man den WM-Kalender auf ein Rennen zusammenstreichen, dann müßte Monaco übrigbleiben", sagt Jackie Stewart, der hier 1966, 1971 und 1973 gewann.

Vorjahr erzielte Sieger Ayrton Senna in Monaco einen Durchschnitt von 138 km/h - ein Wahnsinnstempo.

In der laufenden Saison steht über dem Grand Prix eine bedeutende Frage: Gelingt Renault endlich der längst überfällige erste Monaco-Triumph? Falls ja, kann sich Senna bereits den siebten (!) Strich auf seinen Monte-Carlo-Bierdeckel schreiben. Oder heißt dann der Gewinner Damon Hill, dessen Vater Graham hier fünfmal siegte? Das Ligier-Duo wird für Renault wohl kaum die Kastanien aus dem Feuer holen.

REISETIPS

Ein unvergeßliches Erlebnis, und sei es nur deshalb, weil man noch nie in seinem Leben so viel Geld für ein Sandwich ausgeben mußte wie in Monaco. Wer sich die Tour gönnt, sollte sich einen Tribünenplatz leisten, denn die Stehplätze im Hang des Altstadtfelsens bieten zwar einen großartigen Panorama-Blick, liegen aber größtenteils zu weit vom Geschehen entfernt. Unter den Tribünen ist die langgezogene „K8" extrem beliebt. Speziell die rechte Seite. Von dort kann man zusätzlich die Ausfahrt der Boxengasse einsehen und - von der obersten Reihe - teilweise die Start-und-Zielgerade.

Die wenigen preisgünstigen Hotelzimmer werden während der tollen Tage von der Stammkundschaft nicht aus der Hand gegeben. Es ist in jedem Fall ratsam, Quartier zwischen Nizza und Ventimiglia zu suchen. Per Bahn erreicht man Monaco auf die bequemste Weise. Außerdem verschwenden Sie nicht 50 Prozent der Zeit ihres Aufenthalts mit der Parkplatzsuche... Fans kehren gern in der Bar Monte Carlo am Place d'Armes ein, wo vom Cappuccino bis zur Pizza alles serviert wird.

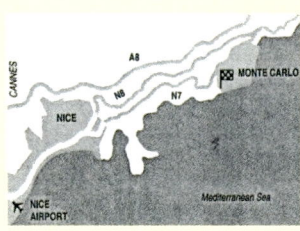

LAGE
Der Kurs verläuft durch die Straßen Monte Carlos, der Hauptstadt des Fürstentums Monaco, 18 km östlich von Nizza. Autobahn A8 oder Nationalstraße RN7.

BAHNHOF
Monaco

FLUGHAFEN
Nizza

LADENÖFFNUNGSZEITEN
Dienstag-Samstag 9.00-12.30
und   14.30-19.00

TICKET-VERKAUF
Automobil Club de Monaco
23 Bd Albert 1er, BP 464
98012 Monaco Cedex
Tel.: 0033-93-152624
Fax: 0033-93-258008

EINTRITTSPREISE
ca. 60-360 DM

LANDESWÄHRUNG
Francs, 100 FF = ca. 29,38 DM
(01.03.94)

EXTRATIP
Am Samstagabend ist ein Besuch der Tip-Top Bar - rechts zwischen Casino-Platz und Hotel Mirabeau - Pflicht. Energischen Einzelkämpfer-Naturen gelingt es sogar, eine unverschämt hochpreisige Dose Bier zu ergattern.

143

BARCELONA

Die USA und Frankreich sind die Weltmeister, nimmt man als Kriterium die Anzahl der verschiedenen GP-Austragungsorte. Aber auch Spanien kann sich in dieser Beziehung sehen lassen: Der aktuelle Kurs vor den Toren der katalanischen Hauptstadt Barcelona ist bereits die fünfte spanische Piste, die den WM-Lauf des Landes austragen darf. Die zahlreichen Wechsel der spanischen Grand-Prix-Kurse sind auf Sicherheitsüberlegungen und das schwer berechenbare Interesse der Spanier am GP-Sport zurückzuführen. Es gab Rennen vor ausverkauftem Haus und auch – an der Rennstrecke in Jerez – vor fast menschenleeren Tribünen.

Circuit de Catalunya in Montmelo

Runde
4,747 km

Rundenzahl
65

Renndistanz
308.555 km

Michael Schumacher 1992 in Barcelona: Erst ein schwerer Trainingsunfall, dann erstmals in der Formel 1 für die vorderste Startreihe qualifiziert.

Rundenrekord
Michael Schumacher (D)
Benetton B193B-Ford V8
in 1:20,989 min
(=211,006 km/h) GP 1993

Seat

6

2

3

4

3

3

Elf

Großer Preis von Spanien

Erster GP:	1951 in Pedrables	
Damaliger Sieger:	J. M. Fangio (ARG) Alfa Romeo	
Häufigste Sieger:	3 x Mansell (87, 91, 92) 3 x Stewart (69, 70, 71) 3 x Prost (88, 90, 93)	

Sieger der letzten Jahre:

1993	Prost	Williams-Renault	
1992	Mansell	Williams-Renault	
1991	Mansell	Williams-Renault	
1990	Prost	Ferrari	(Jerez)
1989	Senna	McLaren-Honda	(Jerez)
1988	Prost	McLaren-Honda Turbo	(Jerez)
1987	Mansell	Williams-Honda Turbo	(Jerez)
1986	Senna	Lotus-Renault Turbo	(Jerez)

Champus gefällig? Michael Schumacher wird er von Alain Prost und Ayrton Senna serviert.

Schumachers harter Einsatz im Benetton-Ford wird 1993 mit Startplatz drei belohnt. Er ist Schnellster hinter den beiden übermächtigen Williams-Renault. Für Dr. Udo Zucker, Ingenieur von McLarens High-Tech-Zentrale TAG Electronic, gibt es Anfang der neunziger Jahre ohnehin nur zwei Arten von F1-Motoren: „Renault und Nicht-Renault".

Michael Andretti im Rotlichtmilieu: Der Amerikaner wartet im Training auf die Freigabe der Strecke. In Barcelona wird der Formel-1-Debütant 1993 Fünfter und holt endlich seine ersten WM-Punkte.

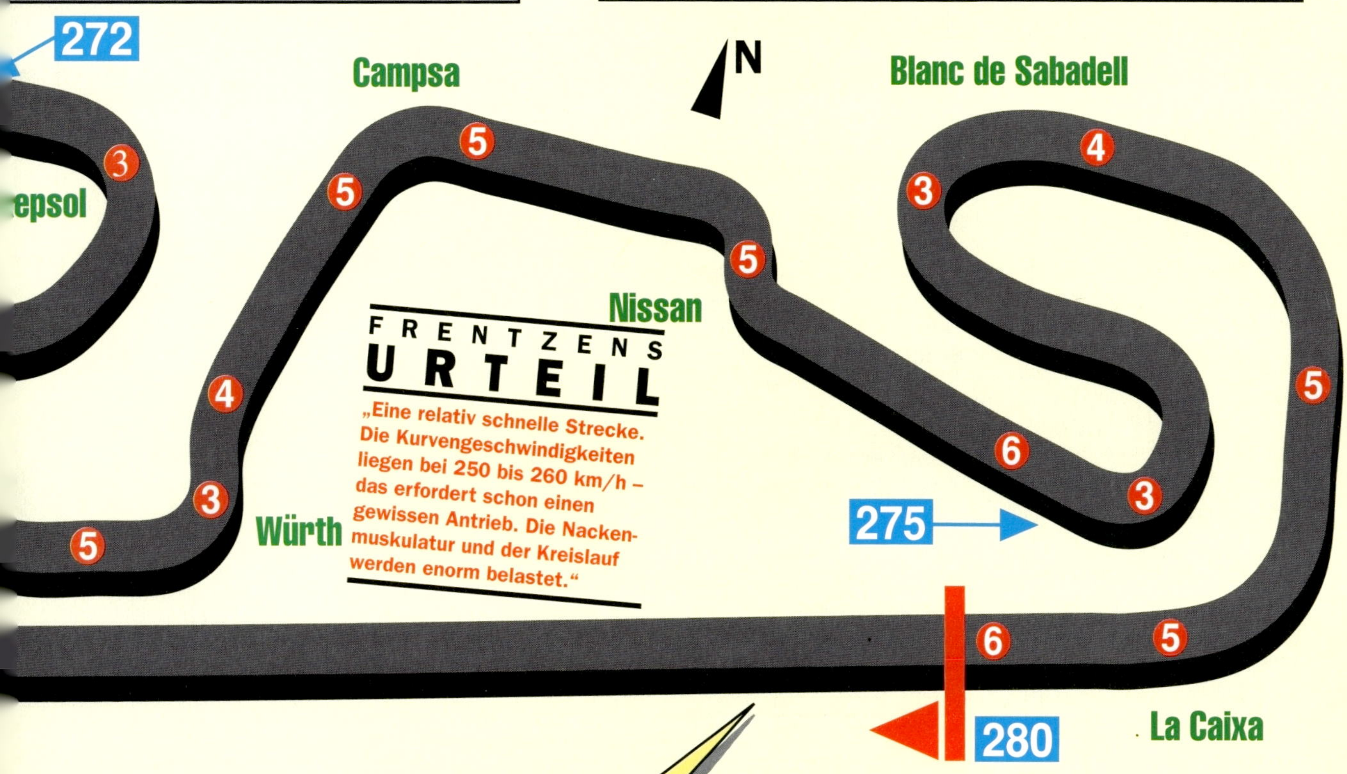

272

Campsa

N

Blanc de Sabadell

3

epsol

5

5

3

5

4

Nissan

FRENTZENS
URTEIL

„Eine relativ schnelle Strecke. Die Kurvengeschwindigkeiten liegen bei 250 bis 260 km/h – das erfordert schon einen gewissen Antrieb. Die Nackenmuskulatur und der Kreislauf werden enorm belastet."

4

3

6

5

5

3

Würth

275

6

5

6

5

280

La Caixa

1993 erlebt die Formel 1 ein Novum: Als GP-Starter Roland Bruynseraede den Knopf der Startampel drückt, blinkt Gelb statt Grün. Einige Fahrer denken an Rennabbruch, andere legen – wie Alain Prost und Damon Hill – einen blitzsauberen Start hin. Der ehrliche Karl Wendlinger fährt mit Verspätung los, während Ayrton Senna sogar Grün gesehen haben will.

Sicher kommt die atmosphärisch durch Lärm, Farben und Kampf geprägte Formel 1 den iberischen Machos entgegen. Zum anderen aber vermißt das Publikum seit Jahren einen einheimischen Piloten unter den Favoriten. Der letzte Weltklasse-Fahrer, Alfonso de Portago, drehte seine schnellen Runden in den 50er Jahren. Anschließend tauchten mit Männern wie Alex Soler-Roig, Emilio Villota oder Luis Perez-Sala nur Fahrer von eher bescheidener Qualität auf.

Mancher wird sich an Chris Amon erinnern. Der Neuseeländer zählte in den 60er Jahren zu den absoluten Top-Piloten der Formel 1 und wurde als potentieller Weltmeister gehandelt. Tatsächlich aber war ihm kein einziger Sieg in einem WM-Lauf vergönnt. Nur einmal ließ er bei einem F1-Rennen alle anderen hinter sich, aber bei diesem Rennen wurden leider keine Punkte vergeben...

Oft schien der Sieg für ihn schon zum Greifen nahe, wie 1969 während des GP von Spanien.

▶

Nachdem die Lotus-Piloten Jochen Rindt und Graham Hill durch spektakuläre Unfälle ausschieden, zog Amon auf dem Stadtkurs von Montjuich einsam seine Runden. Zunächst deutlich vor Jo Siffert, dann - der Schweizer mußte seinen Lotus mit Ölpumpen-Defekt abstellen - vor Jackie Stewart, der mit mehr als 40 Sekunden Rückstand folgte. Endlich einmal - daran zweifelte niemand - würde Amon mit seinem Ferrari die volle Punktzahl holen. Das tat er nicht, denn der V12 in seinem Rücken gab den Geist auf.

Alle vier GP, die am Montjuich gefahren wurden, bleiben unvergessen, aus tragischem Anlaß auch der letzte im Jahr 1975. Jochen Mass, der heute für RTL die F1-Rennen kommentiert, gewann das denkwürdige Rennen. Alles begann mit einem Streik der Fahrer, weil die Leitplanken fahrlässig montiert waren. Aber der Veranstalter blieb hart, und als Jacky Ickx, Vittorio Brambilla, Robert Evans und Roelof Wunerink aus der Phalanx der Boykotteure ausbrachen, tummelten sich bald alle auf der Piste.

Das Rennen begann mit einem Paukenschlag, als sich die beiden Ferrari-Piloten Clay Regazzoni und Niki Lauda bereits in der ersten Kurve gegenseitig abschossen. Mit James Hunt hatte der GP seinen ersten Überraschungs-Spitzenreiter, und als der von der Bahn flog, übernahm ein Pilot das Kommando, den niemand auf seiner Liste hatte: Der Penske-Fahrer Mario Andretti. Auch dem Amerikaner brachte die Führung kein Glück - wie niemandem an diesem Tag! Andretti knallte gegen die Leitplanken und wurde auf Platz eins von dem Kölner Rolf Stommelen abgelöst. Dann die Katastrophe: Der Heckflügel des Hill-Ford brach, und der Wagen des Deutschen schoß gegen Ende der Start-und-Zielgeraden links in die Leitplanken, bevor er auf der rechten Seite über die Pistenbegrenzung in eine Gruppe Offizieller und Journalisten flog. Fünf Menschen starben, neun Verletzte wurden beklagt. Als das Rennen nach 29 von 75 Runden abgebrochen wurde, lag Jochen Mass in Front. Er hatte freilich ebensowenig Grund zur Freude, wie Lella Lombardi, die als erste (und bis heute einzige) Frau punktete.

Niemals mehr kehrte die Formel 1 nach Montjuich zurück. Gefahren wurde in Jarama und Jerez, nachdem die Pläne für ein Stadtrennen im südspanischen Badeort Fuengirola zu den Akten gelegt worden waren.

Noch 1975 versprachen die Katalanen als Ersatz für den Montjuich-Kurs umgehend eine permanente Piste zu bauen. Mit südeuropäischer Gelassenheit erfüllten sie das Versprechen: Im Jahre 1991 wurde erstmals in Granollers gefahren, der aktuellen Heimat des Gran Premio d'España bei Barcelona.

Rennreport zum Ausfüllen

Startaufstellung
(die ersten Zehn)

1. R. _____

2. R. _____

3. R. _____

4. R. _____

5. R. _____

Schnellste Trainingszeit

Ausfälle

Fahrer	Runde

Notizen

Zieleinlauf

Fahrer	Punkte
1.	10
2.	6
3.	4
4.	3
5.	2
6.	1
7.	
8.	

WM-Punktestand nach dem 5. Lauf

Fahrer	Ges.-Punkte
1.	
2.	
3.	
4.	
5.	
6.	
7.	
8.	
9.	
10.	
11.	
12.	

REISETIPS

Eine Tour, bei der Sie nichts falsch machen können, denn die Stadt Barcelona ist allein schon eine Reise wert. Die Rennstrecke bietet generell gute Übersichtsmöglichkeiten. Speziell die Stehplätze am Ende der Startgeraden mit Blick auf die Rechts-Links-Kombination sind beliebt. Das Geld für Tribünenplätze kann getrost gespart werden. Campingmöglichkeiten gibt es in Barcelona. Auch an der nahen Küste sind schon einige Plätze geöffnet. In der Vorsaison werden dort auch preiswerte Hotelzimmer angeboten. Freaks versuchen, im Hotel Alfa Valles unterzukommen,

das nur wenige Kilometer von der Piste entfernt liegt. Dort ist allerdings der Hund begraben.

Spanische, katalanische und französische Küche finden Sie überall. In Barcelona selbst gibt es ohnehin keine kulinarischen Grenzen. Um auf schmackhafte Art satt zu werden, müssen Sie nicht unbedingt ein Restaurant aufsuchen. In jeder spanischen Kneipe gibt es Tapas, kleine köstliche Snacks aus Gemüse, Fleisch oder Fisch.

LAGE

20 km nördlich von Barcelona. Zu erreichen über Autobahn A7 Barcelona-Girona-Frankreich, Ausfahrt Nr. 13 (Granollers).

BAHNHOF

Barcelona

FLUGHÄFEN

Barcelona El Prat de Llobregat
Girona

LADENÖFFNUNGSZEITEN

Montag-Samstag 10.00-13.30
und   17.00-20.00

TICKET-VERKAUF

Bei allen RACC-Büros in Katalonien

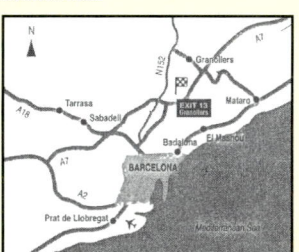

Reial Automobil Club de Catalunya (RACC)
Travessera de Gràcia, 30
E-08021 Barcelona
Tel.: 0034-3-2093577
Fax: 0034-3-2023990

EINTRITTSPREISE

ca. 55-200 DM

LANDESWÄHRUNG

Peseta. 100 ptas = ca. 1,22 DM
(01.03.94)

EXTRATIP

Wer kein Spanisch spricht und sich scheut, mit Händen und Füßen zu reden, sollte an der Küste in Orten wie Calella oder Pineda wohnen. Deutsche Touristen sind dort wohlbekannt.

Jean Alesi fährt auch 1993 vergeblich seinem ersten Grand-Prix-Sieg hinterher. 1994 soll der Franzose mit dem neuen Ferrari eine ungewöhnliche Serie beenden: Zwar sind alle Formel-3000-Europameister in die Formel 1 aufgestiegen. Aber bislang konnte noch keiner von ihnen jemals ein Rennen in der Königsklasse gewinnen.

MONTREAL

Gemessen an den klassischen WM-Läufen, zählt der Grand Prix im zweitgrößten Flächenstaat der Erde zur jüngeren Generation. Erst seit 1967 wird das Rennen - mit zwei einjährigen Unterbrechungen - ausgetragen. Nach vier Auflagen auf den extrem anspruchsvollen Kursen von Mosport und St. Jovite fand der kanadische GP 1978 seine vorläufig feste Heimat auf der Insel Notre Dame im St. Lawrence River. Daß der Grand Prix auf dem nordamerikanischen Kontinent im „französischen" Landesteil Kanadas stattfindet, hat seine guten Gründe. Die Formel 1 ist in Nordamerika ebenso exotisch, wie das Footballspiel in Europa. Quebec aber - und dort speziell die Hauptstadt Montreal - atmet spürbar europäische Lebensart.

Circuit Gilles Villeneuve
Runde
4,43 km
Rundenzahl
69
Renndistanz
305,67 km
Rundenrekord
Michael Schumacher (D) Benetton B193B-Ford V8 in 1:21,500 min (=195,681 km/h) GP 1993

Ile Not

Großer Preis von Kanada

Erster GP:	1967 in Mosport
Damaliger Sieger:	J. Brabham (AUS) Brabham-Repco

Häufigste Sieger: 3 x Nelson Piquet (82, 84, 91), 2 x Jacky Ickx (69, 70), 2 x Jackie Stewart (71, 72), 2 x Alan Jones (79, 80), 2 x Ayrton Senna (88, 90)

Sieger der letzten Jahre:

1993	Prost	Williams-Renault
1992	Berger	McLaren-Honda
1991	Piquet	Benetton-Ford
1990	Senna	McLaren-Honda
1989	Boutsen	Williams-Renault
1988	Senna	McLaren-Honda Turbo
1986	Mansell	Williams-Honda Turbo
1985	Alboreto	Ferrari Turbo
1984	Piquet	Brabham-BMW Turbo
1983	Arnoux	Ferrari Turbo

E in einheimischer F1-Superstar wie Gilles Villeneuve trug seinen gehörigen Teil dazu bei, den GP-Sport in Kanada noch mehr gesellschaftsfähig zu machen. Villeneuve, ein Rennfahrer mit Champion-Qualitäten, eroberte die Formel 1 ab 1977 im Sturm, verunglückte dann aber 1982 im belgischen Zolder tödlich. Die Rennstrecke in Montreal ist nach ihm benannt.

Man muß den Circuit Gilles Villeneuve selbst einmal abgefahren sein, um die Herausforderung zu begreifen. Beschleunigen, bremsen, beschleunigen, bremsen - und das immer wieder in sehr

Von der endlosen Weite Kanadas ist auf der Ile Notre-Dame nichts zu sehen. Betonmauern mit hohen Sicherheitszäunen prägen das Bild. Es ist halt eine typisch nordamerikanische Strecke.

Rauchzeichen von Nigel Mansell. Während er 1992 nach diesem Dreher im Training weiterfahren kann, muß der spätere Weltmeister im Rennen nach einem Ausrutscher die Segel streichen.

1990 verschrottet der Spanier Jesus Pareja in einem Sportwagenrennen seinen Porsche, weil er über einen lockeren Kanaldeckel (!) fährt.

HÄKKINENS
URTEIL

„Ein wunderschöner Kurs mit interessantem Streckenverlauf, der die Ausarbeitung eines überdurchschnittlich exakt ausgetüftelten Set-up verlangt."

306

N

Den letzten Todesfall bei einem Grand Prix beklagt die Formel 1 1982, als der Italiener Ricardo Paletti nach einem Startunfall verbrennt.

unrythmischer Weise. An einigen Ecken laden die Notausgänge herzlich ein, und dem Ortsunkundigen wird oft erst im letzten Augenblick klar, daß er sich auf dem Weg in eine Sackgasse befindet. Das ist keine „typische" Formel-1-Piste - da bedarf es gar nicht erst der zahlreichen groundhogs, der nordamerikanischen Murmeltiere, die ab und zu verschreckt am Rande des Asphaltbandes auftauchen.

Der GP von Kanada ist immer wieder für ein überraschendes Ergebnis gut: Während

Beim GP von Kanada hat 1993 das McLaren-Team mit dem unterlegenen Ford-V8 den Tiefpunkt erreicht. Platz acht ist für Senna die schlechteste Startposition, seit er für die Truppe um Ron Dennis fährt (1988). Er macht jedoch in der ersten Runde bravourös vier Plätze gut. Durch Ausfall verliert er endgültig den WM-Spitzenplatz.

der letzten zehn Rennen auf der Insel-Piste trugen sich acht (!) verschiedene Piloten in die Siegerliste ein. Den WM-Lauf in Montreal zweimal hintereinander zu gewinnen, gelang bisher nur dem Australier Alan Jones - 1979 und 1980. Sein zweiter Erfolg brachte ihm - nach einem bösen Foul an Nelson Piquet - den WM-Titel ein. Beide Piloten rechneten sich vor dem Start des Rennens - des vorletzten Laufs der Saison - noch Chancen auf den Gewinn der Weltmeisterschaft aus. Im Training sicherte sich der Brasilianer die Pole-Position und verwies den Mann vom fünften Kontinent mit 0,8 Sekunden Rückstand auf Platz zwei. Unmittelbar nach dem Start, in der ersten Rechtskurve, drückte Jones seinen Konkurrenten dann gegen eine Betonmauer. Wegen der folgenden Massenkarambolage mußte der GP unterbrochen werden. Beim Neustart ließ es Piquet am Steuer seines Ersatz-Autos zunächst ganz vorsichtig angehen. Aber bereits im Verlauf der dritten Runde übernahm er die Führung und baute schnell einen großen Vorsprung auf. Bis in den 24. Umlauf hoffte er auf den Titel, dann quittierte der Motor im Heck seines Brabham den Dienst - der Weg für Jones war frei. Erstmals ging der Titel an einen Williams-Fahrer. Bis heute stellt sich Piquet die Frage, ob auch der Achtzylinder des ursprünglich eingesetzten BT49 den Belastungen nicht standgehalten hätte. Insgesamt wurden an diesem Tag nur zwei Motorschäden registriert...

Zwei Jahre später ereignete sich ein schwerer Unfall mit tödlichem Ausgang. Der Italiener Ricardo Paletti knallte wenige Sekunden nach dem Start mit gut 160 km/h in das Heck des Ferrari von Didier Pironi, der seinen Boliden für den besten Startplatz qualifiziert hatte, dann aber den Motor abwürgte. Derek Ongaro, der Vorgänger des Belgiers Roland Bruynseraede als Starter und Sicherheitsbeauftragter, sah sich den dramatischen Zwischenfall anschließend immer wieder in der Videoaufzeichnung an. Er kam zu dem Ergebnis, daß der Neuling Paletti - er fuhr seinen zweiten GP - nicht auf die Piste, sondern nur auf die Instrumente schaute, um korrekt hochzuschalten. Aus der vorletzten Startreihe kommend, hatte der Osella-Pilot wohl keinerlei Überholvorgang einkalkuliert - einen geparkten Boliden schon gar nicht...

Bis in die Gegenwart blieb diese Tragödie vom 13. Juni 1982 der letzte tödliche Unfall während eines GP-Wochenendes. Nach dem Neustart gewann der amtierende Weltmeister Nelson Piquet. Es war der erste Sieg des BMW-Turbomotors im Heck des Brabham.

Rennreport zum Ausfüllen

Startaufstellung
(die ersten Zehn)

1. R. _____
   _____
2. R. _____
   _____
3. R. _____
   _____
4. R. _____
   _____
5. R. _____
   _____

Schnellste Trainingszeit

Ausfälle

Fahrer	Runde

Notizen

Zieleinlauf

Fahrer	Punkte
1.	10
2.	6
3.	4
4.	3
5.	2
6.	1
7.	
8.	

WM-Punktestand nach dem 6. Lauf

Fahrer	Ges.-Punkte
1.	
2.	
3.	
4.	
5.	
6.	
7.	
8.	
9.	
10.	
11.	
12.	

REISETIPS

Eine tückische Piste, die immer wieder für Überraschungsergebnisse gut ist. Reich ist die Auswahl zwischen schnellen und langsamen Streckenabschnitten. Gute Übersicht bietet die Haarnadelkurve vor der alten Boxenanlage. Dort sind in der Bremszone auch Positionsverschiebungen jederzeit möglich.

Übernachtungsprobleme gibt es nicht. Nur wer ein bestimmtes Hotel ins Auge gefaßt hat, sollte rechtzeitig reservieren. Hauptabsteige der Teams ist das Radisson Gouverneur, das seinen Namen allerdings so oft wechselt, wie ein Chamäleon die Farbe. Auf einen

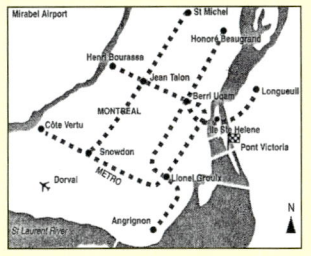

Leihwagen sind Sie nicht angewiesen, weil der Haupteingang des Circuit Gilles Villeneuve nur wenige Gehminuten von einer U-Bahn-Haltestelle entfernt liegt. Natürlich finden sich in der Metropole Restaurants, die jedem Geldbeutel und jedem Gaumen gerecht werden. Lohnenswert sind in jedem Fall Besuche in der Altstadt und - für Freunde des optischen Seitensprungs - in einem der zahlreichen und nicht zu übersehenden Orange-Box-Clubs.

LAGE
Der Kurs liegt östlich des Zentrums von Montreal auf der Insel Notre Dame. Zu erreichen über die Jacques-Cartier-Brücke über den Fluß Saint Laurent, oder alternativ mit der U-Bahn vom Zentrum bis zur Rennstrecke.

BAHNHOF
Montreal

FLUGHAFEN
Montreal Mirabel

LADENÖFFNUNGSZEITEN
Montag-Mittwoch	9.00-18.00
Donnerstag-Freitag	9.00-21.00
Samstag	9.00-17.00

TICKET-VERKAUF
Les Entreprises GP Canadien Ltée
C.P. 248, Succ. Place d'Armes
Montreal, Quebec H2Y 3G7

Circuit Gilles Villeneuve
Tour de Contrôle
Ile Notre Dame
Montreal, Quebec H3C 1A0
Tel.: 001-514-3920000
Fax: 001-514-3920007

EINTRITTSPREISE
ca. 25-310 DM

LANDESWÄHRUNG
Kanadische Dollar, 1 Dollar = ca 1,26 DM (01.03.94)

EXTRATIP
Der Besuch des Rennens ist der ideale Abschluß und Höhepunkt eines Kanada-Urlaubs. Zwei Fliegen mit einer Klappe zu schlagen, rechtfertigt für jeden Formel-1-Fan auch die deutlich spürbaren Reisekosten. Sie sollten sich rechtzeitig um günstige Charterflüge kümmern.

MAGNY-COURS

Circuit de Nevers

Runde
4,25 km

Rundenzahl
72

Renndistanz
306 km

Rundenrekord
Nigel Mansell (GB)
Williams FW14B-Renault
V10 in 1:17,070 min (=
198,521km/h) GP 1992

Dieses Rennen ist der Klassiker des Grand-Prix-Sports schlechthin, obwohl es erst 1968 zum ersten Mal ausgetragen wurde - offiziell jedenfalls. Zuvor wurde das Rennen seit 1906 (!) unter dem Namen Grand Prix de L'ACF gestartet. Im Kalender der seit 1950 veranstalteten Fahrer-WM ist der französische Lauf ein nahezu unverzichtbarer Bestandteil: Nur 1955 - unter dem Schock der Le Mans-Tragödie, die mehr als 80 Opfer forderte - wurden in Frankreich keine Punkte vergeben.

Unter den zahlreichen Strecken, die beim Großen Preis von Frankreich zum Einsatz kamen, sind einzigartige Schauplätze. So der ultraschnelle Straßen-Dreieckskurs von Reims, die selektive Mut-Piste in Rouen und Frankreichs „kleiner Nürburgring" - der fahrerisch extrem anspruchsvolle Mittelgebirgskurs bei Clermont-Ferrand. Dort wurde regelmäßig PS-Geschichte geschrieben. Gemessen an diesen legendären Herausforde-

Den größten Trainingserfolg der vergangenen Saison feiert Ligier auf der Hausrennstrecke, nur einen Steinwurf von den Werkstoren in Magny Cours entfernt: Platz drei und vier. Im Rennen läuft es nicht so gut. Blundell (Bild) rutscht von der Piste, Teamkollege Brundle wird nur Fünfter.

rungen, ist der aktuelle Grand-Prix-Kurs auf knappes Durchschnitts-Niveau abgesunken. Seit drei Jahren wird in Magny-Cours gefahren, einer hochmodernen Retorten-Anlage ohne Flair und ohne Kick.

Schon als vor 100 Jahren - 1894 - das erste Automobilrennen der Geschichte ausgetragen wurde, geschah dies in Frankreich: Die legendenumwobene „Fernfahrt" von Paris nach Rouen, bei der es allerdings mehr auf Zuverlässigkeit als auf Tempo ankam, ist die Mutter

Großer Preis von Frankreich

Erster GP:	1950 in Reims
Damaliger Sieger:	J. M. Fangio (ARG) auf Alfa Romeo
Häufigste Sieger:	6 x Prost (81, 83, 88, 89, 90, 93),

4 x Fangio (50, 51, 54, 57), 4 x Mansell (86, 87, 91, 92)

Sieger der letzten Jahre:

1993	Prost	Williams-Renault	
1992	Mansell	Williams-Renault	
1991	Mansell	Williams-Renault	
1990	Prost	Ferrari	(LeCastellet)
1989	Prost	McLaren-Honda	(LeCastellet)
1988	Prost	McLaren-Honda Turbo	(LeCastellet)
1987	Mansell	Williams-Honda Turbo	(LeCastellet)
1986	Mansell	Williams-Honda Turbo	(LeCastellet)
1985	Piquet	Brabham-BMW Turbo	(LeCastellet)
1984	Lauda	McLaren-TAG Porsche Turbo	(Dijon)
1983	Prost	Renault Turbo	(LeCastellet)

Den dritten Platz hinter dem fast unschlagbaren Williams-Duo Prost/Hill empfindet Schumacher als Sieg.

ALESIS URTEIL

„Dieser Kurs ist nichts Besonders. Als „normal“ möchte ich ihn bezeichnen. Die Fahrbahn ist eben, PS sind recht wichtig, aber die richtige Abstimmung ist nur über eine perfekte Aerodynamik zu finden.

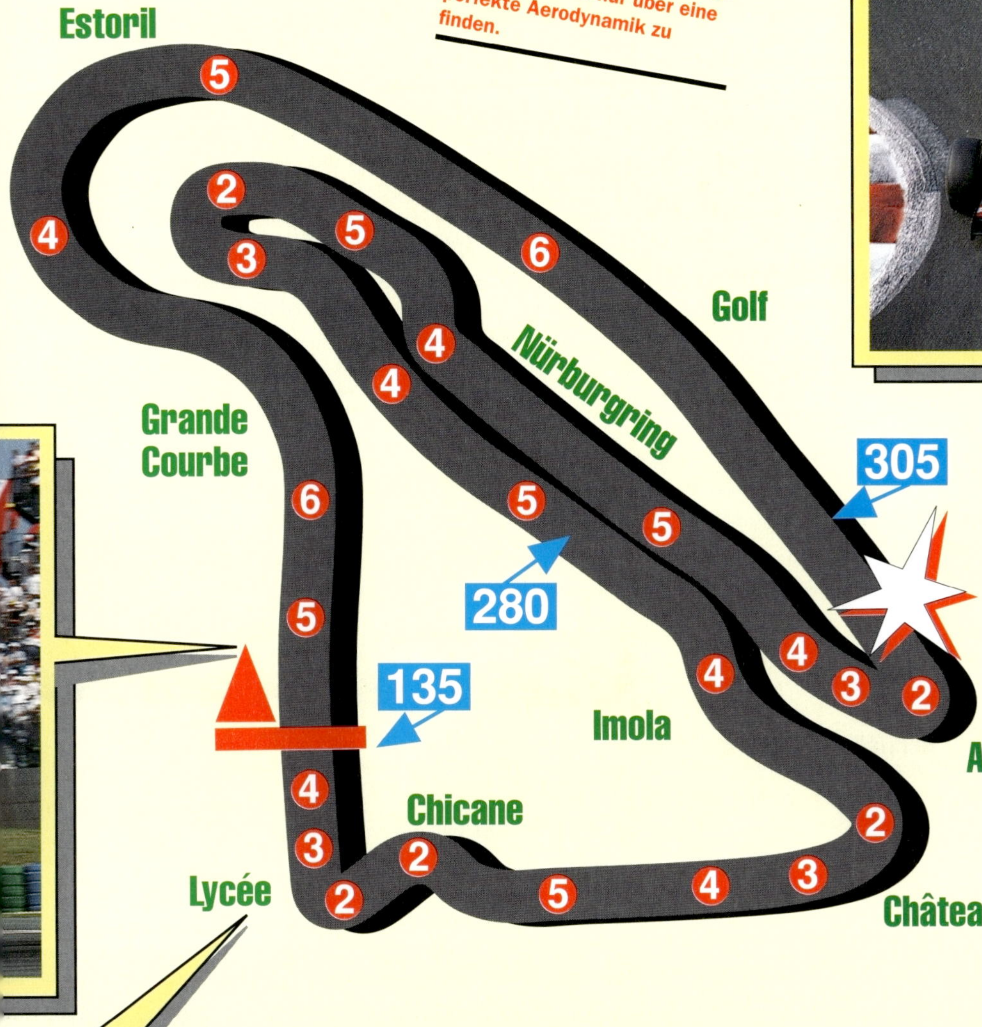
N
Estoril
Golf
Nürburgring
Grande Courbe
305
280
135
Imola
Adelaide
Chicane
Lycée
Château d´Eau
5
4
2
3
5
6
4
4
6
5
5
5
4
4
3
2
4
3
2
2
5
4
3
2

Rubens Barrichello kennt Magny Cours bereits aus seiner Formel-3.000-Zeit. Dennoch bleibt ihm 1993 nur der undankbare siebte Rang. Keine Punkte.

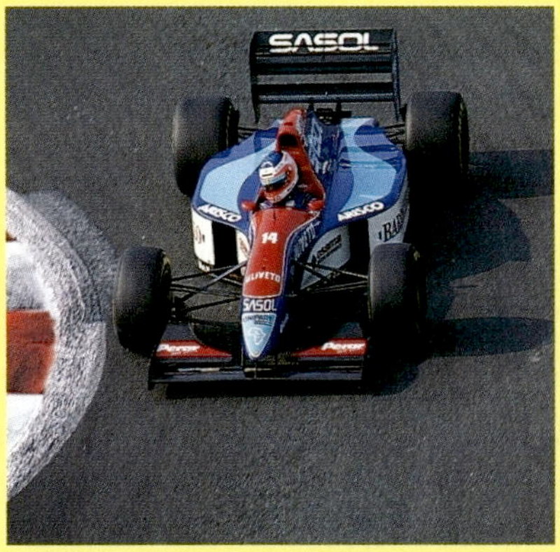
SASOL

In der Startrunde 1992 verursacht Schumacher eine Kollision mit Senna. Der Brasilianer scheidet aus und spricht von einen „Anfängerfehler“.

RHÔNE-POULENC
SASOL

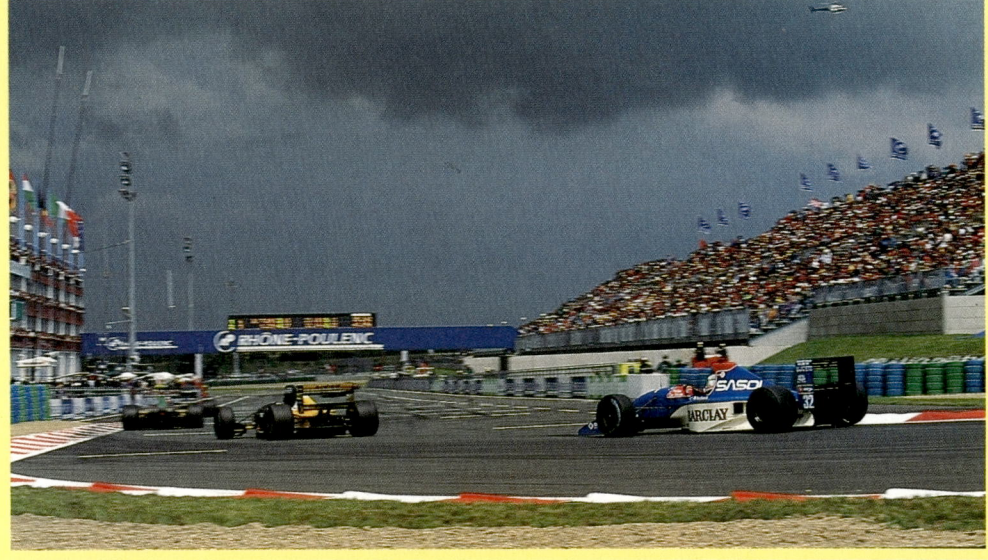

1992 zwingt ein heftiger Regenschauer die Verantwortlichen, das Rennen in der 19. Runde zu unterbrechen. Die beiden Italiener Gianni Morbidelli (Minardi) und Stefano Modena (Jordan) nehmen die letzte Runde vor dem großen Regen in Angriff. Ein Blick an den Himmel läßt das Unheil schon erahnen.

aller Autorennen. Da ist es verständlich, daß der GP von Frankreich einen ganz besonderen Stellenwert hat.

Im Rahmen der WM war es lange keinem der einheimischen Spitzenpiloten vergönnt, einen Sieg in Frankreich einzufahren. Stars wie Jean Behra, Maurice Trintignant - der zweifache Monaco-Sieger -, Jean-Pierre Beltoise oder François Cevert mühten sich vergeblich. Erst 1979 durchbrach Jean-Pierre Jabouille, heute Sportchef bei Peugeot, in Dijon-Prenois den Bann. Diese Leistung wiederholten René Arnoux und Alain Prost, dem das Kunststück sogar gleich sechsmal gelang!

Das Rennen am 1. Juli 1979 in Dijon hatte nicht nur nationale französische Bedeutung. Es war einer der vielen GP, die weit aus dem Gros herausragten. Zum einen, weil sich erstmals ein Turbo gegen die Sauger durchsetzen konnte. Damit wurde eine Entwicklung eingeleitet, die im Sommer 1983 abgeschlossen war. Vom 12. Juli dieses Jahres an siegten die Turbos bis zum Verbot der zwangsaufgeladenen Geräte Ende 1988, ohne auch nur ein Rennen abgeben zu müssen.

Aber der französische GP des Jahres 1979 bleibt aus einem zweiten Grund unvergessen. Im Kampf um Platz zwei lieferten sich Jabouilles Teamkollege René Arnoux und der kanadische Ferrari-Fahrer Gilles Villeneuve ein wahres Jahrhundert-Duell. In die Entscheidung konnten die beiden mit 15 Sekunden Rückstand auf den Spitzenreiter nicht mehr eingreifen, aber sie zeigten Einsatz, als ginge es ums Leben. Im Verlauf der letzten Runde wechselten immer wieder die Positionen. Immer wieder touchierten die Boliden, und Arnoux rutschte sogar einmal auf den Seitenstreifen.

Mit zwei Zehntelsekunden Vorsprung entschied der Kanadier den beinhart geführten Zweikampf schließlich für sich. Obwohl der Kampf bis aufs

Messer geführt wurde, gab es anschließend keinen Groll: Arnoux, der für sein Leben gern einen Renault-Doppelsieg möglich gemacht hätte, reichte Villeneuve die Hand zur Gratulation. Die Zeit des schnellen Franzosen sollte noch kommen: Zwischen 1980 und 1983 siegte Arnoux siebenmal. Insgesamt sicherte er sich 18 mal die Pole-Position - eine Leistung, die ihn heute noch in den Top-Ten der Trainingsschnellsten erscheinen läßt.

Auf dem aktuellen Circuit bei Magny-Cours wurde bisher noch keine PS-Geschichte geschrieben. Denkwürdige Episoden spielten sich aber auch dort ab. Michael Schumacher weiß ein Lied davon zu singen. Der Rheinländer erwischte 1992 in Frankreich einen ausgesprochen schlechten Tag und schoß zuerst Ayrton Senna und dann Mauricio Gugelmin ab. Die Kollision mit dem Jordan des Brasilianers überstand der Benetton des an diesem Tage zu ungeduldigen Deutschen nicht. Ein Jahr später hatte Schumacher seine Lektion längst gelernt und wurde sicherer Dritter.

Rennreport zum Ausfüllen

Startaufstellung
(die ersten Zehn)

1. R. _____

2. R. _____

3. R. _____

4. R. _____

5. R. _____

Schnellste Trainingszeit

Ausfälle

Fahrer	Runde

Notizen

Zieleinlauf

Fahrer	Punkte
1.	10
2.	6
3.	4
4.	3
5.	2
6.	1
7.	
8.	

WM-Punktestand nach dem 7. Lauf

Fahrer	Ges.-Punkte
1.	
2.	
3.	
4.	
5.	
6.	
7.	
8.	
9.	
10.	
11.	
12.	

REISETIPS

Keine Perle von besonderem Glanz in der Kette der 16 WM-Läufe des Jahres. Zu „künstlich" ist die Piste, um wirklich gute Stimmung aufkommen zu lassen. Aufgrund der TV-Berichterstattung von RTL werden Sie wissen: Es gibt nur wenige markante Streckenabschnitte, die als Orientierungshilfe dienen. Die schönsten Kurven sind die enge Kehre „Adelaide" und die Bergab-Kurvenkombination vor Start-und-Ziel, die vom Beginn der Schikane bis ausgangs der Virage Lycée reicht.

Da sich die Anlage tief in der französischen Provinz befindet, ist Magny-Cours für Camper ideal. Wer mit dem eigenen Zelt - oder im Wohnmobil - anreist, leidet auch nicht täglich zweimal unter der dürftigen Anbindung ans Straßennetz. Das größte Betten-Angebot im direkten Umland gibt es in Nevers. Obwohl die Preise während des GP-Wochenendes unverschämt hoch sind, sind die Kapazitäten schnell ausgebucht. Restaurants: Wer in Frankreich verhungert, ist selbst schuld.

LAGE

250 km südlich von Paris, 80 km östlich von Bourges, 12 km südlich von Nevers. Zu erreichen über die N7.

BAHNHOF

Nevers

FLUGHÄFEN

Paris Charles de Gaulle
Paris Orly

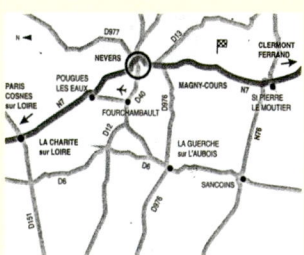

LADENÖFFNUNGSZEITEN

Dienstag-Samstag 9.00-19.00

TICKET-VERKAUF

Circuit de Nevers Magny-Cours

Service F1-Technopole
58470 Magny-Cours
Tel.: 0033-86-218000
Fax: 0033-86-218080

EINTRITTSPREISE

ca. 60-730 DM

LANDESWÄHRUNG

Franc, 100 FF = ca. 29,38 DM
(01.03.94)

EXTRATIP

Wer neben dem Renn-Erlebnis Ruhe und Erholung sucht, wird nicht enttäuscht: Es gibt Dörfchen in der Region, bei deren Anblick man sich geradezu an den Anfang des 20. Jahrhunderts zurückversetzt fühlt.

1993 gibt der Franzose Jean Todt in seiner Heimat den Einstand als Rennleiter bei Ferrari. Todt bezeichnet den Rennstall als „riesiges Orchester", das er als Dirigent leiten muß. Jean Alesi lauscht andächtig den Worten des Maestros.

LAUF 8

SILVERSTONE

Woodcote Corner

In Frankreich wurde der Automobilrennsport „erfunden" - in Großbritannien fand er seine Heimat. Eines der Indizien, von denen diese Behauptung untermauert wird: Neun der Formel-1-Teams, die sich für die laufende WM bei der FIA in Paris einschrieben, operieren von Basen innerhalb des Inselreichs aus. Sogar Ferrari hat ein Standbein in England: Chef-Designer John Barnard, „Vater" des aktuellen 412 T1, tüftelt seine Chassis-Finessen jenseits des Ärmel-Kanals aus. Das Inselreich kann aber nicht nur die besten Konstrukteure vorweisen.

Einmalig im Grand-Prix-Zirkus: Auf dem umgebauten Militärflugplatz von Silverstone muß fast das gesamte Feld aus einer Kurve starten. Nur die beiden ersten Reihen nicht.

Circuit Silverstone

Runde

5,226 km

Rundenzahl

59

Renndistanz

308,334 km

Rundenrekord

Damon Hill (GB) Williams FW15C-Renault V10 in 1:22,515 min (= 228,002 km/h) GP 1993

Club Corner

Vale

Auf Senna ist Verlaß. Dem Brasilianer gelingt das Kunststück, in drei aufeinanderfolgenden Jahren jeweils kurz vor Schluß fast an derselben Stelle stehenzubleiben. Zuschauer, die keine Senna-Fans sind, hoffen 1994 wieder darauf.

JJ Lehto verunglückt bei Benetton-Tests im Januar 1994. Resultat: Zwei Wirbel angebrochen, beim Saisonstart nicht dabei.

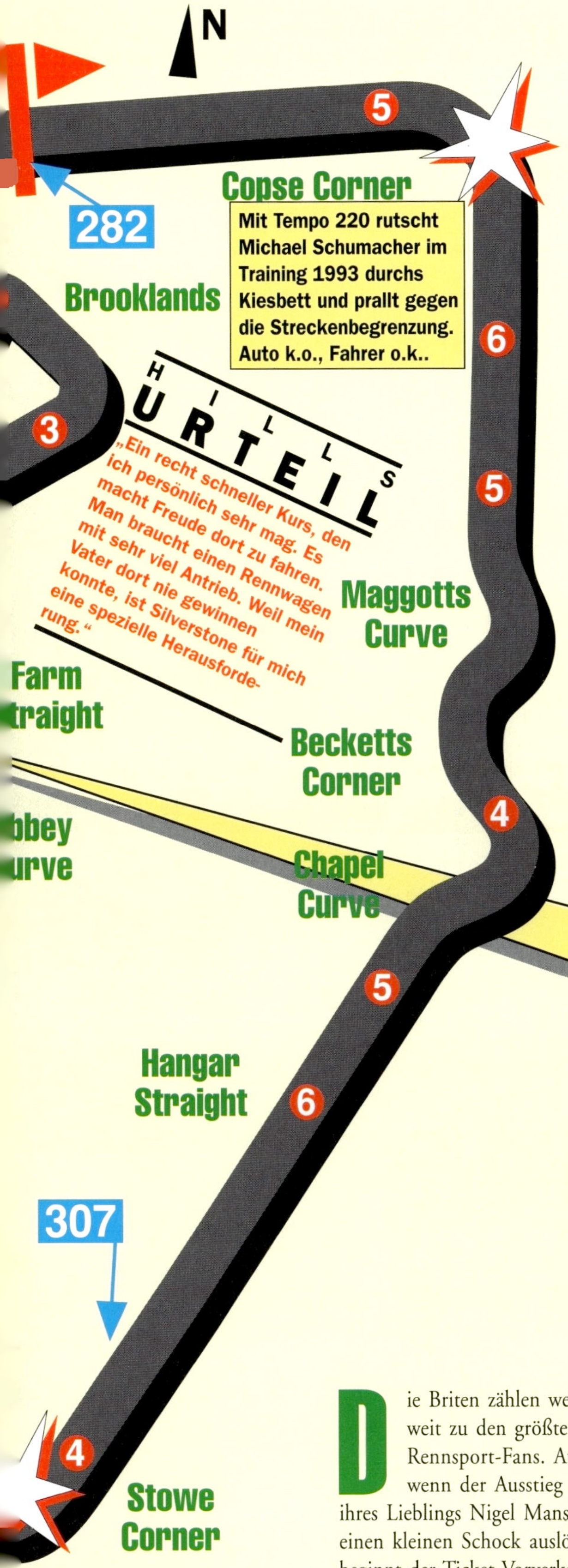

N

`282`

Copse Corner

Mit Tempo 220 rutscht Michael Schumacher im Training 1993 durchs Kiesbett und prallt gegen die Streckenbegrenzung. Auto k.o., Fahrer o.k..

Brooklands

H I L L S
URTEIL

„Ein recht schneller Kurs, den ich persönlich sehr mag. Es macht Freude dort zu fahren. Man braucht einen Rennwagen mit sehr viel Antrieb. Weil mein Vater dort nie gewinnen konnte, ist Silverstone für mich eine spezielle Herausforderung.“

Maggotts Curve

Farm straight

Becketts Corner

bbey urve

Chapel Curve

Hangar Straight

`307`

Stowe Corner

Großer Preis von England

Erster GP:	1950 in Silverstone
Damaliger Sieger:	G. Farina (I) Alfa Romeo
Häufigste Sieger:	5 x Clark (62, 63, 64, 65, 67)
	5 x Prost (83, 85, 89, 90, 93)
	4 x Mansell (86, 87, 91, 92)
	3 x J. Brabham (59, 60, 66)
	3 x Lauda (76, 82, 84)

Sieger der letzten Jahre:

1993	Prost	Williams-Renault
1992	Mansell	Williams-Renault
1991	Mansell	Williams-Renault
1990	Prost	Ferrari
1989	Prost	McLaren-Honda
1988	Senna	McLaren-Honda Turbo
1987	Mansell	Williams-Honda Turbo
1986	Mansell	Williams-Honda Turbo (Brands Hatch)
1985	Prost	McLaren-TAG Porsche Turbo
1984	Lauda	McLaren-TAG Porsche Turbo (Brands Hatch)
1983	Prost	Renault-Turbo

Schrecksekunde für Mark Blundell: Im Training von Silverstone 1993 kommen die beiden McLaren-Piloten Senna und Andretti über die Kuppe bei Abbey geschossen und können in letzter Sekunde dem havarierten Ligier von Blundell ausweichen. „Es war wie eine gestoppte Hinrichtung“, gibt ein blasser Blundell später zu Protokoll.

Die Briten zählen weltweit zu den größten Rennsport-Fans. Auch wenn der Ausstieg ihres Lieblings Nigel Mansell einen kleinen Schock auslöste, beginnt der Ticket-Vorverkauf für das folgende Jahr unverändert montags nach dem gerade beendeten Grand Prix. Regelmäßig ist dann die Haupttribüne schon meist nach wenigen Monaten ausverkauft.

Am 13. Mai 1950 wurde in England der erste aller F1-WM-Läufe ausgetragen, und gemeinsam mit den Italienern sind die Briten die treuesten Gastgeber für dieses Championat: Bisher verging kein WM-Rennjahr, in dem der Große Preis von England nicht gefahren wurde.

Bei den Ortschaften Silverstone, Brands Hatch und Aintree liegen die drei Kurse, auf denen bisher der GP von England ausgetragen wurde. Fünfmal wurde in Aintree gestartet, und diese Piste ist den älteren deutschen Fans in bester Erinnerung. Einer der beiden Grand Prix, die Wolfgang Graf Berghe von Trips für sich entscheiden konnte, war das verregnete Rennen in Aintree 1961.

In Brands Hatch wurde ein volles Dutzend WM-Läufe ausgetragen. Aber Silverstone - seit 1987 ununterbrochen an der Reihe - führt die Liste mit 27 GP an. Von 1950 bis 1990 wurde die Flugplatzpiste nur geringfügig verändert. Diverse Modifikationen gab es lediglich im Bereich der Woodcote-Kurve, die vor den Umbauarbeiten zu den größten Herausforderungen im F1-Sport zählte. Seit drei Jahren aber hat Silverstone ein neues Gesicht: Die Bahn wurde um knapp 500 Meter verlängert. Wegen der zahlreichen neuen Kurven gehören seitdem die legendär hohen Durchschnittsgeschwindigkeiten der Vergangenheit an.

Unzählige Highlights des Grand-Prix-Sports sind mit Silverstone verbunden: So zum Beispiel die schmerzhafte Mercedes-Niederlage 1954, der letzte Sieg des „Golden Boy" Peter Collins vier Jahre später, 1973 die Massen-Karambolage bei Start-und-Ziel zu Beginn der zweiten Runde, die zum ersten Abbruch eines WM-Grand Prix führte, oder der peinliche Auftritt des ehemaligen FISA-Präsidenten Jean-Marie Balestre, der 1989 nach dem Start zu Fuß die Bahn kreuzte und beinahe von Nicola Larini überfahren worden wäre...

Auch das Rennen im Jahr 1977 hat einen ganz besonderen Stellenwert. Am 16. Juli jenes Jahres ging in Silverstone der Stern des Kanadiers Gilles Villeneuve auf, der knapp fünf Jahre lang so hell am GP-Himmel strahlte. Wegen seines knabenhaften Aussehens wurde der „Exote" kaum beachtet. Dann aber, als er sein Auto - einen als dritten Werks-McLaren gemeldeten alten M23 - auf den neunten Startplatz stellte, wurde die Fachwelt hellhörig!

Im Rennen nahm er bereits während der ersten Runde Rang sieben ein. Hinter Gunnar Nilsson, der im folgenden Jahr einem Krebsleiden erliegen sollte, und vor Jochen Mass, der als McLaren-Stamm-Pilot einen M26 bewegte, zog er seine Bahn. Am Ende des zehnten Umlaufs nahm Villeneuve dann allerdings überraschend den rechten Fuß vom Gaspedal und bog in die Boxengasse ein. Sein Motor drohte zu überhitzen - der Rookie wollte keine unnötigen Kosten verursachen.

Der Franco-Kanadier konnte nicht ahnen, daß er seine blendende Position ohne wirkliche Not preisgegeben hatte. Nach langem Suchen stellten die Mechaniker fest, daß die Anzeige der Wassertemperatur verrückt spielte! Villeneuve wurde wieder ins Rennen geschickt und schließlich als Elfter weit unter Wert geschlagen. Unverständlicherweise gab ihm, der keine Alternative zu Vollgas kannte, McLaren keine zweite Chance - Ferrrari aber griff zu.

Rennreport zum Ausfüllen

Startaufstellung
(die ersten Zehn)

1. R. _____

_____

2. R. _____

_____

3. R. _____

4. R. _____

5. R. _____

_____

Schnellste Trainingszeit

Ausfälle

Fahrer	Runde

Notizen

Zieleinlauf

Fahrer	Punkte
1.	10
2.	6
3.	4
4.	3
5.	2
6.	1
7.	
8.	

WM-Punktestand nach dem 8. Lauf

Fahrer	Ges.-Punkte
1.	
2.	
3.	
4.	
5.	
6.	
7.	
8.	
9.	
10.	
11.	
12.	

In England erringt Alain Prost 1993 seinen 50. Grand-Prix-Sieg. Michael Schumacher und Riccardo Patrese feiern das Jubiläum des Franzosen mit Champagner. Pech nur für Prosts Williams-Kollegen Damon Hill, der kurz vor Rennende in Führung liegend ausgefallen war. Sein berühmter Vater Graham konnte nie seinen Heimat-Grand-Prix gewinnen.

REISETIPS

Ein Besuch des „Geburtsortes" der Formel-1-WM ist für jeden Freak ein ganz besonderes Erlebnis. Die konservativen Zuschauer sitzen natürlich auf der Tribüne Copse-Corner, denn dort sind die massiven Streckenänderungen der letzten Jahre nicht sichtbar. Objektiv gesehen sind die zusätzlich eingebauten Kurven allerdings eine Bereicherung - speziell bei Stowe sollte man die modernisierte Passage im Training „probesitzen".

Große Camping-Plätze liegen rund um den Kurs. Hotel-Pendler müssen nervtötende Staus einkalkulieren. Da der Ort Silverstone ein verschwindend kleines Kaff ist, muß auf Hotels in Northampton - wie das Angels -, Buckingham oder Milton Keynes ausgewichen werden. Selbst London liegt noch

in zumutbarer Entfernung. In Northampton gibt es nahe des Hotels The Plough ein gutes indisches Restaurant, und hinter dem Bus-Bahnhof findet man Lokale mit bester chinesischer Küche.

Die gewöhnungsbedürftige einheimische Kost kann stellvertretend im „The Green Man Inn" - an der A43 Richtung Oxford - belächelt werden.

LAGE

Silverstone liegt an der A43 zwischen Towcester und Brackley, 15 Meilen südwestlich von Northampton, 30 Meilen nordöstlich von Oxford, 75 Meilen nordwestlich von London. Erreichbar über die Autobahn M40, Ausfahrt 10 oder Autobahn M1 und Verbindung 15a.

BAHNHÖFE
Milton Keynes
Northampton
Rugby

FLUGHÄFEN
London Heathrow
Birmingham
Luton

LADENÖFFNUNGSZEITEN
Montag-Samstag 9.00-17.00
Viele Läden haben auch abends und am Sonntag geöffnet.

TICKET-VERKAUF
Siverstone Booking Office
Silverstone Circuits Ltd.
Silverstone, near Towcester
Northamptonshire NN12 8TN
Tel.: 0044-327-857271
Fax: 0044-327-857663

EINTRITTSPREISE
ca. 40-300 DM

LANDESWÄHRUNG
Britisches Pfund, 1 Pfund = ca. 2,53 DM (01.03.94)

EXTRATIP
Programm-Sammler wurden in den letzten Jahren durch Einheitsheftchen zunehmend enttäuscht. England macht - neben Japan und Australien - eine wohltuende Ausnahme. Neben Formel-1-Souvenirs wird an der Piste die tolle Auswahl englischer F1-Literatur angeboten.

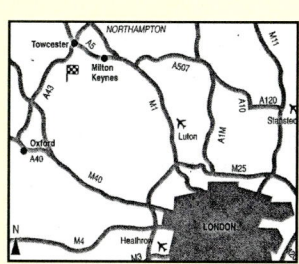

HOCKENHEIM

Trotz perfekt getimter und d
Boxenstopps bleibt Ayrton S
heim 1993 nur der vierte Pla

Es gab Jahre, da war der Große Preis von Deutschland untrennbar mit dem Nürburgring verbunden. Auch wenn 1959 aus politischen Gründen auf der Berliner Avus gefahren wurde, blieb die Eifel Deutschlands F1-Mekka, bis Sicherheitsbedenken gegen die Nordschleife laut wurden. Da nutzte es den Verantwortlichen auch nicht mehr viel, daß sie die „Grüne Hölle" im Winter 1970/71 in eine „Champs-Elysées durch die Eifel" (O-Ton Jacky Ickx) umbauten: 1977 zog der F1-Troß nach Hockenheim um.

Der Kurs im Badischen ist ungewöhnlich lang. Untypisch im Vergleich zu anderen Pisten ist auch, daß sich die Zuschauer zu mehr als 80 Prozent auf einen Bruchteil des Kurses konzentrieren - das Motodrom. Die Stadion-Atmosphäre ist einzigartig, nur die mächtigen Tribünen des Ovals von Indianapolis sind vergleichbar. Und in puncto Tradition hat der Hockenheimring inzwischen gewaltig aufgeholt: Nur noch

fünfmal muß die Formel 1 dort antreten, dann hat die ehemalige Motorrad-Sandpiste aus den 30er Jahren mit der Nürburgring-Nordschleife gleichgezogen.

Nelson Piquet, heute Formel-1-Pilot a.D., mochte Hockenheim ganz besonders. Begründen konnte er diese Vorliebe nie so recht. Vielleicht, so spekulierte er selbst, lag es daran, daß er dort den ersten seiner letztlich 204 F1-WM-Läufe bestritt. Das war 1978, als Mario Andretti siegte, und

Großer Preis von Deutschland

Erster GP:	1951 auf dem Nürburgring
Damaliger Sieger:	A. Ascari (I) Ferrari
Häufigste Sieger:	3 x Fangio (54, 56, 57)
	3 x Stewart (68, 71, 73)
	3 x Piquet (81, 86, 87)
	3 x Senna (88, 89, 90)

Sieger der letzten Jahre:

1993	Prost	Williams-Renault	
1992	Mansell	Williams-Renault	
1991	Mansell	Williams-Renault	
1990	Senna	McLaren-Honda	
1989	Senna	McLaren-Honda	
1988	Senna	McLaren-Honda Turbo	
1987	Piquet	Williams-Honda Turbo	
1986	Piquet	Williams-Honda Turbo	
1985	Alboreto	Ferrari Turbo	Nürburgring
1984	Prost	McLaren-TAG Porsche Turbo	
1983	Arnoux	Ferrari	

Hockenheimring

Runde

6,815 km

Rundenzahl

45

Renndistanz

306,675 km

Rundenrekord

Riccardo Patrese (I)
Williams FW14B-Renault
V10 in 1:41,591 min
(= 241,497 km/h)
GP 1992

Michael Schumachers Formel-1-Bilanz von Hockenheim zeigt eine klar aufsteigende Tendenz. 1992 wird er bei seinem ersten Auftritt im Motodrom Dritter. 1993 versetzt er als Zweiter 148.000 Menschen in einen Freudentaumel. Sollte er hier einmal gewinnen, wäre er der erste Deutsche, dem ein Sieg im Heimat-GP gelingt.

N

Ostkurve

2 3 4 5

6

5

4

3

2

2

Hartbach-Damm

331

339

6

6

5

6

AGIP-Kurve

4
5
4

Sachs-kurve
5
2 4 3
3 4
3

4 6 5 4 3

Nordkurve   274   **Südkurve**

Boxkampf der Jahres 1982: Nelson Piquet geht dem Chilenen Eliseo Salazar an den Kragen, weil dieser ihn in eine Kollision verwickelt hatte.

Hier hat Ayrton Senna 1991 bei Testfahrten den schwersten Unfall seiner Karriere. Ursache ungeklärt, Fahrer unverletzt.

Prost muß 1993 unmittelbar nach dem Start dem kreiselnden Martin Brundle in der Ostkurve ausweichen. Um eine Kollision zu verhindern, benutzen beide den Notausgang und werden prompt von der Rennleitung zur Strafe für einen Zehn-Sekunden-Stopp in die Boxengasse zitiert.

Einen spektakulären Unfall hat 1993 Derek Warwick. Der Brite fährt im verregneten Warm-up Luca Badoer übers Hinterrad und landet kopfüber im Kiesbett. Drei Stunden später steht er mit dem Ersatzauto am Start.

SCHUMACHERS
URTEIL

„Es ist wohl verständlich, daß ich mich auf diesen Kurs ganz besonders freue. Die deutsche Grand-Prix-Strecke ist eine Power-Piste, die ich aber auch wegen ihrer einzigartigen Atmosphäre ganz speziell schätze."

161

Ronnie Peterson den fünf Jahre alten Rundenrekord des Deutschen Willi Kauhsen unterbot, den dieser am Steuer eines Porsche 917 aufgestellt hatte. 1.55,6 Min. fuhr der Schwede, bevor ihn ein Getriebeschaden aus dem Rennen warf. Heute steht die Bestmarke bei 1.41,591 Min. Das macht die Entwicklung der Boliden deutlich, zumal die Ostkurve damals noch nicht durch eine zeitraubende Schikane entschärft war.

Diese Kurve erlebte 1982 ein ungewöhnliches Schauspiel, das weltweit im Fernsehen gezeigt wurde. Zwei Rennen zuvor, in Brands Hatch, hatte Brabham eine neue Taktik kreiert: Auf weichen Reifen und mit nur halb gefülltem Tank starten, dann ein Boxenstopp, um nachzutanken und neue Pneus montieren zu lassen! Die Idee der Ecclestone-Truppe war ausgezeichnet. Es war leicht nachzurechnen, daß die Vorteile während der ersten Rennhälfte trotz des dann fälligen Stopps die Grundlage für den Sieg sein mußten.

Bewiesen wurde diese Theorie zunächst allerdings nur im Ansatz. Sowohl in England, als dann auch in Le Castellet fuhr Nelson Piquet im Cockpit seines Brabham-BMW zwar tatsächlich spektakulär auf und davon. Bevor es jedoch jeweils zur Nagelprobe des „Tricks" kam, fiel der Brasilianer aus. Auch in Hockenheim übernahm er schon kurz nach dem Start die Führung. Weder das Renault-Duo Prost/Arnoux, noch Ferraris Villeneuve-Ersatz Patrick Tambay hatten den Hauch einer Chance. Tambays Teamkollege Didier Pironi, der Trainingsschnellste und Zwischenklassement-Leader, war leider gar nicht erst gestartet: Am Vortag hatte ein schwerer Sturz seine Karriere beendet.

Jetzt, im dritten Anlauf, schien die Brabham-Rechnung endlich aufzugehen, denn nach 18 Runden lag Piquet mit 26 Sekunden Vorsprung auf Tambay in Front. Nur noch wenige Runden, und er würde zum Stopp an die Boxen kommen. Er stoppte tatsächlich, allerdings schon während der 19. Runde, nicht an den Boxen und keineswegs freiwillig. In der Ostkurve, wo die Wagen erstmals durch eine langsame Schikane gequält werden mußten, lief der Titelverteidiger auf Eliseo Salazar auf, der zur Überrundung anstand. Als Pilot eines ATS hatte der Chilene bei den deutschen Fans Kredit, doch den verspielte er nun völlig. „Blind" lenkte er seinen Rennwagen auf Kollisionskurs und schoß Piquet ab!

Wie von der Tarantel gestochen, ging Piquet anschließend mit Händen und Füßen auf den Sündenbock los, „punktete" allerdings nicht, denn er schlug und trat nur Löcher in die Luft. Tambays Sieg konnte der zornige Brasilianer mit dieser Attacke natürlich auch nicht mehr verhindern.

Rennreport zum Ausfüllen

Startaufstellung
(die ersten Zehn)

1. R. _____

_____

2. R. _____

_____

3. R. _____

_____

4. R. _____

_____

5. R. _____

_____

Schnellste Trainingszeit

Ausfälle

Fahrer	Runde

Notizen

Zieleinlauf

Fahrer	Punkte
1.	10
2.	6
3.	4
4.	3
5.	2
6.	1
7.	
8.	

WM-Punktestand nach dem 9. Lauf

Fahrer	Ges.-Punkte
1.	
2.	
3.	
4.	
5.	
6.	
7.	
8.	
9.	
10.	
11.	
12.	

Auch in Hockenheim muß sich Williams-Neuling Damon Hill nicht verstecken. Ein Reifenschaden wenige Meter vor dem Ziel vereitelt den ersten Grand-Prix-Sieg des Briten. Nur drei Wochen später steht ihm das Glück zur Seite.

REISETIPS

Aufgrund des Formel-1-Booms in Deutschland sind die Zeiten vorbei, da man noch wenige Wochen vor dem GP sein Wunsch-Ticket kaufen konnte. Bereits seit Januar läuft der Vorverkauf für das 94er Rennen auf vollen Touren. Grundsätzlich muß jeder die Entscheidung treffen, ob er im übersichtlichen Motodrom das fahrerisch relativ anspruchslose Kurvengeschlängel sehen will, oder die wertvolleren Passagen draußen im Wald. Im Motodrom ist der Scheitelpunkt der Südtribüne besonders empfehlenswert. Außerhalb des Stadions kommt man im Bereich der Ostkurve und in Höhe der ersten Schikane - diese Tribüne gilt als

Geheimtip - auf seine Kosten.

Die Campingplätze diesseits und jenseits der Autobahn A6 sind recht schnell ausgebucht. Der GP liegt in der Urlaubszeit...

Autogrammjäger lauern ihren Idolen mit guten Erfolgs-aussichten im Holiday Inn Walldorf Astoria und im Heidelberger Hotel Der Europäische Hof auf. Region mit vielen guten Restaurants, zum Beispiel im Hotel Kaufmann, Schifferstadt.

LAGE
91 km südlich von Frankfurt, 23 km südwestlich von Heidelberg, 113 km nordwestlich von Stuttgart. Autobahn A5 von Frankfurt oder A6 von Stuttgart Richtung Hockenheim.

BAHNHÖFE
Hockenheim
Mannheim

FLUGHÄFEN
Frankfurt Rhein-Main
Stuttgart

LADENÖFFNUNGSZEITEN
Montag-Freitag	9.00-18.30
Samstag	9.00-13.00
Donnerstag	9.00-20.30

TICKET-VERKAUF
Hockenheimring
Postfach 1106
68754 Hockenheim
Tel.: 06205-9500
Fax: 06205-950299

EINTRITTSPREISE
ca. 45-400 DM

EXTRATIP
Entscheiden Sie sich bei Ihrer Tribünenwahl für die goldene Mitte. Auf den unteren Rängen geht die Übersicht verloren, oben sind Sie recht weit vom Geschehen entfernt. Die Dächer im Bereich „Nord" und „Süd" sind nicht tief genug, um wirklich Schutz zu bieten.

BUDAPEST

N

Als die Formel 1 1986 zum ersten Mal in Ungarn gastierte, war dies eine Riesensensation. Der GP-Sport, für viele ideologisch blockierte Kritiker das Sinnbild kapitalistischer Verschwendung, in einem Land jenseits des Eisernen Vorhangs - unglaublich! Die Welt stand Kopf, als hätte der Papst im Petersdom Glücksspiel-Automaten aufstellen lassen. Seitdem hat sich vieles verändert. Die Grenzen von Ost- nach Westeuropa wurden passierbar, und der GP von Ungarn ist nicht mehr das einzige erreichbare F1-Rennen für die Einwohner eines halben Kontinents.

Die Stammkundschaft des Magyarország Nagydij rekrutiert sich heute aus den einheimischen Fans sowie Zuschauern aus den neuen Bundesländern und ganz speziell aus Österreich, wo seit 1988 kein Grand Prix mehr ausgetragen wird. So gelang es den Verantwortlichen trotz wirtschaftlicher Probleme, ihren GP im Kalender zu halten. Verdient ist das allemal, stellten die Ungarn doch 1906 in Le Mans mit

Ferencz Szisz den ersten aller GP-Sieger.

Obwohl es auf den ersten Blick nicht so aussieht, haben der Stadtkurs von Monte Carlo und die Rennstrecke am Rande des Dörfchens Mogyoród eine Gemeinsamkeit: Das Überholen ist unglaublich schwierig. Als Schauplatz eines WM-Grand Prix ist die Piste trotzdem tauglich, denn zwei der wichtigsten Fähigkeiten eines Piloten werden hier verlangt. Zum einen ist es die

Kunst, den eigenen Boliden im Training optimal auszubalancieren, zum anderen ist die Nervenkraft der Aktiven gefordert: Wer sich nicht lauernd abwartend in Geduld üben kann, wird den kürzeren ziehen.

Das wurde seit 1986 mehrmals deutlich - ganz besonders im Rennjahr 1990, als es auf dem Hungaroring zuging, wie in einem Bud Spencer-Film. Zunächst versuchte Jean Alesi, beim

Hungaroring in Mogyoród

Runde
3,968 km

Rundenzahl
77

Renndistanz
305,536 km

Rundenrekord

Nigel Mansell (GB)
Williams FW 14B-Renault
V10 in 1:18,308 min
(= 182,418 km/h)
GP 1992

1992 erlebt Michael Schumacher eine seiner größten Schrecksekunden, als ihm bei Tempo 250 der Heckflügel abknickt und er von der Strecke trudelt.

Endlich! Gelassen thront Damon Hill nach seinem ersten Grand-Prix-Sieg auf dem Podest.

Großer Preis von Ungarn

Erster GP:	1986 in Budapest
Damaliger Sieger:	N. Piquet (BRA)
	Williams-Honda Turbo
Häufigste Sieger:	3 x Senna (88, 91, 92)
	2 x Piquet (86, 87)

Sieger der letzten Jahre:

1993	Hill	Williams-Renault
1992	Senna	McLaren-Honda
1991	Senna	McLaren-Honda
1990	Boutsen	Williams-Renault
1989	Mansell	Ferrari
1988	Senna	McLaren-Honda Turbo
1987	Piquet	Williams-Honda Turbo
1986	Piquet	Williams-Honda Turbo

Das Duell des Rennens liefern sich 1993 Michael Schumacher und Gerhard Berger. Diesmal bleibt die Attacke des Deutschen zwar erfolglos, doch bringt er das Kunststück fertig, den Ferrari-Piloten gleich zweimal während des Rennens am Ende der Startgeraden außen (!) zu passieren.

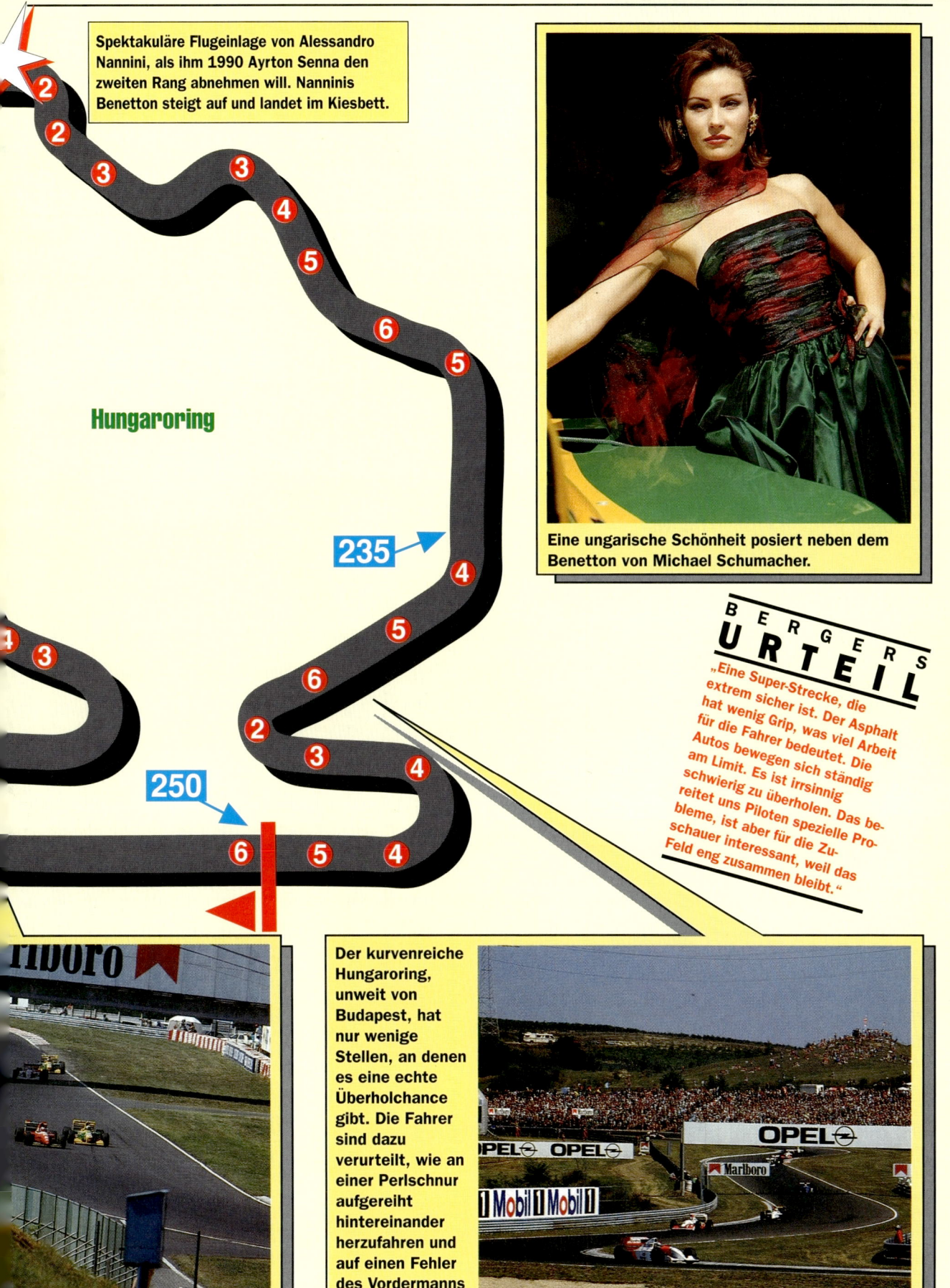

Spektakuläre Flugeinlage von Alessandro Nannini, als ihm 1990 Ayrton Senna den zweiten Rang abnehmen will. Nanninis Benetton steigt auf und landet im Kiesbett.

Hungaroring

235

250

Eine ungarische Schönheit posiert neben dem Benetton von Michael Schumacher.

BERGERS URTEIL

„Eine Super-Strecke, die extrem sicher ist. Der Asphalt hat wenig Grip, was viel Arbeit für die Fahrer bedeutet. Die Autos bewegen sich ständig am Limit. Es ist irrsinnig schwierig zu überholen. Das bereitet uns Piloten spezielle Probleme, ist aber für die Zuschauer interessant, weil das Feld eng zusammen bleibt."

Der kurvenreiche Hungaroring, unweit von Budapest, hat nur wenige Stellen, an denen es eine echte Überholchance gibt. Die Fahrer sind dazu verurteilt, wie an einer Perlschnur aufgereiht hintereinander herzufahren und auf einen Fehler des Vordermanns zu warten.

Überrunden quer durch den Minardi des Italieners Pierluigi Martini zu fahren - ein Unterfangen mit nicht einmal theoretischen Erfolgsaussichten. Dann war sogar die erste Garnitur an den Raufereien beteiligt. Alessandro Nannini lauerte hinter Spitzenreiter Thierry Boutsen auf seine Chance und träumte schon von einem gelungenen Ausbremsmanöver und dem anschließenden Sieg, da schoß ihn Ayrton Senna ab, der natürlich ebenfalls auf die volle Punktzahl scharf war.

Für den Italiener brachte der Body-Check das Aus, Senna kam ungeschoren davon. Am selben Ort - der Schikane im oberen Streckenabschnitt - wiederholte sich acht Umläufe später das unfaire Geschehen. Einziger Unterschied: Im Duell zwischen dem extrem „breit" fahrenden Nigel Mansell und dessen drängelndem Hintermann Gerhard Berger ging es nicht um Rang zwei, sondern um Platz drei. Die Nervenstränge des Tirolers lagen aufgrund der Zickzack-Fahrt des Briten blank, und als Mansell seinen Verfolger gegen die Boxenmauer drücken wollte, wirkte das auch nicht gerade wie Baldrian... Da war es durchaus verständlich - wenn auch nicht zu entschuldigen -, daß dem Österreicher der Kragen platzte. Diese Attacke brachte jedoch keinerlei Vorteil: Weder Berger noch Mansell sahen die Zielflagge. Dankbar nahmen Nelson Piquet und Riccardo Patrese die freigewordenen Plätze ein.

Statistisch gesehen scheint die ungarische Piste ganz speziell brasilianischen Rennfahrern zu liegen. Achtmal wurde bisher am Rand der Autobahn nach Moskilc gefahren, fünfmal hatten dabei Piloten aus dem größten Staat Südamerikas die Nase vorn. Viermal reichte es außerdem zu Platz zwei, und ein dritter Rang rundet die erfreuliche Bilanz

ab. Nur im Vorjahr durfte kein Brasilianer nach geschlagener GP-Schlacht Champagner versprühen.

Der Hungaroring zählt zu den Rennstrecken, auf denen es einem krassen Außenseiter gelang, die schnellste Runde des GP zu fahren. Ein solches Meisterstück zählt zu den wirklich raren Ausnahmen. Es

glückte 1991 dem Jordan-Piloten Bertrand Gachot. So rechte Freude darüber kam anschließend nicht auf. Wegen eines Bagatelle-Delikts - er hatte sich mit einem Taxifahrer gestritten - verschwand der Wahlbelgier kurz darauf hinter englischen Gefängnismauern. Ein gewisser Michael Schumacher übernahm daraufhin in Spa-Francorchamps das

freigewordene Cockpit. Zwar ist Gachot in diesem Jahr wieder dabei, doch dürfte er im Pacific von der schnellsten Runde im Rennen nur träumen. Das schwerste Stück Arbeit erwartet ihn diesmal schon an den Tagen vor den Rennen, wenn es gilt, den neuen Wagen überhaupt erst einmal für den Grand Prix zu qualifizieren.

Rennreport zum Ausfüllen

Startaufstellung
(die ersten Zehn)

1. R. _____

_____

2. R. _____

_____

3. R. _____

_____

4. R. _____

_____

5. R. _____

_____

Schnellste Trainingszeit

Ausfälle

Fahrer	Runde

Notizen

Zieleinlauf

Fahrer	Punkte
1.	10
2.	6
3.	4
4.	3
5.	2
6.	1
7.	
8.	

WM-Punktestand nach dem 10. Lauf

Fahrer	Ges.-Punkte
1.	
2.	
3.	
4.	
5.	
6.	
7.	
8.	
9.	
10.	
11.	
12.	

REISETIPS

Wegen der schlechten Überholmöglichkeit ein Grand Prix für Krimi-Freunde. Und das zu Preisen, die weit unter den monegassischen liegen! Gute Zuschauerplätze gibt es im oberen Streckenteil im Bereich der Schikane und vor Start-und-Ziel mit Blick auf die schnelle Rechtskurve.

Am Rand des Dorfes Mogyoród - das jahrelang als Hauptattraktion ein Kaugummiwerk beherbergte - gibt es ausreichend Camping-Möglichkeiten. Plätze findet man auch in Budapest selbst. Zunehmend verlieren die sanitären Einrichtungen ihren volkseigenen Charme. Die ungarische Hauptstadt bietet Hotels mit beliebig vielen Sternen. Die Teams bevorzugen das „Atrium Hyatt", das „Forum" und das „Duna Marriott". Das beste Flair hat allerdings das altehrwürdige „Gellért". Das Restaurant „Gundel" bietet einheimische Gerichte der Spitzenklasse zu Spitzenpreisen. In keinem Fall sollte man abreisen, ohne eine improvisierte oder organisierte Stadtrundfahrt genossen zu haben - die Atmosphäre ist weltweit einmalig.

LAGE

Der Kurs liegt 20 km nordöstlich von Budapest, 160 km südwestlich von Miskolc, 280 km östlich von Wien. Zu erreichen über Autobahn M3 Richtung Miskolc. Der Weg zur Rennstrecke ist ausgeschildert.

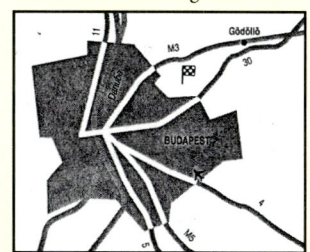

FLUGHAFEN

Budapest

BAHNHOF

Budapest

LADENÖFFNUNGSZEITEN

Montag-Freitag 10.00-18.00
Samstag 9.00-13.00

TICKET-VERKAUF

Hungaroring
2146 Mogyorod - P.f: 10
Tel.: 0036-28-330040 /
11177535
Fax: 0036-28-330040

EINTRITTSPREISE

ca. 200-400 DM

LANDESWÄHRUNG

Forint

EXTRATIP

Besuch mit Urlaub in Budapest oder am Balaton verbinden. Freunde eines guten Tropfens sollten sich rechtzeitig vor der Rückreise über die zollfreien Freimengen für Wein erkundigen. Übrigens: Viele Ungarn sprechen Deutsch.

Damon Hill gewinnt 1993 in Ungarn seinen ersten Großen Preis. Er ist damit der 69. Sieger der WM-Geschichte. Der Sohn des zweimaligen Weltmeisters Graham Hill holt nach über 24 Jahren wieder einen Sieg für seine Familie.

SPA-FRANCORCHAMPS

Der kleine Benelux-Staat ist von WM-Beginn an mit von der Partie. Nur in vier der insgesamt 44 Championats-Saisons sucht man den GP von Belgien vergeblich. Gefahren wurde auf der alten - stolze 14,1 Kilometer langen - Piste von Spa-Francorchamps, nahe des historischen Schlachtfeldes von Waterloo in Nivelles, in Zolder und auf dem verkürzten Circuit von Spa. Wegen der Grenznähe und der entsprechend komfortabel kurzen Anfahrt ist der Straßenkurs in den Ardennen bei den deutschen Fans sehr beliebt.

Die Senke von Eau Rouge, eine der letzten großen Mutkurven: 1985 verliert hier Stefan Bellof bei einem Sportwagen-WM-Lauf das Leben. Nur Fahrer mit einem großen Herz wie Senna, Schumacher oder Berger fahren diese Kurve im sechsten Gang voll. Vorausgesetzt, sie haben ein optimal abgestimmtes Auto.

Für viele Bewohner der Ballungsräume an Rhein und Ruhr ist der belgische Kurs bequemer erreichbar als der Hockenheimring. Da die Strecke bald in eine permanente - nicht ins Straßennetz integrierte - Piste umgewandelt werden soll, hat sie beste Aussichten, noch für viele Jahre Austragungsort des Rennens zu bleiben, obwohl der flämische Teil des häufig zerstrittenen Landes den Grand Prix in regelmäßigen Abständen für sich beansprucht.

Gleich beim ersten Rennen auf der zum Klassiker gereiften Rennstrecke ereignete sich Sensationelles: Im Jahr 1925, den klaren Sieg seiner Werkswagen vor Augen, gab der Alfa Romeo-Rennleiter Order zum Service-Stopp. Vor den Boxen hatte er einen Tisch aufstellen lassen. In Ruhe durften die Fahrer einen Imbiß einnehmen, während die Mechaniker die Boliden vom Typ P2 bereiften, auftankten - und für die erwartete siegreiche Zieldurchfahrt auch noch wuschen und polierten!

Circuit de Spa-Francorchamps

Runde
6,974 km

Rundenzahl
44

Renndistanz
306,856 km

Rundenrekord
Alain Prost (F) Williams FW15C-Renault V10 in 1:51,095 min
(= 225,990 km/h)
GP 1993

N

La Source

GACHOTS URTEIL

„Wenn man ein gut abgestimmtes Auto hat, macht es auf keiner anderen Rennstrecke so viel Spaß, wie in Spa."

Großer Preis von Belgien

Erster GP	1950 in Spa-Francorchamps
Damaliger Sieger:	J. M. Fangio (ARG) Alfa Romeo
Häufigste Sieger:	5 x Senna (85, 88, 89, 90, 91) 4 x Clark (62, 63, 64, 65) 3 x Fangio (50, 54, 55)

Sieger der letzten Jahre:

1993	Hill	Williams-Renault
1992	Schumacher	Benetton-Ford
1991	Senna	McLaren-Honda
1990	Senna	McLaren-Honda
1989	Senna	McLaren-Honda
1988	Senna	McLaren-Honda Turbo
1987	Prost	McLaren-TAG Porsche Turbo
1986	Mansell	Williams-Honda Turbo
1985	Senna	Lotus-Renault Turbo
1984	Alboreto	Ferrari Turbo (Zolder)
1983	Prost	Renault Turbo

Abschied von Thierry Boutsen: 1993 muß der Belgier mangels Sponsoren hier seine Karriere beenden.

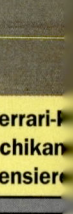

Ferrari-Schikane pensier...

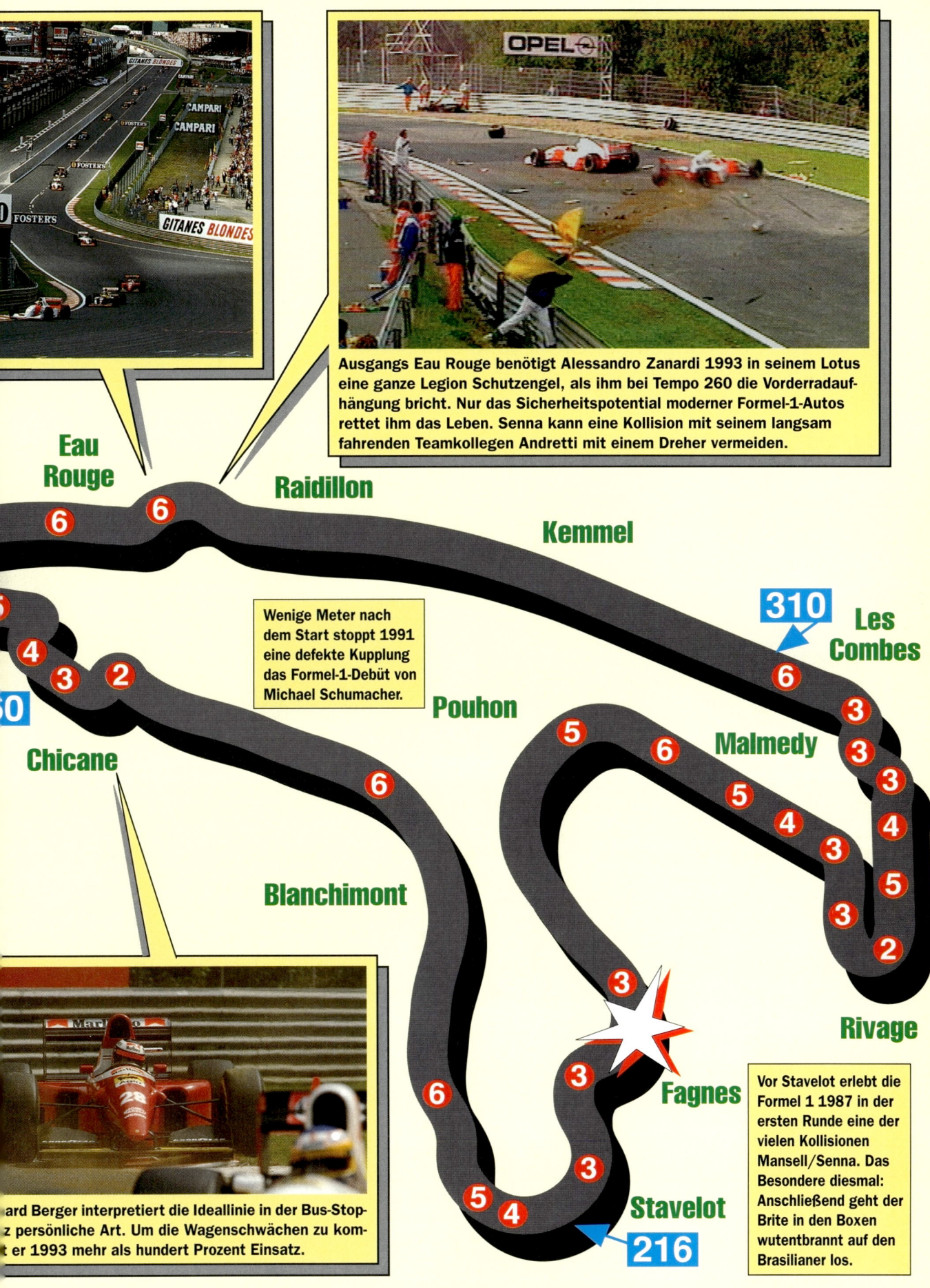

Ausgangs Eau Rouge benötigt Alessandro Zanardi 1993 in seinem Lotus eine ganze Legion Schutzengel, als ihm bei Tempo 260 die Vorderradaufhängung bricht. Nur das Sicherheitspotential moderner Formel-1-Autos rettet ihm das Leben. Senna kann eine Kollision mit seinem langsam fahrenden Teamkollegen Andretti mit einem Dreher vermeiden.

Eau Rouge

Raidillon

Kemmel

310 **Les Combes**

Wenige Meter nach dem Start stoppt 1991 eine defekte Kupplung das Formel-1-Debüt von Michael Schumacher.

Pouhon

Malmedy

Chicane

Blanchimont

Rivage

Fagnes

Vor Stavelot erlebt die Formel 1 1987 in der ersten Runde eine der vielen Kollisionen Mansell/Senna. Das Besondere diesmal: Anschließend geht der Brite in den Boxen wutentbrannt auf den Brasilianer los.

Stavelot

216

...ard Berger interpretiert die Ideallinie in der Bus-Stop-...z persönliche Art. Um die Wagenschwächen zu kom-...t er 1993 mehr als hundert Prozent Einsatz.

Der Gag verlief nach Plan: Am Steuer der frisch gewienerten Wagen holte sich Antonio Ascari, der Vater des Weltmeisters der Jahre 1952 und 1953, Platz eins, und hinter ihm kreuzte Alfa-Teamkollege Giuseppe Camapari die Linie. Aber aus Spa-Francorchamps gibt es leider nicht nur derart Lustiges zu berichten. 1960 erlebte der Ardennen-Kurs ein rabenschwarzes Wochenende. Während des Trainings stürzten die Lotus-Fahrer Stirling Moss und Michael Taylor aufgrund technischer Defekte schwer. Aber es kam noch schlimmer: Im Duell mit Willy Mairesse verlor während des Rennens Chris Bristow in der damals zur Strecke gehörenden Burnenville-Kurve seinen Cooper aus der Kontrolle. Mehrmals überschlug sich das Auto und der hochtalentierte Brite starb augenblicklich an schwersten Verletzungen. Jim Clark, der seinen ersten GP bestritt, spielte anschließend im Cockpit mit Rücktrittsgedanken. Er hatte seinen Lotus an der Unfallstelle durch eine Blutlache lenken müssen. Die am eigenen Wagen hiervon verbliebenen Spuren vor Augen, erlitt Clark furchtbare seelische Qualen. Wenige Runden später überschlug sich der Rennwagen von Clarks Teamkollegen Alan Stacey, nachdem der Brite bei hohem Tempo von einem Vogel im Gesicht getroffen wurde. Stacey überlebte den Unfall nicht.

Sechs Jahre später waren die Zuschauer Zeuge einer der denkwürdigsten Startrunden der GP-Geschichte. In der Gefälle-Passage hin zur Masta-Geraden wurde das Feld von einem Wolkenbruch überrascht. Reihenweise segelten die Teilnehmer von der Piste. Am schlimmsten erwischte es den schottischen Nachwuchs-Fahrer Jackie Stewart. Mit einem gebrochenen Schlüsselbein klemmte er in den Trümmern seines BRM und bangte um sein Leben: Stewart saß in auslaufendem Sprit und fürchtete eine Explosion. Dieses Erlebnis machte den späteren dreifachen Champion zu einem der großen Sicherheits-Apostel der Formel 1.

Obwohl nur sieben (!) Autos aus der ersten Runde zurückkehrten, wurde der GP 1966 nicht abgebrochen. Und es entwickelte sich trotz des stark ausgedünnten Feldes ein spannendes Rennen, das John Surtees nach hartem Kampf gegen Jochen Rindt für sich entschied. Glück für die Zuschauer: Nach dem Drama zu Beginn fiel kein einziges weiteres Fahrzeug mehr aus!

Auch was sich 1985 abspielte, gab es weder vorher noch nachher. Am späten Nachmittag des ersten Trainingstages wurde die Veranstaltung wegen aufbrechendem Asphalt abgesagt! WM-Punkte gab's schließlich trotzdem - aber erst mit mehr als drei Monaten Verspätung, als die Schäden ausgebessert waren und das Rennen nachgeholt wurde. Wesentlich erfreulicher sind die Umstände, die Spa aus deutscher Sicht zu einem besonderen GP machen: Hier ging 1991 der Stern Schumacher auf und hier gewann er 1992 seinen ersten WM-Lauf.

Rennreport zum Ausfüllen

Startaufstellung
(die ersten Zehn)

1. R. _____

2. R. _____

3. R. _____

4. R. _____

5. R. _____

Schnellste Trainingszeit

Ausfälle

Fahrer	Runde

Notizen

Zieleinlauf

Fahrer	Punkte
1.	10
2.	6
3.	4
4.	3
5.	2
6.	1
7.	
8.	

WM-Punktestand nach dem 11. Lauf

Fahrer	Ges.-Punkte
1.	
2.	
3.	
4.	
5.	
6.	
7.	
8.	
9.	
10.	
11.	
12.	

REISETIPS

Wer unbedingt Live-Zeuge des Starts sein will, ist in Spa schlecht aufgehoben. Für Zuschauer ist dieses spektakuläre Schauspiel nicht einzusehen. Erst hinter der Haarnadelkurve La Source - in Höhe der alten Boxen - kommen die Boliden ins Blickfeld der Haupttribüne. Alle, die auf den Start nicht zwingend angewiesen sind, sollten dem Ardennen-Kurs auf jeden Fall einen Besuch abstatten. Einmalig ist der Straßenkurs-Charakter, und scheinbar unbegrenzt ist die Anzahl guter Zuschauerplätze. Abgesehen von der Tribüne bei Eau Rouge - der wohl anspruchsvollsten Passage im gesamten GP-Kalender - lohnt

es sich nicht, in einen Sitzplatz zu investieren.

Campingmöglichkeiten sind vorhanden, doch keiner der Naturfreunde darf sich über Regenwetter wundern, das als typisches Spa-Wetter gilt. Wer ein Hotelbett vorzieht, kann bis Aachen ausweichen. In einer Vielzahl kleiner Restaurants - wie dem „Plein Vent" (dem alten Streckenverlauf folgend am linken Pistenrand) - kommen Feinschmecker auf ihre Kosten.

LAGE

50 km südwestlich von Aachen, 50 km südlich von Maastricht, 50 km südöstlich von Lüttich (Liège). Zu erreichen über Autobahn E5 Lüttich-Aachen bis Verviers, dann Richtung Spa und Francorchamps.

BAHNHÖFE

Verviers
Lüttich

FLUGHÄFEN

Brüssel
Lüttich
Spa

LADENÖFFNUNGSZEITEN

Montag-Samstag 9.00-18.00
Die Ladenöffnungszeiten werden in Belgien, wie in den meisten anderen europäischen Ländern, nicht sehr streng gehandhabt.

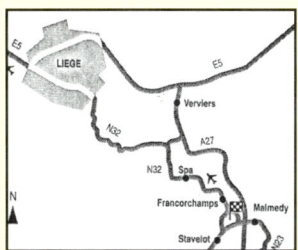

TICKET-VERKAUF

Circuit de Spa-Francorchamps
Circuit House
Rte du Circuit, 55
4970 Francorchamps
Tel.: 0032-87-275138
Fax: 0032-87-275296

EINTRITTSPREISE

ca. 120-400 DM

LANDESWÄHRUNG

Belgische Francs, 100 Francs = ca. 4,86 DM (01.03.94)

EXTRATIP

Die Anreise am Donnerstag ist empfehlenswert, denn dann ist die Boxengasse (wohl aber das Fahrerlager) noch nicht abgesperrt. Listenreichen Besuchern gelingt es auch alljährlich, sich an den folgenden Tagen in das Gelände gegenüber den Boxen einzuschmuggeln.

Spa bedeutet für Michael Schumacher immer ein zweites Heimrennen. Für seine Fans aus dem Rheinland ist der Ardennenkurs, auf dem der Kerpener 1992 siegte, schneller zu erreichen als Hockenheim.

MONZA

Lesmo

⑤ ④ ③ ②

Roggia

190

Kein anderer der klassischen WM-Läufe ist so standort-treu wie der italienische. Mit einer Ausnahme wurde das Rennen immer auf der - allerdings mehrfach modifizier-ten - Bahn von Monza ausgetragen. Nur 1980, den GP von San Marino gab es noch nicht, wurde in Imola gefahren. Die älteste permanente Rennstrecke Europas schuf sich im Verlauf der Jahre einen perfekten Ruf. Monza, das ist wie Monaco, Le Mans und Indianapolis ein Synonym für den Rennsport. Drei tödliche Unfälle in den Jahren 1961 bis 1978 konnten den Glanz des Namens nicht trüben, auch wenn im düsteren königlichen Park die Ge-danken vieler Beteiligter aufgrund der Erinnerung an schwarze Tage oft melancholisch sind.

Autodromo Nationale di Monza	
Runde	5,8 km
Rundenzahl	53
Renndistanz	307,4 km
Rundenrekord	Damon Hill (GB) Williams FW15C-Renault V10 in 1:23,575 min (= 249,835 km/h) GP 1993

N ◤

Curva Grande

⑥ ⑤

Großer Preis von Italien

Erster GP:	1950 in Monza
Damaliger Sieger:	G. Farina (I) Alfa Romeo

Häufigste Sieger: 4 x Piquet (80, 83, 86, 87);
3 x Fangio (53, 54, 55); 3 x Moss (56, 57, 59)
3 x Peterson (73, 74, 76); 3 x Prost (81, 85, 89)

Sieger der letzten Jahre:

1993	Hill	Williams-Renault
1992	Senna	McLaren-Honda
1991	Mansell	Williams-Renault
1990	Senna	McLaren-Honda
1989	Prost	McLaren-Honda
1988	Berger	Ferrari Turbo
1987	Piquet	Williams-Honda Turbo
1986	Piquet	Williams-Honda Turbo
1985	Prost	McLaren-TAG Porsche Turbo
1984	Lauda	McLaren-TAG Porsche Turbo
1983	Piquet	Brabham-BMW Turbo

PIONEER GRAN PRE D'ITALIA
FORMULA 1 WORLD CHAMPIONSHIP
MOËT

1993 das ungewöhnlichste Trio auf dem Siegerpodest: Sieger Hill, Alesi, Ferraris Ehrenretter, und Andretti, der wenige Tage nach seinem dritten Platz von McLaren gefeuert wird.

Auf der ältesten permanenten Rennstrecke Europas, im Königlichen Park von Monza, diktiert Damon Hill von der 49. Runde an das Geschehen. Vertauschte Rollen bei Williams: Diesmal erbt er den Sieg, da Teamkollege Prost in Führung liegend ausfällt.

Serraglio

Folgenschweres Mißverständnis zwischen den beiden Ferrari-Kollegen: Jean Alesi sieht im Training 1993 erst im letzten Moment, daß Gerhard Berger mit Tempo 330 von hinten herbeieilt und will Platz machen. Doch da ist der Österreicher bereits neben ihm. Berger „küßt" die Leitplanke und bleibt nahezu unverletzt.

Für die Piloten zählt ein Sieg in Monza zu den höchsten Zielen, denn nirgendwo anders auf der Welt dankt das Publikum die Leistung des Gewinners derart begeistert wie gerade dort. Das trifft im Fall eines Ferrari-Triumphs - also zuletzt 1988 - natürlich in extremer Form zu.

Monza ist die Rennstrecke, die den schnellsten Grand Prix der WM-Geschichte sah. Das Durchschnittstempo von 242,615 km/h ist der beste Wert in der Klasse der High-Speed-Rennen, in der alle GP mit einem Schnitt von mehr als 220 km/h zusammengefaßt sind. Aufgestellt - und das mag überraschen - wurde die Bestleistung bereits im Jahr 1971, als der BRM-Fahrer Peter Gethin mit einer hundertstel Sekunde Vorsprung auf Ronnie Peterson gewann. ▸

Für den bislang letzten Ferrari-Sieg in Monza (durch Berger) sorgt 1988 Williams-Ersatzfahrer Jean-Louis Schlesser, als er kurz vor Rennende den führenden Senna beim Überrunden in eine Kollision verwickelt. Ohne das Malheur hätte McLaren in jenem Jahr alle 16 Rennen gewonnen.

ALBORETOS
URTEIL

„Schnell durch die Lesmo-Kurve und die Parabolica zu fahren, ist sehr befriedigend - wegen der flachen Flügel ist das nämlich äußerst schwierig."

Variante Ascari

Vialone

③ ④

 275 → ⑤ ⑥

③

Rettifilo Centro

④

Millionen von TV-Zuschauern stockt der Atem: Christian Fittipaldi fährt 1993 beim Überqueren der Ziellinie über das Hinterrad seines Minardi-Kollegen Martini und landet nach einen lupenreinen Rückwärtssalto wieder auf allen Vieren.

320 ←

⑥

⑤

③ ②

Variante Rettifilo

Parabolica

Ein monumentales Denkmal: Die Steilkurve von Monza erinnert an die Zeiten, als noch die Namen Fangio und Ascari die Siegerlisten der Formel 1 bestimmten. Der heutige Kurs führt unter der Steilkurve her.

Auf die Tausendstel genau wurde damals die Zeit noch nicht gestoppt. Deshalb steht der Beweis aus, daß es die knappste aller GP-Entscheidungen war. Das Zielfoto spricht allerdings dafür, daß am 5. September 1971 auch in diesem Punkt ein heute noch gültiger Rekord aufgestellt wurde. Die Zielankunft hatte es aber ohnehin in weiterer Hinsicht in sich: 0,61 Sekunden hinter Gethin kreuzte bereits der fünftplazierte Fahrer, Gethins Teamkollege Howden Ganley, die Linie...

Möglich waren die hohen Geschwindigkeiten und die Windschattenschlacht, die den Fünfer-Pulk fast zeitgleich ins Ziel fliegen ließ, weil es 1971 noch keine Schikanen in Monza gab. Wieviel Zeit die Schikanen kosten, macht ein Blick in die jüngste Vergangenheit deutlich: 1993 hatten die Formel-1-Rennwagen gut 300 PS mehr als die der 71er-Generation. Trotzdem erreichte Sieger Damon Hill „nur" einen Schnitt von 239,1 km/h. Das bedeutet Rang drei in der Bestenliste hinter Monza '71 und Spa '70, wo Pedro Rodriguez - übrigens in jenem Jahr ebenfalls ein BRM-Fahrer - auf 241,3 km/h kam. Mit 249,8 Kilometern pro Stunde drehte Damon Hill im Vorjahr einen Rundenrekord, der den 71er-Wert verblassen läßt: Henri Pescarolo kam am Steuer seines March-Ford 711, der ohne Frontspoiler (!) ins Rennen geschickt wurde, nur auf 247 km/h.

Bereits 15 Jahre zuvor spielte sich in Monza ein Kabinettstückchen ab, das in keiner Rekordliste verzeichnet ist. Stirling Moss führte überlegen, als sein Maserati in der 45. von 50 Runden (es wurde auf der 10 km-Piste gefahren) vor der Parabolica ohne Sprit ausrollte. Der Brite hatte Glück: Luigi Piotti erkannte die Situation. Der Maserati-Privatier setzte sich hinter den Havaristen und schob

ihn mit seinem Wagen bis an die Boxen! Moss gewann das Rennen, in dessen Verlauf Peter Collins - den möglichen WM-Titel vor Augen - an den Boxen stoppte und sein Auto an Juan-Manuel Fangio abtrat, um dem Argentinier den vierten Titelgewinn zu ermöglichen!

1976 sahen die Tifosi im königlichen Park kein atemberaubend schnelles Rennen, waren zur Entschädigung allerdings Zeugen des Wunders von Monza. 40 Tage nach seinem Feuerunfall auf dem Nürburgring setzte sich Niki Lauda wieder in seinen Ferrari und überzeugte bereits während des ersten Trainingstages. Das Rennen beendete er überraschend mit nur 19,4 Sekunden Rückstand auf Sieger Peterson als Vierter! Die „Auferstehung" des dreifachen Weltmeisters in Monza war die Grundlage für seine bis heute anhaltende Popularität auf den Rängen. Seinem Ansehen bei den Tifosi kommt zusätzlich zugute, daß er als Berater des Traditionsteams heute wieder zur Ferrari-Familie zählt.

Rennreport zum Ausfüllen

Startaufstellung
(die ersten Zehn)

1. R. _____

2. R. _____

3. R. _____

4. R. _____

5. R. _____

Schnellste Trainingszeit

Ausfälle

Fahrer	Runde

Notizen

Zieleinlauf

Fahrer	Punkte
1.	10
2.	6
3.	4
4.	3
5.	2
6.	1
7.	
8.	

WM-Punktestand nach dem 12. Lauf

Fahrer	Ges.-Punkte
1.	
2.	
3.	
4.	
5.	
6.	
7.	
8.	
9.	
10.	
11.	
12.	

REISETIPS

Die Streckenplätze empfehlen sich nicht für Monza-unerfahrene Besucher. Experten kennen ihren Claim auf den Meter genau und sichern sich ihn sehr früh. Gut ist die Tribüne an der Doppelschikane Variante Rettifilo und bei Lesmo. Die mächtige Tribüne eingangs der Parabolica steht in sehr ungünstigem Winkel zur Piste und verfügt über entsprechend wenig Plätze, die ihr Geld wert sind. Die Zeiten, in denen Tickets für einen Platz gleich zweimal verkauft, oder Tribünen von Fan-Kohorten gestürmt wurden, sind vorbei.

In Monza - und natürlich Mailand - gibt es zahlreiche Hotels. Aber Vorsicht: Rechtzeitig buchen, denn oft finden in Mailand zeitgleich Messen statt. Notfalls nach Norden in Richtung Comer See ausweichen. Campingmöglichkeiten sind vorhanden, allerdings um diese Zeit sehr stark frequentiert.

In Arcore finden Sie das Ferrari-Stammhotel Sant'Eustorgio und daneben die Kirche, deren Pfarrer zu Laudas Ferrari-Zeiten am Morgen des Renntags nicht die Glocken läutete, damit der Österreicher ausschlafen konnte. In Italien ist Ferrari heilig...

LAGE

Im Norden Monzas, 15 km nordöstlich von Mailand. Zu erreichen über die Autobahn A4 von Mailand, dann über die Hauptstraße S36 nach Monza.

BAHNHÖFE

Monza
Mailand

FLUGHAFEN

Mailand Linate

LADENÖFFNUNGSZEITEN

Montag-Samstag 8.30-19.30

TICKET-VERKAUF

Autodromo Nazionale di Monza
Parco Monza
20052 Monza (Mi)
Tel.: 0039-39-24821

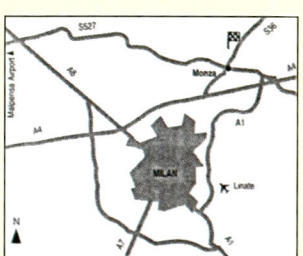

AC Tour Lombardia
Corso Venezia 43
20121 Milano
Tel.: 0039-2-76023966

EINTRITTSPREISE

ca. 100-350 DM

LANDESWÄHRUNG

Lire, 1000 Lire = ca. 1,01 DM
(01.03.94)

EXTRATIP

Monza bietet eine wunderbare Gelegenheit für einen Ausflug in die Vergangenheit. Versuchen Sie, abends nach Trainingsschluß der Rahmenprogramm-Kategorien auf die Rennstrecke zu gelangen und machen Sie per pedes einen Ausflug in eine der alten Steilkurven. Die Eindrücke sind unvergeßlich.

Max Mosley (FIA) und Bernie Ecclestone (FOCA) halten die Fäden der Formel 1 in den Händen. Ohne ihr OK läuft nichts in der obersten Motorsportklasse. Sie zwangen 1994 die Topteams, technisch abzurüsten.

ESTORIL

Die Erfolge der brasilianischen Piloten Fittipaldi, Piquet und Senna machten es möglich, daß das kleinere der beiden iberischen Länder seit 1984 wieder einen WM-Grand-Prix austragen kann. Weil die gemeinsame Sprache verbindet, akzeptieren die Portugiesen die Rennfahrer der größten südamerikanischen Nation in ganz besonderem Maße und sorgen für volle Ränge. Bereits in den Jahren 1958 bis 1960 war der GP von Portugal Bestandteil des WM-Kalenders. Damals wurde allerdings noch nicht im Autódromo von Estoril gefahren, sondern auf der Oporto-Strecke. 1959 gastierte die Formel 1 zum bis heute einzigen Mal auf dem Kurs von Monsanto.

Großer Preis von Portugal

Erster GP:	1958 in Oporto
Damaliger Sieger:	S. Moss (GB) Vanwall
Häufigste Sieger:	3 x Prost (84, 87, 88)
	3 x Mansell (86, 90 ,92)

Sieger der letzten Jahre:

1993	Schumacher	Benetton-Ford
1992	Mansell	Williams-Renault
1991	Patrese	Williams-Renault
1990	Mansell	Ferrari
1989	Berger	Ferrari Turbo
1988	Prost	McLaren-Honda Turbo
1987	Prost	McLaren-TAG Porsche Turbo
1986	Mansell	Williams-Honda Turbo
1985	Senna	Lotus-Renault Turbo
1984	Prost	McLaren-TAG Porsche Turbo

Mika Häkkinen meldet sich beim 14. Rennen des Jahres 1993 eindrucksvoll in der Formel-1-Gemeinde zurück. Dabei überrascht der finnische Ersatzmann für Michael Andretti die Medienvertreter mit einer besseren Trainingszeit als Teamkollege Senna: Das Rennen endet für Häkkinen ausgangs der Parabolica mit einem Unfall. Eine Mulde in der Auslaufzone hebt den „fliegenden Finnen" aus.

Autodromo Fernanda Pires da Silva, Circuito do Estoril

Runde

4,35 km

Rundenzahl

71

Renndistanz

308,85 km

Rundenrekord

Damon Hill (GB) Williams FW15C-Renault V10 in 1:14,859 min
(= 209,193 km/h)
GP 1993

"Eine ideale Teststrecke, weil s Kurven unterschiedlichsten Charakters gibt. Entsprechend ist es wichtig, einen Abstimmungs-Kompromiß zu finden. Mechanischen Grip braucht man eigentlich überall - aber ganz besonders in Estoril. Daneben ist der Abtrieb sehr wichtig."

Beim letzten Europarennen 1993 hat Jean Alesi erstmals seit dem GP von Belgien 1991 nach der ersten Kurve kein Konkurrenten-Heck eines Konkurrenten vor sich. Dem Franzosen gelingt ein exzellenter Start aus der dritten Reihe. Am Ende wird er Vierter. Die Herzen der Tifosi wieder hoffnungsfroh.

290

Turn 1

VIP

4

3

5 4 3

6 5 4 2

3

3

elha

4

3

Turn 3

Turn 2

5

Hohe Wellen schlägt 1989 ein Nigel-Mansell-Manöver: Trotz schwarzer Flagge bleibt der Ferrari-Pilot im Rennen und provoziert dann eine Kollision mit dem führenden Senna.

Wenn sich die Formel 1 in Portugal seit dem Vorjahr sogar noch wachsender Beliebtheit erfreut, liegt das an dem Lotus-Piloten Pedro Lamy. Er fährt in Estoril vor heimischer Kulisse. Seit den eher bescheidenen Auftritten des Halbprofis Mario Cabral, der zwischen 1959 und 1964 vier GP bestritt, warteten die Portugiesen auf einen Landsmann im F1-Cockpit. Sie fanden ihn 1993 in Gestalt des Gewinners der Deutschen F3-Meisterschaft endlich.

Seit 1986 bedeutet das Rennen in Estoril jeweils das Ende des europäischen Saisonteils, was ihm eine unverwechselbare Stimmung verleiht. 1984, beim ersten GP-Lauf in Estoril, wurde hier sogar das letzte

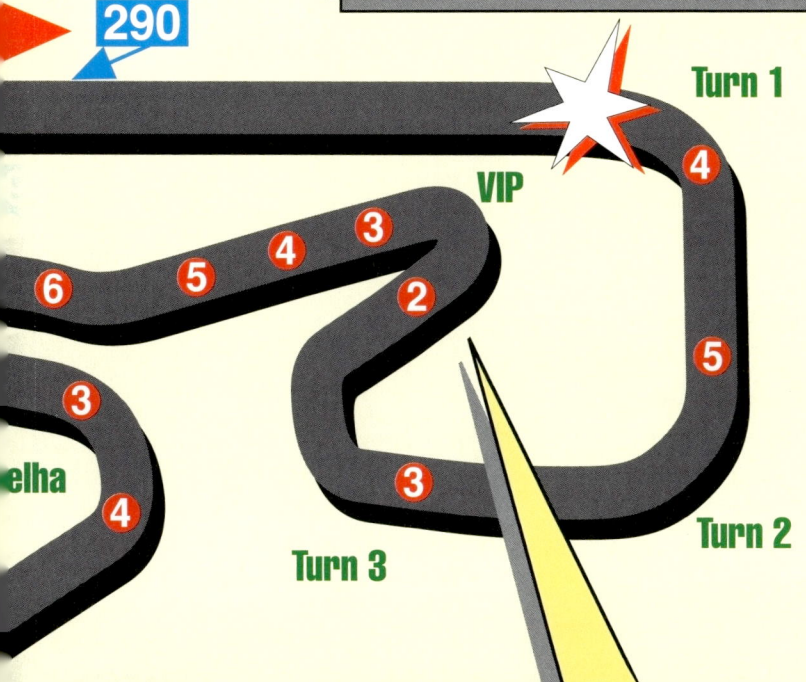

Michael Schumacher schüttelt bisher jeden Teamkollegen bei Benetton ab. 1992 setzt er sich klar gegen Martin Brundle durch, 1993 hat der dienstälteste Fahrer, Riccardo Patrese, keine Chance gegen ihn. Portugal wird ihm in guter Erinnerung bleiben. 1991 fährt er zum zweiten Mal in seiner Karriere in die Punkteränge, zwei Jahre später folgt an gleicher Stelle der zweite Grand-Prix-Sieg.

Rennen der Saison ausgetragen. Die Entscheidung im Titelkampf zwischen Lauda und Prost mußte fallen. Der Franzose gewann, aber Lauda reichte ein zweiter Platz, um mit einem halben Punkt Vorsprung Champion zu werden. Es war der knappste Ausgang einer F1-Saison. Hinter dem McLaren-Duo kam der brasilianische Wunderknabe Ayrton Senna, der bereits in Monaco und Brands Hatch mit auf dem Siegerpodest gestanden hatte, am Steuer eines Toleman-Hart ins Ziel.

Auch im folgenden Jahr - Senna war inzwischen zu Lotus gewechselt - stand der Brasilianer in Estoril auf dem Podium. Diesmal allerdings ganz oben - erstmals in seiner eindrucksvollen Karriere, die ihm allein bis Ende 1993 vierzig weitere Siege einbrachte. Den historischen ersten Sieg feierte Senna am 21. April 1985 - ausnahmsweise fand der GP von Portugal bereits als zweiter WM-Lauf der Saison statt - bei strömendem Regen in Estoril.

Wie gut er auf nassem Asphalt zurechtkommt, hatte Senna zwar bereits 1984 im überfluteten Monaco bewiesen. Trotzdem war es beeindruckend, mit welch spielerischer Leichtigkeit er seinen teils hilflos rutschenden Gegnern davonfuhr. Schon nach 22 der 67 Runden lagen nur noch fünf Piloten in einer Runde mit dem Spitzenreiter. Die übrigen, die es noch nicht von der Piste gespült hatte, folgten mit mindestens einem Umlauf Rückstand.

Im Ziel war es dann nur noch Michele Alboreto, der nicht überrundet war. Aber auch der Mailänder folgte mit beachtlichem Abstand: Etwas mehr als eine Minute hatte Senna ihm, der damals zu den Top-Stars zählte, abknöpfen können!

Stirling Moss, der ungekrönte Star seiner Zeit, beendete 1962 seine F1-Karriere, ohne jemals den WM-Titel gewonnen zu haben. 1958 verpaßte er den Gewinn des Championats um einen einzigen Punkt - und den verschenkte er aufgrund eines Mißverständnisses während des

GP von Portugal. Der wurde damals auf der Piste von Oporto ausgetragen.

Moss gewann das Rennen vor Mike Hawthorn. Acht Punkte kassierte er dem alten Reglement entsprechend für diesen Sieg. Einen neunten hätte er sich holen können, den es damals noch für die schnellste Runde des Rennens gab. Natürlich hatte er diesen Punkt auf der Rechnung und fuhr die notwendige schnelle Runde. Doch dann unterbot Hawthorn den vorgelegten Wert.

Prompt zeigte die Vanwall-Crew Moss eine Signal-Tafel mit der Aufschrift „HAW-REC". In der rasenden Vorbeifahrt las Moss allerdings „HAW-REG" - frei übersetzt: Hawthorn greift nicht weiter an. Also fuhr Moss den Sieg in Ruhe heim, ohne auch nur für ein einziges weiteres Ründchen so richtig Dampf zu machen. Der Punkt für die schnellste Runde ging an Hawthorn - er reichte dem Briten damals für den Gewinn des Weltmeistertitels.

Rennreport zum Ausfüllen

Startaufstellung
(die ersten Zehn)

1. R. _____

_____

2. R. _____

_____

3. R. _____

_____

4. R. _____

_____

5. R. _____

_____

Schnellste Trainingszeit

Ausfälle

Fahrer	Runde

Notizen

Zieleinlauf

Fahrer	Punkte
1.	10
2.	6
3.	4
4.	3
5.	2
6.	1
7.	
8.	

WM-Punktestand nach dem 13. Lauf

Fahrer	Ges.-Punkte
1.	
2.	
3.	
4.	
5.	
6.	
7.	
8.	
9.	
10.	
11.	
12.	

Nach seinem Triumph schaut Michael Schumacher freudestrahlend zum Himmel. Auch Benetton-Direktor Flavio Briatore (2.v.l.) kann es immer noch nicht fassen. Keine rechte Freude will zu diesem Zeitpunkt bei Alain Prost aufkommen, dem der zweite Platz vorzeitig den WM-Titel sichert.

REISETIPS

Der Kurs wurde früh genug für den Rennsport angelegt - mit genügend Phantasie, um nicht an der modernen Krankheit mit Namen „Retorten-Look" zu leiden. Die Qualität der Haupttribüne ist überdurchschnittlich gut, weil die Entfernung zur Boxenanlage relativ gering ist. Stehplätze sind ausreichend vorhanden. Je nach Geschmack sollte man sich während des Trainings den richtigen Platz aussuchen.

Für Lissabon trifft zu, was auch für Budapest, Mailand und andere Großstädte gilt: Hotels, Campingplätze und Restaurants gibt es reichlich. Auch die näherliegenden Badeorte Estoril und Cascais bieten in dieser Beziehung eine große Auswahl. Was die kulinarischen Genüsse angeht, sei allerdings vor den horren-den Preisen der Seafood-Restaurants gewarnt. Aus der Perspektive der Autogrammjäger sind die Hotels „Estoril Sol", „Atlantis Sintra Estoril" - unmittelbar an der Rennstrecke gelegen - und das „Palacio" besonders interessant. Ayrton Senna wird man dort allerdings nicht antreffen: Der besitzt unweit eine eigene Villa.

LAGE
32 km westlich von Lissabon, 7 km nördlich von Estoril, 9 km südlich von Sintra. Zu erreichen über Autobahn A5 von Lissabon nach Estoril (Ausfahrten 9 oder 10). Den Hinweisen „Sintra/Autodromo" folgen.

BAHNHÖFE
Lissabon C.Sodre
Estoril
Cascais

FLUGHAFEN
Lissabon Portela

LADENÖFFNUNGSZEITEN
Täglich von 10.00-23.00

TICKET-VERKAUF
Automovel Club de Portugal
Rua Rosa Araujo, 24
Apartado 2594-1200 Lisboa
Tel.: 00351-1-3563931
Fax: 00351-1-574732 / 577708

Junta de Turismo
Tel.: 00351-1-4680113

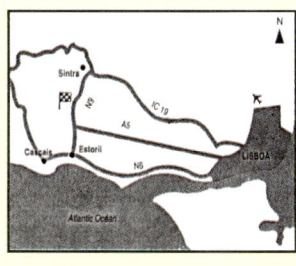

Grande Premio de Portugal
Edificio Lennox
Rua Alvaro Pais de Vasconcelos
2765 Estoril
Tel.: 00351-1-4671555-6
Fax: 00351-1-4671557

EINTRITTSPREISE
ca. 150-500 DM

LANDESWÄHRUNG
Escudos, 100 Esc = ca. 0,98 DM
(01.03.94)

EXTRATIP
Estoril und Cascais eignen sich für einen Familienurlaub. Fans, die Ferien und GP-Reisen unter einen Hut bekommen müssen, sollten diesen Vorteil grundsätzlich bedenken. Der Linienflug ist relativ teuer - Pauschalreise-Angebote sollten deshalb immer nach Möglichkeit berücksichtigt werden.

BUENOS AIRES

Im offiziellen Ferrari-Jahrbuch 1953 wurde der erste WM-Grand-Prix Argentiniens so beschrieben: „Dort, wo noch vor wenigen Monaten ein stinkender Sumpf die Luft am Stadtrand von Buenos Aires verpestete, hat jetzt die GP-Saison begonnen. Niemals zuvor spielte in Südamerika eine Rennstrecke eine solche Rolle: Die Bahn gab einem Publikum, das völlig außer Rand und Band war, alles, was es erhoffte." Mit Unterbrechungen blieb das Rennen im Formel-1-Kalender, bis wirtschaftliche Probleme und politische Instabilität zu Beginn der 80er Jahre der Tradition ein Ende machten.

Was sich am 16. Januar 1955 auf der Piste von Buenos Aires abspielte, zählt zu den unglaublichsten Stories der GP-Geschichte. Mitten im Hochsommer der südlichen Hemisphäre scheiterten die Piloten reihenweise an den mörderischen Temperaturen. Damals war es noch erlaubt, sich am Steuer eines Rennwagens

abzulösen (möglicherweise gewonnene Punkte wurden entsprechend geteilt), und nur deshalb erreichten mehr als zwei Autos das Ziel!

Die beiden Ferrari, die auf den Plätzen zwei und drei ins Ziel kamen, wurden ebenso von drei Piloten im Wechsel gefahren, wie der Mercedes, der hinter ihnen abgewinkt wurde. Stirling Moss, ein durch-

trainierter Mann mit eisernem Willen, stellte seinen Mercedes mit Startnummer sechs nach 28 Runden wegen totaler Erschöpfung ab. Schon auf dem Weg ins Krankenhaus fühlte sich der Brite wieder fit, konnte sich jedoch nicht verständlich machen. Erst im Hospital „protestierte" er erfolgreich bei einem Englisch sprechenden Arzt. Zurück an der Piste, kam

er gerade rechtzeitig, um den entkräfteten Karl Kling abzulösen, der den W196 von Hans Herrmann übernommen hatte.

Nur zwei Rennfahrer überstanden die dreistündige Hitzeschlacht im Alleingang ohne Ablösung: Sieger Juan-Manuel Fangio und Roberto Mieres, der als Fünfter ins Ziel kam. Fangio bezahlte die Strapaze mit Brandwunden zweiten Grades am rechten Bein und vorübergehenden Herzrhythmus-Störungen...

Auch der GP des Jahres 1958 gehört ins F1-Buch der Rekorde: Nur zehn Fahrer gingen an den Start. Nach dem aktuellen Reglement, das mindestens zwölf Teilnehmer vorsieht, wäre dieses Rennen abgesagt worden.

Die drei Argentinier Juan Manuel Fangio, Froilan Gonzalez und Onofre Marimon machten den Formel-1-Sport zu Beginn der 50er Jahre in ihrem Heimatland populär. An diese Tradition knüpfte 1972 Carlos Reutemann an, der bei seinem ersten GP-Start von der Pole-Position aus ins Rennen ging - natürlich in Buenos Aires. Dieses Kunststück gelang neben dem „Indianer" nur dem Italo-Amerikaner Mario Andretti.

Rennreport zum Ausfüllen

Startaufstellung
(die ersten Zehn)

1. R. _____

2. R. _____

3. R. _____

4. R. _____

5. R. _____

Schnellste Trainingszeit

Zieleinlauf

Fahrer	Punkte
1.	10
2.	6
3.	4
4.	3
5.	2
6.	1

Ausfälle

Fahrer	Runde

Notizen

AUSTRAGUNG UNGEWISS

Bitte beachten Sie den Hinweis unten auf der Seite.

Autodromo Municipal de la Ciudad de Buenos Aires

Runde

5,968 km

Rundenzahl

vermutlich 52

Renndistanz

vermutlich 310,336 km

Rundenrekord

Nelson Piquet, Brabham-Ford, 1.45,287 Minuten, 1981

Reisetips

Die Rennstrecke liegt am Südrand des City-Bereichs der argentinischen Hauptstadt. Unterschätzen Sie die Entfernung nicht: Von Frankfurt nach Tokio ist es nicht so weit, wie nach Buenos Aires. Hotel-Reservierung ist in jedem Fall ratsam. Für Nicht-Vegetarier lohnt sich die Reise allerdings allein schon, um einige der legendären „asados" - die gigantischen argentinischen Rinder-Steaks - zu verzehren.

Veranstalter:
Automovil Club Argentino
Av. de Libertador 1850
1461 Buenos Aires
Tel.: 0054-1-8010701;
Fax: 0054-1-8013972

Argentiniens Formel-1-Star Carlos Reutemann möchte die F1 in sein Land zurückholen. Beim Grand Prix von Brasilien sprach er darüber mit den Weltmeistern Niki Lauda und Emerson Fittipaldi.

WM-Punktestand nach dem 4. Lauf

Fahrer	Ges.-Punkte
1.	
2.	
3.	
4.	
5.	
6.	
7.	
8.	
9.	
0.	

Wo?

Wo der 14. WM-Lauf ausgetragen wird, stand bei Redaktionsschluß noch nicht fest. Neben den Favoriten Buenos Aires und Nürburgring wurden Donington und Djakarta als Alternativen mit geringen Chancen gehandelt. Theoretisch konnte zu diesem Zeitpunkt darüber hinaus keine Rennstrecke (mit FIA-F1-Lizenz) als Schauplatz des 14. WM-Laufs ausgeschlossen werden, sofern sie nicht ohnehin Bestandteil des 94er-Kalenders ist.

Großer Preis von Argentinien

Erster GP von Argentinien:	1953
Sieger:	Alberto Ascari (I), Ferrari
Erster GP auf dieser Strecke(n-Variante):	1974
Sieger:	Denis Hulme (NZ), McLaren-Ford

Die letzten fünf Sieger
1981:	Nelson Piquet	Brabham-Ford
1980:	Alan Jones	Williams-Ford
1979:	Jacques Laffite	Ligier-Ford
1978:	Mario Andretti	Lotus-Ford
1977:	Jody Scheckter	Wolf-Ford

NÜRBURGRING

Wegen des schweren Unfalls des Österreichers Niki Lauda 1976 fiel die legendäre Nordschleife des Nürburgrings - bis dahin 22 Mal Schauplatz eines WM-Grand-Prix - endgültig in Ungnade. Um die Formel 1 wieder in die Eifel zu locken, zahlte die Nürburgring GmbH einen hohen Preis: Die berühmte Südschleife wurde zerstört, die zum Denkmal gewordene Haupttribüne und die Boxenanlage fielen dem Abrißbagger zum Opfer, die Nordschleife verkürzte man um zwei Kilometer, und schließlich entstand für Baukosten in Höhe von ca. 120 Millionen Mark der „zeitgemäße" Grand-Prix-Kurs. Nur zweimal trat die Formel 1 seit der Fertigstellung im Jahr 1984 dann tatsächlich wieder im Schatten der Nürburg an. 1994 mit etwas Glück zum dritten Mal.

Keke Rosberg hatte es vorausgesagt. 1984, sechs Wochen bevor die Formel 1 erstmals auf dem eigens für sie geschaffenen Asphaltband antrat, prophezeite der Finne: „Nach dem Start wird es in der ersten Schikane krachen." Der Ex-Champion meinte das tückische Castrol-S, das angebremst werden muß, bevor man diese Rechts-Links-Kombination sehen kann.

Tatsächlich rodelten dann bei der ersten Passage des Ecks fünf Boliden von der Piste - „Hellseher" Rosberg war auch mit von der Partie! Zu Schaden kam keiner der Beteiligten, aber Reifengummi an Rosbergs Helm zeugte davon, daß es knapp zuging. Die schwarzen Spuren stammten vom Toleman-Hart mit Startnummer 19 - pilotiert von einem Brasilianer mit Namen Ayrton Senna... Als die F1 zehn Monate später erneut auf dem GP-Kurs des Rings startete, führte dieser Senna das Feld an, während es

in der Startrunde erneut zu einem Zwischenfall kam.

Gefahren wurde beim Debüt übrigens am 7. Oktober. Am Renntag war es kalt und windig, aber trocken. Wer unkt, der diesjährige Termin läge für den Eifel-Kurs zu spät im Jahr, sei daran erinnert. Tatsächlich verspricht der Herbst in dieser Region bessere Witterungsbedingungen als das Frühjahr.

Auch beim zweiten - und bisher letzten - Auftritt der Formel 1 auf dem „Neuen Nürburgring" spielte sich im Castrol-S Dramatisches ab: Ferrari-Pilot Stefan Johansson schlitzte sich beim Anbremsen am Heck seines Team-Kollegen Michele Alboreto den linken Vorderreifen auf! Damit brachte sich der schnelle Schwede um den möglichen Sieg. Trauer gab es deshalb bei der Scuderia nicht: Alboreto gewann - zum vorläufig letzten Mal in seiner langen Karriere.

Aber das Rennen blieb aus einem zweiten Grund unvergessen: Nicht Alain Prost, Keke Rosberg, Nelson Piquet oder einer der beiden schnellen Ferrari-Fahrer standen auf dem besten Startplatz, sondern Teo Fabi! Es war die erste und einzige Pole-Position für das Team Toleman, das erst nach dem Verkauf an einen italienischen Mode-Fabrikanten unter dem Namen Benetton zu einem verläßlichen Machtfaktor in der Formel 1 reifte.

1985 schießt als erster Nigel Mansell aus der Dunlop-Kehre bergan. Bei diesem Rennen brachte die rote 5 auf seinem Williams-Honda dem Briten Glück. Er gewann das bisher letzte Rennen auf dem GP-Kurs.

**VERANSTALTER
(voraussichtlich)**
ADAC
Am Westpark 8
81373 München
Tel.: 089-76760
Fax: 089-76762500

TICKETVERKAUF
Nürburgring GmbH
53520 Nürburg
Tel.: 02691-302-0
Fax: 02691-302155.

AUSTRAGUNG UNGEWISS

Beachten Sie bitte den Hinweis auf Seite 181.

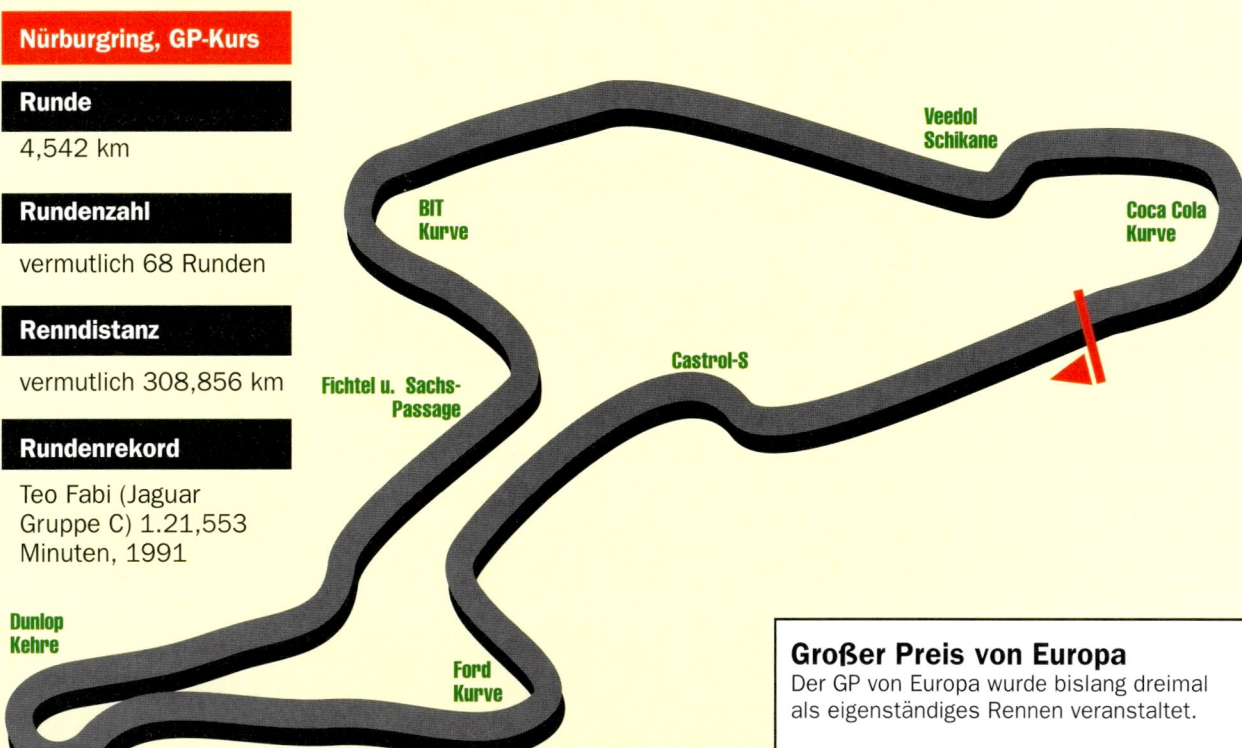

Nürburgring, GP-Kurs

Runde
4,542 km

Rundenzahl
vermutlich 68 Runden

Renndistanz
vermutlich 308,856 km

Rundenrekord
Teo Fabi (Jaguar Gruppe C) 1.21,553 Minuten, 1991

Labels auf der Strecke: Veedol Schikane, BIT Kurve, Coca Cola Kurve, Castrol-S, Fichtel u. Sachs-Passage, Dunlop Kehre, Ford Kurve

Großer Preis von Europa
Der GP von Europa wurde bislang dreimal als eigenständiges Rennen veranstaltet.

1983 Brands Hatch (GB)
Sieger: Nelson Piquet (BRA) Brabham-BMW

1984 GP-Kurs Nürburgring (D)
Sieger: Alain Prost (F) McLaren-Porsche

1985 Brands Hatch (GB)
Sieger: Nigel Mansell (GB) Williams-Honda

1993 Donington (GB)
Sieger: Ayrton Senna (BRA) McLaren-Ford

Erster GP auf dem Nürburgring (Nordschleife): 1951

Damaliger Sieger: Alberto Ascari (I) Ferrari

Häufigste Sieger:
3 x Fangio (54, 55, 56)
3 x Stewart (68, 71, 73)

Die letzten Sieger:
1985 GP-Kurs, Michele Alboreto, Ferrari
1984 GP-Kurs, GP von Europa, Alain Prost, McLaren-Porsche
1976: James Hunt, McLaren-Ford
1975: Carlos Reutemann, Brabham-Ford
1974: Clay Regazzoni, Ferrari

Keke Rosberg hatte 1984 den Startunfall in der ersten Kurve vorausgesagt: Sein Williams (r.) wurde von GP-Neuling Ayrton Senna (19) abgeschossen.

Reisetip

„Eingekreist" von den Autobahnen A1, A61, A48 und A60, ist der Nürburgring sehr gut an das Straßennetz angebunden. Viele Hotels, Pensionen und Gästezimmer sind in der Umgebung vorhanden. Auskünfte geben die Verkehrsämter, z.B. in Kelberg (Tel.: 02692/872-18 oder 872-0; Fax: 87239). Camping an der Strecke ist im Bereich zwischen Ford-Kurve und Dunlop-Kehre möglich. Rund um die Rennstrecke gibt es zahllose empfehlenswerte Restaurants. So die Häuser „Zum Wilden Schwein" - wo schon die Silberpfeil-Piloten in den 30er Jahren einkehrten - oder die „Blaue Ecke", beide in Adenau. Lohnenswert ist in jedem Fall der Besuch des Rennsport-Museums und eine Fahrt im eigenen Auto auf der berühmten Nordschleife (Vorsicht, sie ist tückischer als man denkt!). Beliebte Tribünen: T4 (Action) und T8 (gute Übersicht).

SUZUKA

Der Alptraum eines jeden Teamchefs: Die beiden Venturi-Piloten Ukyo Katayama und Bertrand Gachot befördern sich 1992 gegenseitig ins Kiesbett.

Der erste Versuch, Asien in die Formel 1 mit einzubinden, scheiterte: Zweimal - 1976 und 1977 - wurde auf dem Fuji Speedway der GP von Japan ausgetragen, dann verschwand diese Veranstaltung aus dem F1-Kalender. Erst zehn Jahre später wurde ein neuer Anlauf unternommen, und dieser Versuch wurde zum Schuß in die Zwölf. Seit 1987 gastiert der GP-Zirkus alljährlich in Suzuka. Bisher war diese Show nahe der Pazifik-Küste regelmäßig komplett ausverkauft.

N

Suzuka International Racing Course

Runde
5,864 km

Rundenzahl
53

Renndistanz
310,792 km

Rundenrekord
Nigel Mansell (GB)
Williams FW 14B-Renault V10 in 1:40,646 min
(= 209,749 km/h)
GP 1992

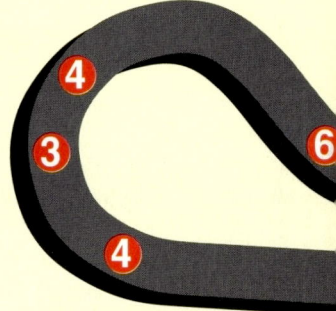

Spoon Curve

Aus dem WM-Programm ist Suzuka vorläufig nicht wegzudenken, auch wenn sich das Interesse der sportbegeisterten Söhne Nippons in letzter Zeit in Richtung Fußball orientierte. Dieser Trend erlitt jedoch einen Dämpfer, als die Nationalmannschaft an der Qualifikationshürde für die WM in den USA scheiterte. Immerhin reicht das Interesse des 125-Millionen-Volkes aus, im laufenden Rennjahr - wie in Italien - einen zweiten WM-Lauf im Land der aufgehenden Sonne auszutragen - den Pacific-GP.

Von 1987 bis einschließlich 1991 wurde der Kampf um die Weltmeisterschaft regelmäßig in Suzuka entschieden - einmal sogar bereits während des Trainings! Das geschah gleich beim ersten Gastspiel des GP-Zirkus auf der „Achterbahn" im Süden der japanischen Hauptinsel Honshu. Die beiden Williams-Fahrer Nelson

KATAYAMAS URTEIL

„Ganz eindeutig meine Lieblingsstrecke. Ich fuhr dort viele Rennen in den Formeln Ford, 3 und 3000 - entsprechend groß ist meine Erfahrung. Fahrer und Autos sind wegen den extrem unterschiedlichen Anforderungen ganz gewaltig gefordert."

Großer Preis von Japan

Erster GP: 1976 in Fuji
Damaliger Sieger:
Mario Andretti (USA) Lotus-Ford
Häufigste Sieger:
2 x Berger (87, 91)
2 x Senna (88, 93)

Sieger der letzten Jahre:
1993	Senna	McLaren-Ford
1992	Patrese	Williams-Renault
1991	Berger	McLaren-Honda
1990	Piquet	Benetton-Ford
1989	Nannini	Benetton-Ford
1988	Senna	McLaren-Honda Turbo
1987	Berger	Ferrari Turbo

Jubiläum: In Suzuka gelingt Ayrton Senna der 40. Grand-Prix-Sieg.

Martin Bru... von Hugo P... Attraktione...

Mit einem Paukenschlag eröffnet 1993 Eddie Irvine seine Formel-1-Karriere. Seine Prügelei mit Ayrton Senna sorgt für mehr Aufsehen als sein sechster Rang im ersten Grand Prix.

Hairpin

Die erste Suzuka-Kollision zwischen Prost und Senna bringt dem Franzosen 1989 den WM-Titel und Senna eine sechsmonatige Sperre auf Bewährung, weil er von einer Verschwörung spricht.

Triangle

285

220

305

1987 verliert Nigel Mansell die WM-Krone an Williams-Gefährte Nelson Piquet, weil er nach einem Trainingsunfall die letzten beiden Läufe nicht bestreiten kann.

S Curve

Degner Curve

n Suzuka 1993 weder Augen für seinen tvoll gestalteten Ligier, noch für die Freizeitparks von Suzuka.

1990 kommt es wenige Augenblicke nach dem Start zur historischen Kollision zwischen Senna und Prost. Senna ist damit Weltmeister - ein Jahr zuvor war bei einer ähnlichen Kollision der Titel an Intimfeind Prost gegangen.

Piquet und Nigel Mansell rechneten sich noch Chancen auf den Titel aus. Der Brasilianer erreichte sein Ziel, als sein britischer Widersacher im Abschlußtraining stürzte und wegen schwerer Rückenprellungen auf den Start verzichten mußte.

1988 entschied Ayrton Senna in Suzuka die WM zu seinen Gunsten. Und das, obwohl er unglaublich schlecht vom Start wegkam und in der ersten Kurve nur Platz 14 belegte. Unterstützt durch einen kurzen Regenschauer, bügelte der Südamerikaner den Patzer bis zur 28. der 51 Runden aus. Alain Prost, der sich während der ersten Rennhälfte bereits als neuer Champion fühlte, lag im Ziel 13,3 Sekunden hinter Senna zurück. Die Saison hinterließ einen bitteren Beigeschmack: Prost wurde mit stolzen 105 Punkten Vizemeister, Senna durfte sich mit nur 94 Zählern die Krone aufsetzen... Möglich war dies aufgrund der damals noch gültigen Streichresultat-Regelung, die Prost 18 Punkte kostete, Senna hingegen nur vier. Mit Verspätung reagierten die Funktionäre auf den unbefriedigenden Ausgang der WM: Seit 1991 gibt es keine Streichresultate mehr. Außer den Herstellern von Taschenrechnern trauert niemand dem alten Regelwerk nach.

1989 war dann die Reihe wieder einmal an Alain Prost, der sich den Titel aufgrund eines inzwischen schon legendären Remplers sicherte: Der Franzose stieß eingangs der Schikane vor Start-und-Ziel mit Ayrton Senna zusammen. Die Schuldfrage konnte mit absoluter Gewißheit nie geklärt werden. In der festen Überzeugung, Sennas Nachfolge angetreten zu haben, kletterte Prost an der Unfallstelle aus dem Cockpit, hatte dabei seine Rechnung jedoch zunächst ohne den Wirt gemacht. Denn der Brasilianer kurvte zurück auf die Piste und siegte! Dann gab es

allerdings eine kalte Dusche für den Titelverteidiger: Wegen Abkürzens wurde er disqualifiziert. Senna sprach von einem Komplott der französischen Mafia, denn das Sagen auf Funktionärsseite hatte FISA-Präsident Jean-Marie Balestre, ein Landsmann Prosts...

Da es so „schön" war, wurde die WM im folgenden Jahr erneut durch einen Gewaltakt entschieden, und wieder hießen die Akteure Senna und Prost. Weil er sich vor Jahresfrist geprellt fühlte, boxte Senna den längst zum Feind gewordenen Konkurrenten in der Start-kurve von der Bahn. Erst 1991 ging es bei der Titelvergabe in Suzuka wieder friedlich zu: Nach Mansells Ausfall stand Senna als

erfolgreicher Titelverteidiger fest.

Den möglichen Gewinn des Grand Prix verschenkte er dann durch eine freundliche Bremsaktion auf den letzten Metern an seinen österreichischen Teamkollegen Gerhard Berger. Der ärgerte sich nach dem Rennen jedoch sehr darüber, dieses Almosen Sennas angenommen zu haben.

Rennreport zum Ausfüllen

Startaufstellung
(die ersten Zehn)

1. R. _____

2. R. _____

3. R. _____

4. R. _____

5. R. _____

Schnellste Trainingszeit

Ausfälle

Fahrer	Runde

Notizen

Zieleinlauf

Fahrer	Punkte
1.	10
2.	6
3.	4
4.	3
5.	2
6.	1
7.	
8.	

WM-Punktestand nach dem 15. Lauf

Fahrer	Ges.-Punkte
1.	
2.	
3.	
4.	
5.	
6.	
7.	
8.	
9.	
10.	
11.	
12.	

In Japan ist die Formel 1 eine Riesenattraktion. Eine Million Fans bewerben sich pro Jahr schriftlich um eine Eintrittskarte. Anschließend wird gelost. Diese Drei hatten Glück und können in Suzuka ihren Kopfschmuck zur Schau tragen.

REISETIPS

Die Piste ist äußerst publikumsfreundlich. Der Kampf um die besten Stehplätze beginnt allerdings außerordentlich früh - bereits am Vorabend des Rennens bilden sich lange Schlangen vor den Einlaßtoren. Selbst strömender Regen hält die Fans nicht davon ab, die Nacht im Freien zu verbringen. Deshalb ist ein Tribünenplatz in jedem Fall ratsam. Die Sache hat nur einen gewaltigen Haken: Die Tickets sind begehrt wie Diamanten. Auf eine Eintrittskarte kommen mehr als zehn Interessenten! Jeder, der sich den Live-Genuß gönnen will, muß das Eintrittsgeld überweisen und abwarten, ob ihm bei der anschließenden Verlosung Fortuna zur Seite steht. Alle

Verlierer erhalten ihr Geld zurück.

Wer sich das Rennen vor dem heimischen Fernseher anschaut, erspart sich viel Frust. Für die, die diesen Rat nicht befolgen, gilt: Campen an der Piste ist verboten. Hotelzimmer in Shiroko, Tsu, Yokkaichi oder Suzuka sollten reserviert werden. Die Teams wohnen im Suzuka Circuit Hotel, wo kein Außenstehender ein Zimmer bekommt. Es ist ständig von einer Million japanischer Autogrammjäger belagert. Die Preise für Übernachtung und Mahlzeiten sind recht zivil, die Sprachprobleme gigantisch.

LAGE

150 km östlich von Osaka, 70 km südwestlich von Nagoya.

BAHNHÖFE
Suzuka
Nagoya
Osaka

FLUGHÄFEN
Tokyo
Osaka
Nagoya

LADENÖFFNUNGSZEITEN
Täglich von 10.00-19.00

TICKET-VERKAUF
Ticket Centre
Suzuka Circuit
7992 Ino-cho
Suzuka-shi, Mie-ken, 510-02
Tel.: 0081-593-781111
Fax: 0081-593-702408

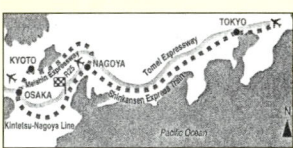

EINTRITTSPREISE
ca. 120-1.000 DM
Das Rennen ist seit einem Jahr ausverkauft.

LANDESWÄHRUNG
Yen, 100 Yen = ca. 1,63 DM
(01.03.94)

EXTRATIP
Wildentschlossene schaffen es vielleicht, wie 1993 der Fan aus dem Westerwald. Der reiste ohne Karte an und wurde aufgrund seines „exotischen" Äußeren auf dem Weg bis hinein ins Fahrerlager nicht aufgehalten.

ADELAIDE

Eine Ehrenloge haben alle Jahre wieder die Gäste des Stag Hotels. 1990 durften sie den einzigen Auftritt von Alain Prost als Ferrari-Piloten in Adelaide bewundern. Im Jahr darauf wurde Prost wenige Tage vor dem Saisonfinale von den Italienern gefeuert.

Als letzter der fünf Kontinente wurde 1985 Australien in die F1-WM integriert. Der späte Schritt war weder auf fehlendes Interesse, noch auf einen Mangel an einheimischen Piloten zurückzuführen. Mit der Tasman-Meisterschaft existierte bereits in den 60er Jahren ein florierendes Single-Seater-Championat. Das Piloten-Duo Jack Brabham/Alan Jones holte zwischen 1959 und 1980 drei WM-Titel nach Australien. Wenn das Land erst so spät einen Weltmeisterschaftslauf erhielt, lag das allein an den wirtschaftlichen Möglichkeiten, die es der F1 erst Mitte der 80er Jahre erlaubten, einen „Wochenendausflug" ans andere Ende der Welt zu unternehmen.

Mutig nahm Adelaide als einziger Bewerber die Herausforderung an und bot einen Stadtkurs an. Bereits die erste Auflage des Rennens wurde dann allerdings zum Erfolg, um den die bekannteren Gemeinden des Landes die südaustralische Hauptstadt beneideten. Als Folge wurde Adelaide im Vorjahr ausgebootet. In einer Blitzaktion stach Melbourne den bereits traditionellen Gastgeber aus, der die Formel 1 jetzt nur noch bis 1996 beherbergen darf.

Als der Große Preis von Australien 1985 erstmals ausgetragen wurde, kam ihm als Abschiedsvorstellung des großen Niki Lauda eine ganz besondere Bedeutung zu. Daß Keke Rosberg dieses Rennen gewann, ist seinen Fans sicherlich noch gut in Erinnerung, aber der „Oscar für die beste Nebenrolle" ging an

Philippe Streiff. Der Franzose, der als F3000-Pilot finanziell derart klamm war, daß man ihm einmal sogar den Rennwagen unter dem Hintern weg pfändete, bestritt seinen fünften GP.

Adelaide Grand Prix Circuit

Runde
3,78 km

Rundenzahl
79

Renndistanz
298,62 km

Rundenrekord
Damon Hill (GB) Williams FW15C-Renault V10 in 1:15,381 min (= 180,523 km/h) GP 1993

Rundle Road

230

E

Es geht eng zu in den Straßenschluchten von Adelaide. Den historischen Bauwerken am Pistenrand können die Fahrer bei Geschwindigkeiten bis zu 300 km/h allerdings keine Aufmerksamkeit schenken.

Großer Preis von Australien

Erster GP:	1985 in Adelaide
Damaliger Sieger:	K. Rosberg (FIN) Williams-Honda Turbo
Häufigste Sieger:	2 x Senna (93, 91) 2 x Berger (92, 87) 2 x Prost (88, 86)

Sieger der letzten Jahre:

1993	Senna	McLaren-Ford
1992	Berger	McLaren-Honda
1991	Senna	McLaren-Honda
1990	Piquet	Benetton-Ford
1989	Boutsen	Williams-Renault
1988	Prost	McLaren-Honda Turbo
1987	Berger	Ferrari Turbo
1986	Prost	McLaren-TAG Porsche Turbo
1985	Rosberg	Williams-Honda Turbo

Ein historischer Augenblick: Beim Abschieds-Grand-Prix von Alain Prost (l.) nimmt Sieger Ayrton Senna seinen Intimfeind in den Arm.

Brabham Straight

300

Ein geplatzter Reifen brachte Nigel Mansell 1986 um den sicher geglaubten WM-Titel.

N

140

rrace

Wakefield Road

240

Gemeinsam mit Jacques Laffite stand er in Ligiers Diensten.

Nach zahlreichen Ausfällen - nur acht der 25 Starter sahen die Zielflagge - lag das Ligier-Duo in der Schlußphase des Rennens unerwartet auf den Plätzen zwei und drei. Teamchef Guy Ligier, der in den vorangegangenen 15 Rennen gerade einmal 13 Punkte gesammelt hatte, rieb sich die Hände. In der Schlußrunde drehte Streiff dann unerwartet durch und attackierte seinen Teamkollegen, der natürlich nichts Böses ahnte. Als Laffite merkte, daß sein „Leutnant" tatsächlich meuterte, schlug er ihm im Reflex die Tür vor der Nase zu. Die Autos knallten heftig aneinander und zehn wertvolle WM-Punkte schienen für Ligier verloren. Aber oh Wunder: Laffite kam ohne sichtbare Schäden ins Ziel, und

Die Regenschlacht in Adelaide 1991 ging als kürzester Grand Prix in die Formel-1-Geschichte ein. Nach 24 Minuten wurde dem Chaos ein Ende bereitet. Der Start - hier Berger vor Mansell, Piquet und Alesi - verlief noch glimpflich.

Streiff rettete sich trotz grotesk verbogener Vorderradaufhängung - ein Rad stand hoch in die Luft - in langsamer Fahrt über die letzten Kilometer, ohne Rang drei zu verlieren! Daß Guy Ligier Streiffs Vertrag anschließend nicht verlängerte, erstaunte niemanden.

Auch im folgenden Jahr sorgte in Adelaide ein „Dreirad" für Aufregung. Diesmal sah dessen Pilot die schwarz-weiß-karierte Flagge allerdings nicht. Der unglückliche Fahrer hieß Nigel Mansell. Der Brite zirkulierte auf Rang drei, was ihm zum ersten Titelgewinn gereicht hätte. Dann aber - in Runde 64 - explodierte auf der Brabham-Geraden bei gut 300 km/h der linke Hinterreifen seines Williams-Honda! Mit Können und dem notwendigen Quentchen Glück brachte der Schnauzbart den schleudernden Boliden im Notausgang des Streckenabschnitts zum Stand. Nur ganz leicht „tickte" er an die Begrenzung.

Damit war der Weg für Alain Prost frei. Der Franzose sicherte sich WM-Titel Nummer zwei. Sein Erfolg bedeutete den letzten großen Porsche-Triumph in der Formel 1 - das TAG-Turbotriebwerk im Heck des McLaren wurde von den Zuffenhausenern konstruiert, gebaut, weiterentwickelt und an den Pisten betreut.

Aber Adelaide brachte nicht nur „Dreiradrennen". Bekannt ist der WM-Lauf im Frühjahr der Südhalbkugel auch für seine Regenschlachten: Die übelste ging wohl 1989 über die Bühne, als Thierry Boutsen einen grandiosen Sieg feierte. Die Sichtverhältnisse waren katastrophal. So war sich Martin Brundle nach einem Dreher zunächst nicht sicher, ob er das Rennen auch wirklich wieder in Fahrtrichtung - und nicht als Geisterfahrer - aufgenommen hatte... Boutsen gewann damals vor Nannini, Patrese, Nakajima und Pirro - allesamt Fahrer, die heute nicht mehr dabei sind.

REISETIPS

Wer sich diese weite Reise gönnt, sollte auch das Geld für eine Tribünenkarte nicht sparen. Kurzweil wird erfahrungsgemäß im Blickfeld der Plätze im Bereich der Schikane geboten. Entlang der Brabham-Straight sitzen die Top-Speed-Fans, die Geschwindigkeiten um 300 km/h erleben wollen. Wer dort die Startnummern erkennen will, muß ein schnelles Auge haben.

Obwohl sich die Betten-Situation durch einige Neubauten während der letzten Jahre entkrampfte, ist die Zimmersuche ein Problem. Wer spät anreist und keine Reservierung hat, wird alt aussehen. Notfalls eines der vielen Privatzimmer nehmen, die allerdings nicht wesentlich preisgünstiger als die Hotels sind. Viele „Aussis" wollen sich an diesem Wochenende eine goldene Nase verdienen. Vom Zentrum aus ist die Piste in 20 bis 30 Minuten zu Fuß erreichbar. Aber am schönsten wohnt man am Strand in Glenelg und pendelt mit der Straßenbahn zwischen Hotel und City. Auf den Verzehr von Känguruhs ist man nicht angewiesen: Wegen der vielen europäischen Einwanderer gibt es ein breites Angebot vertrauter Gerichte.

LAGE
Der Stadtkurs befindet sich im Osten Adelaides in unmittelbarer Nähe der Victoria-Park-Pferderennbahn.

BAHNHÖFE
Bahnhof Keswick Station
Bahnhof Suburban Station

FLUGHÄFEN
Adelaide
Sydney
Melbourne

LADENÖFFNUNGSZEITEN
Montag-Donnerstag 8.30-17.30
Freitag 8.30-21.00
Samstag 8.30-16.30

Rennreport zum Ausfüllen

Startaufstellung
(die ersten Zehn)

1. R. _____
_____
2. R. _____
_____
3. R. _____
_____
4. R. _____
_____
5. R. _____
_____

Schnellste Trainingszeit

Ausfälle

Fahrer	Runde

Zieleinlauf

Fahrer	Punkte
1.	10
2.	6
3.	4
4.	3
5.	2
6.	1
7.	
8.	

Notizen

Weltmeisterschaft 1994

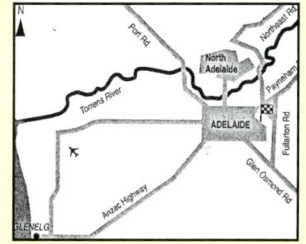

TICKET-VERKAUF

Austickets
99 Henley Beach Road
Torrensville Adelaide 5031
Tel.: 0061-8-131314
Fax: 0061-8-2348444

BASS South Australia
Adelaide Festival Centre
King William Street
Adelaide 5000
Tel.: 0061-8-131246

Australian Formula 1
Grand Prix Shop
292 A. Rundle Street
Adelaide 5000
Tel.: 0061-8-2322188

Ticket
GPO Box 1610
Sydney 2001
Tel.: 0061-2-2664800

Bass Victoria
GPO Box 762G
Melbourne 3001
Tel.: 0061-3-11522

EINTRITTSPREISE
ca. 150-480 DM

LANDESWÄHRUNG
Australische Dollar, 1 Dollar = ca.
1,21 DM (01.03.94)

EXTRATIP
Visum nicht vergessen! In keinem
Fall mit offenem Rückflugticket
anreisen. Nach dem Rennen steht
fast schon Weihnachten vor der
Tür, und wegen der fälligen Ver-
wandtenbesuche der Auswanderer
sind die Flüge nach Europa in dieser Zeit oft tagelang ausgebucht.
Und noch was: Sonnenmilch und
-hut nicht vergessen, wenn Sie
eine empfindliche Haut haben. In
Australien ist Hochsommer und
die Ozonschicht ist bekanntlich
auf der südlichen Erdhalbkugel
besonders dünn.

Endstand zum Ausfüllen

	Fahrer	Team	Punkte
1.			
2.			
3.			
4.			
5.			
6.			
7.			
8.			
9.			
10.			
11.			
12.			
13.			
14.			
15.			
16.			
17.			
18.			
19.			
20.			
ohne Punkte			

Konstrukteurs-Meisterschaft zum Ausfüllen

	Marke	Punkte
1.		
2.		
3.		
4.		
5.		
6.		
7.		
8.		
9.		
10.		

Das RTL-Team

1994 wird RTL Television noch informativer sein. Erstmals setzt der Sender bei allen europäischen Rennen eine drahtlose Kamera ein. Diese Kamera wird über eine Richtfunkstrecke ihre Bilder aus den Boxen direkt in den Übertragungswagen und damit auf ihren Bildschirm bringen. Dadurch ist es möglich, während des Rennens das Geschehen in der Box einzublenden.

Insgesamt sind bei RTL 25 Leute im Einsatz, um das Formel-1-Geschehen auf den Bildschirm zu bringen.

Kai Ebel, Box(en)reporter. Im Gespräch mit Ferrari-Pilot Gerhard Berger.

Willy Knupp, RTL-Projektmanagement Motorsport. Mit FOCA-Chef Bernie Ecclestone

Burkhard Weber, Sportchef bei RTL. Mit Kommentator Jochen Mass

Heiko Waßer,
Kommentator

Kamerateam Oliver Klar,
Jens Thiele

Kamerateam Andreas
Borutta, Axel Meyer

Manfred Loppe,
Nationale Regie

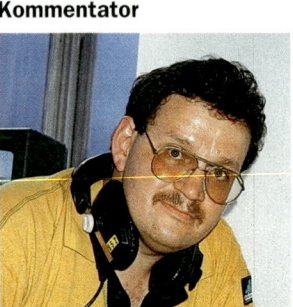

Fritz Behringer,
Produktions-Ingenieur

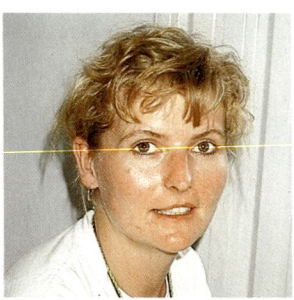

Sabine Mittelstädt,
Produktions–Leitung

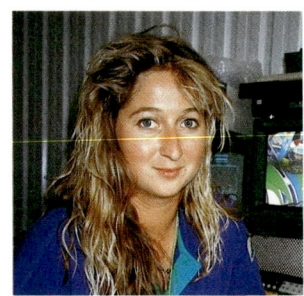

Angelique Bast,
Bildschnitt

Detlef Sold,
Produktions–Ingenieur

Zuschauerreisen Formel 1

Auch 1995 führen wir wieder RTL Zuschauerreisen Formel 1
zu ausgesuchten Zielen durch.

G. P. Brasilien März 1995

14 Tage Reise Iguazu-Argentinien-Rio De Janeiro-Sao Paulo. Linienflüge, Transfers, alle Steuern, sehr umfangreiches Besichtigungsprogramm, 1. Kl. bzw Luxushotels, tägliches Frühstücksbuffet und teilweise Halbpension. Top Eintrittskarten (beste Tribüne) zum G. P. für FR/SA/SO Verlängerungsmöglichkeit Bahia. Deutsche Reiseleitung.

G. P. Kanada Juni 1995

12 Tage Reise, Toronto-Niagara Fälle-Lodge im Norden Ontarios-Montreal. Linienflüge, Transfers, alle Steuern, großes Besichtigungsprogramm u. a. Schiffsfahrt durch die 30.000 Inseln der Georgian Bay, Flug mit Wasserflugzeug etc., 1. Klasse Hotels, Frühstücksbuffet u. Halbpension auf der Lodge. Top Eintrittskarten (Gold Cards) zum G. P. für FR/SA/SO. Verlängerungsmöglichkeit in Longboat Key an der Westküste Floridas. Deutsche Reiseleitung.

G. P. Portugal September 1995

5 Tage Reise, Linienflüge, Transfers, Steuern, Stadtrundfahrt, Fado Abend, 1. Klasse Hotel mit Frühstück sowie erstklassige Eintrittskarten zum G. P. für FR/SA/SO. Verlängerungsmöglichkeit Madeira. Deutsche Reiseleitung.

G. P. Australien November 1995

20 Tage Reise Singapore-Darwin-Ayers Rock-Sydney-Adelaide-Hongkong. 15 Tage Reise Singapore-Sydney-Adelaide-Hongkong-Bangkok. Linienflüge, alle Steuern und Transfers, sehr großes Besichtigungsprogramm, 1. Klasse Hotels bzw. bestmögliche Hotels Ayers Rock, tägliches Frühstücksbuffet, erstklassige Eintrittskarten (Gold Cards) zum G. P. für FR/SA/SO. Verlängerungsmöglichkeit Cebu Philippinen. Deutsche Reiseleitung.

Für alle Reisen Buchung der exclusiven Paddock Club Karte gegen Aufpreis möglich, außerdem attraktive Businessklasse. Preise auf Anfrage.

Information und Buchung

Zuschauerreisen

Zülpicherplatz 8-10
50674 Köln
Tel. 02 21 / 21 28 73
Fax 02 21 / 24 40 31

Das Vorspiel der Formel 1

Wenn in der Formel 1 von einer Sitzung gesprochen wird, ist kein Palaver an Konferenztischen gemeint. Sondern die Generalprobe des Rennens: Das Training. Es werden die Startplätze ermittelt. Vor allem aber werden die Wagen perfekt abgestimmt.

Wer sonntags bei einem Grand Prix gut abschneiden will, muß seine „Hausaufgaben" machen. Eine letzte - oft vorentscheidende - Möglichkeit hierfür gibt es während des offiziellen Trainings. 330 Minuten stehen dafür pro Wochenende zur Verfügung. Wenn freitags, in Monaco bereits donnerstags, um 9.30 Uhr die Piste für die erste freie Sitzung freigegeben wird, hat der Arbeitstag eines Formel-1-Piloten bereits begonnen. Mindestens eine Stunde vorher trifft er im Fahrerlager ein. Meist wird noch ein kleines Frühstück eingenommen. Wichtiger aber als die letzten Happen Kraftfutter ist das Briefing mit den Ingenieuren.

Die Frage lautet: Funktioniert prinzipiell alles wie vorgesehen? Eine Runde reicht aus, um in diesem Punkt Klarheit zu schaffen. Ingenieure und Mechaniker checken an den Boxen, ob alle Systeme einwandfrei arbeiten. Notfalls muß nachgebessert werden.

Um den Boliden zu optimieren, wird ihm anschließend ernsthaft auf den Zahn gefühlt: Mit 30, 40 Litern Sprit an Bord werden ein paar schnelle Runden gedreht. Jetzt kann der Fahrer Aussagen über die Straßenlage, die Getriebeabstufung, die Bremsen und andere wichtige Dinge machen. Er beschreibt seine Eindrücke, die mit den per Telemetrie in die Boxen gefunkten Werten verglichen werden. Flügel werden verstellt, die Lufteinlässe zur Kühlung der Bremsen vergrößert oder verkleinert, der Reifendruck verändert, das Motormanagement mit einem Chip ausgerüstet... Noch ist Zeit, jede Variable zu perfektionieren.

Wer mit der Abstufung seines Getriebes nicht zufrieden ist, muß sich allerdings noch etwas gedulden. Zuviel kostbare Zeit würde jetzt verlorengehen. Tatsächlich ist ein solcher Eingriff aber auch die Ausnahme, denn die Arbeit des Teams beginnt natürlich nicht bei Null. Eine veränderte Wetterlage, unerwartete Asphaltbedingungen und andere Überraschungen stellen die Teams allerdings immer wieder vor Rätsel. Was im Vorjahr oder vor Monaten

funktionierte, entpuppt sich urplötzlich als Problem.

Das freie Training - die gefahrenen Zeiten haben keine Auswirkung auf die Startaufstellung - wird 1994 erstmals nach 45 Minuten für eine Viertelstunde unterbrochen. Den Teams soll während dieser Pause die Gelegenheit gegeben werden, am Pistenrand gestrandete Rennwagen „einzusammeln". Anschließend geht der zweite Teil der ersten Sitzung über die Bühne - die begonnene Arbeit wird fortgesetzt. Noch konzentrieren sich alle Bemühungen auf den Renntag. Das ändert sich während der letzten zehn bis 20 Minuten. Dann schießen sich die Piloten erstmals für das Qualifying am Mittag ein.

Im Qualifying (Zeittraining) wird um die Qualität der Ränge in der Startaufstellung gekämpft. Für maximal 26 Autos ist Platz - 1994 fallen im Training also regelmäßig zwei Piloten durchs Rost. Um eine schnelle Runde drehen zu können, muß der Wagen möglichst leicht sein. Es wird also praktisch mit leeren Tanks gefahren. Jeder Liter Sprit wiegt fast ein Kilogramm, das beim Beschleunigen und Bremsen hinderlich ist. Es wird kein Abstimmungs-Kompromiß benötigt, der den Boliden mit vollen (Rennbeginn) und leeren (Rennende) Tanks gut aussehen läßt.

Es ist während des Qualifying auch absolut unnötig, auf Dinge zu achten, die während des Rennens aus taktischen Überlegungen heraus notwendig sind. Sprich: Das Auto für bestimmte Streckenabschnitte optimal abzustimmen, um dort überholen zu können. Im Qualifying zählt die nackte Rundenzeit.

Ist ein Fahrer mit seinem Wagen voll zufrieden, wird während der Mittagspause nicht mehr Hand an ihn gelegt. Eine Garantie dafür, daß er dann tatsächlich unverändert

Die Sauber-Mechaniker checken [...] angesagt. Jede Minute, die in der [...]

feld des neuen Mercedes-Motors, während Karl Wendlinger gespannt die Zeiten der Konkurrenz auf dem Monitor verfolgt. Tempo ist
gsphase verstreicht, ist verlorene Zeit. Maximal zwölf Testrunden stehen beim Zeittraining zur Verfügung.

„in Form" ist, gibt es allerdings nicht…

Die Pause kann auch für Reparaturarbeiten genutzt werden, oder einen Motorenwechsel, um über volle Kraftreserven zu verfügen, wenn es um die Wurst geht. Das ist von 13 bis 14 Uhr der Fall.

Während des Qualifying wird zu Beginn oft eine überraschende Passivität beobachtet. Jeder belauert jeden. Ganz anders, wenn Regenwolken aufziehen. Dann beginnt die Sitzung mit einem Massenandrang, denn alle wollen eine brauchbare Rundenzeit einfahren, bevor mögliche Nässe Topwerte verhindert.

Da die extrem hochgezüchteten Motoren auf geringste Temperaturunterschiede reagieren - bei Wärme ist die Luftdichte geringer und entsprechend nimmt die relative Sauerstoffdichte ab - kann es sinnvoll sein, geduldig auf eine schattenspendende Wolke zu warten. Ayrton Senna ist Meister auf diesem Gebiet. Daneben ist es natürlich vorteilhaft, eine „freie" Runde zu finden ohne Störenfriede anderer Teams auf der Piste.

Jeder Fahrer nutzt pro Qualifying-Sitzung acht seiner insgesamt 28 Slicks, die ihm für das Wochenende zur Verfügung stehen. Bei normalem Verlauf werden auf dem zweiten Satz schnellere Rundenzeiten erzielt. Erstens, weil während dieser 60 Minuten ständig kleine technische Verbesserungen gemacht werden. Zweitens, weil der Gummiabrieb auf der Ideallinie von Runde zu Runde zunimmt - entsprechend griffiger wird der Asphalt.

Bis zum Samstag - in Monaco haben die Techniker sogar den ganzen Freitag hierfür Zeit - werden die Rennwagen komplett auseinandergenommen und wieder zusammengesetzt. Alle Teile werden routinemäßig überprüft und notfalls ausgetauscht. Motoren werden gewechselt, möglicherweise wird das Getriebe

neu abgestuft, wenn sich ein Gang als zu kurz oder zu lang erwiesen hat. Treten Probleme auf, ist diese Arbeit erst in den frühen Morgenstunden des Samstags beendet. Gewöhnlich ist allerdings um circa 22 Uhr Feierabend.

Für die Piloten „fällt der Hammer" nicht mit Ende des Trainings. Das am Morgen begonnene - und zunächst während der Mittagspause fortgesetzte - Briefing steht auf der Tagesordnung. Zentraler Punkt ist dabei natürlich die Frage, was am Auto bis zum Tag des Abschlußtrainings verändert werden soll, um es noch schneller zu machen.

Samstags wiederholt sich das Spiel nur teilweise. Der Morgen des zweiten Tages wird nämlich bei normalem Trainingsverlauf dazu genutzt, den Spritverbrauch zu ermitteln. Je nach Charakteristik der Piste kann der Benzin-Konsum pro Rennen um bis zu 40, 50 Liter schwanken. In Imola zum Beispiel, wo immer wieder aus langsamen Schikanen heraus voll beschleunigt werden muß, schlucken die Motoren sehr intensiv. In Monaco, hier wird vergleichsweise ohnehin nur gebummelt, sind die Aggregate mit relativ wenig „Saft" zufrieden.

Wie am Vortag gilt: Jeder Pilot darf insgesamt nur 23 Runden fahren. Überschreitet er dieses Limit, wird ihm der „Überschuß" vom Qualifying-Kontingent - zwölf Umläufe - abgezogen! Wer im Qualifying überzieht, bekommt zur Strafe alle Zeiten ersatzlos gestrichen.

Sieht man von entscheidenden Wetterveränderungen ab, wird während des zweiten Zeittrainings schneller gefahren als im Verlauf des ersten. Wieder sind die Abstimmungs-Fortschritte und die stärkere „Gummi-Patina" verantwortlich. Es kann aber auch passieren, daß die Gummispuren durch nächtliche Regenfälle weggewaschen wurden…

Natürlich wird es als „Gau" empfunden, wenn der Samstag

„Und nach der schnellen Links- kommt eine spitze Rechtskurve, da nimmst du den zweiten Gang:" Renningenieur Tetu erklärt F1-Neuling Beretta den Streckenverlauf von Interlagos.

Um einen Motor und das Getriebe zu wechseln, muß die gesamte Hinterachse demontiert werden. Für F1-Mechaniker kein großes Problem. Nach 25 Minuten ist ein Minardi wieder auf den Rädern.

verregnet, nachdem am Vortag trockenes Wetter herrschte.

Wenn sonntags die letzten 30 Trainingsminuten - das Warm-up - anlaufen, sind nur noch diejenigen mit von der Partie, die sich für das Rennen qualifiziert haben. Die Sitzung beginnt vier Stunden und 30 Minuten vor dem Start des Rennens. So ist eine Pause garantiert, die gegebenenfalls Reparaturarbeiten erlaubt. Während des Warm-up wird - von Ausnahmen abgesehen - mit vollen Tanks und Rennabstimmung gefahren. Die jetzt erzielten Zeiten gestatten mehr Rückschlüsse auf den Rennverlauf als die Qualifying-Zeiten.

Setzt vor dem Start Regen ein, nachdem die 330 Trainingsminuten auf trockenem Asphalt gefahren wurden, erlaubt die Rennleitung ein Informations-Training, damit sich die Piloten mit den veränderten Bedingungen vertraut machen können.

Zwei Tage lang wird trainiert, zwei Tage lang diskutieren Techniker und Fahrer alle Probleme. Mindestens zweimal werden die Boliden total gestrippt - nahezu völlig auseinandergeschraubt. Auf kleinste Kleinigkeiten wird geachtet, um die Wagen schneller zu machen. Verschleißteile werden demontiert, obwohl sie noch voll funktionstüchtig sind. Sorgfalt und Ehrgeiz der Beteiligten erinnern an Weltraumprojekte.

Und dann? Dann bleibt nach dem Start oft genug einer der kostbaren Boliden schon auf den ersten Kilometern wegen eines Defekts stehen. Selten, weil ein Mechaniker patzte. Die Technik streikt, weil die Ingenieure fast millimetergenau an die Grenzen des Möglichen gehen und diese im Eifer immer wieder überschreiten. Selbst ein ausgereifter, zuverlässiger Top-Motor wird spätestens nach gut 400 Kilometern Laufleistung einer „Runderneuerung" im Werk unterzogen.

AS

Kleinen und mittleren Teams helfen die Preisgelder auf die Räder.

Der Preisgeld-Regen

Auch um die letzten Plätze wird verbissen gekämpft. Denn es geht ums Preisgeld - eine Überlebenshilfe für die kleineren Teams. Ein Insider durchleuchtet das geheime und komplizierte System.

Nach jedem Rennen werden die Taschenrechner bemüht und Schecks gezückt. Für jedes Team, das angekommen ist, gibt es eine mehr oder weniger große Summe als Preisgeld. Aber während beim Tennis diese Gelder Schlagzeilen machen, darf bei der Formel 1 niemand den Buchhaltern über die Schulter schauen. Alles ist geheim.

Für die Superteams sind die Preisgelder mehr oder weniger ein Taschengeld. McLaren, Williams, Ferrari veranschlagen bis zu 100 Millionen Dollar im Jahr, die sie von Sponsoren erhalten. Da stellen die paar hunderttausend Dollar Preisgeld eher Peanuts dar. Für kleinere und mittlere Teams mit knappen Budgets gehören die Preisgelder dagegen zum fest einkalkulierten Überlebenspaket.

Da die genaue Höhe der Preisgelder im Gegensatz zur US-amerikanischen Indy-Car-Serie in der Formel 1 nicht veröffentlicht wird, ist man bei der Suche nach den genauen Summen auf Schätzungen und Tips von Insidern angewiesen. Sicher ist, daß die Teams ihre Preisgelder, die vom Veranstalter bereitgestellt werden müssen, nach einem leistungsbezogenen Schlüssel von der FOCA ausgezahlt bekommen.

Der Preisgeldtopf wird in fünf Teile geteilt. Das erste Fünftel wird unter den 20 bestplazierten Piloten des Trainings aufgeteilt, die restlichen 4/5 werden im Rennen ausgeschüttet. Dabei wird das Rennen in vier Viertel aufgeteilt. Nach jeweils einem Viertel der Renndistanz klingelt die Kasse in der Reihenfolge der bezogenen Rennpositionen. Diese Methode vermeidet z.B. Härtefälle, wenn Piloten, die fast die ganze Distanz über eine bestimmte Position innehatten, kurz vor der Zielflagge ausfallen. Das Preisgeld ist diesen Pechvögeln zumindest zu 3/4 sicher.

Daß in der Formel 1 auch im Mittelfeld erhebliche Preisgeldsummen verdient werden können, zeigt ein Beispiel. Nehmen wir ein typisches Mittelfeld-Team. Die beiden Wagen dieses Teams haben sich für mittlere Startpositionen (z.B. Platz 9 und 14) plaziert. Auch das Rennen läuft mittelmäßig und führt am Ende zu einem glücklichen 6. Platz. Der zweite Fahrer des Teams kommt auf Rang 9 ins Ziel. Dieses Team kann am Ende des Rennwochenendes einen Preisgeldscheck von ca. 300.000 DM einstreichen. Ungefähr den gleichen Betrag erhalten unsere „Mittel-Bänkler" nochmals aus dem Topf der TV-Rechte (also den Übertragungsgebühren, die die Fernsehsender an die FOCA abführen müssen). Bedenkt man, daß solch ein Mittelklasseteam mit einem Jahres-Budget von 10 bis 20 Millionen Dollar operieren muß, stellen die an einem derartigen Beispiel-Wochenende insgesamt 'eingespielten' 600.000 DM einen erheblichen Anteil am Gesamt-Budget dar. Wie die Teams das Preisgeld aufteilen und in welcher Form Piloten und Boxenteam daran teilhaben, ist interne Teamvereinbarung.

So ähnlich müssen japanische Kamikaze-Flieger ausgesehen haben: Boxenpersonal in feuerfester Montur in Aida. Seit das Nachtanken wieder erlaubt ist, sind die Sicherheitsvorschriften für das Boxen- und Streckenpersonal extrem verschärft worden.

Black and White auf der Suche nach dem Optimum: Dem perfekt funktionierendem Ford-Zetec-Triebwerk für Michael Schumachers Benetton. Nach spätestens 400 Kilometern wird der Motor total zerlegt und wieder zusammengebaut.

Die Champions

1950
1. Giuseppe Farina (I), Alfa Romeo, 30 P.
2. Juan-Manuel Fangio (RA), Alfa Romeo, 27 P.
3. Luigi Fagioli (I), Alfa Romeo, 24 P.

1951
1. Juan-Manuel Fangio (RA), Alfa Romeo, 31 P.
2. Alberto Ascari (I) Ferrari, 25 P.
3. José Froilan Gonzales (RA), Ferrari, 24 P.

1952
1. Alberto Ascari (I), Ferrari, 36 P.
2. Giuseppe Farina (I), Ferrari, 25 P.
3. Piero Taruffi (I), Ferrari, 22 P.

1953
1. Alberto Ascari (I), Ferrari, 34,5 P.
2. Juan-Manuel Fangio (RA), Maserati, 28 P.
3. Giuseppe Farina (I), Ferrari, 26 P.

1954
1. Juan-Manuel Fangio (RA), Maserati, Mercedes-Benz, 42 P.
2. José Froilan Gonzales (RA), Ferrari, 25 P.
3. Mike Hawthorn (GB), Ferrari, 24,5 P.

1955
1. Juan-Manuel Fangio (RA), Mercedes-Benz, 40 P.
2. Stirling Moss (GB), Mercedes-Benz, 23 P.
3. Eugenio Castellotti (I), Lancia, Ferrari, 12 P.

1956
1. Juan-Manuel Fangio (RA), Lancia-Ferrari, 30 P.
2. Stirling Moss (GB), Maserati, 27 P.
3. Peter Collins (GB), Lancia-Ferrari, 25 P.

1957
1. Juan-Manuel Fangio (RA), Maserati, 40 P.
2. Stirling Moss (GB), Vanwall, 25 P.
3. Luigi Musso (I), Ferrari, 16 P.

1958
1. Mike Hawthorn (GB), Ferrari, 42 P.
2. Stirling Moss (GB), Cooper-Climax, Vanwall, 41 P.
3. Tony Brooks (GB), Vanwall, 24 P.

1959
1. Jack Brabham (AUS), Cooper-Climax, 31 P.
2. Tony Brooks (GB), Ferrari, 27 P.
3. Stirling Moss (GB), Cooper-Climax, 25,5 P.

1960
1. Jack Brabham (AUS), Cooper-Climax, 43 P.
2. Bruce McLaren (NZ), Cooper-Climax, 34 P.
3. Stirling Moss (GB), Lotus-Climax, 19 P.

1961
1. Phil Hill (USA), Ferrari, 34 P.
2. Wolfgang Graf Berghe von Trips (D), Ferrari, 33 P.
3. Stirling Moss (GB), Lotus-Climax, 21 P.

1962
1. Graham Hill (GB), BRM, 42 P.
2. Jim Clark (GB), Lotus-Climax, 30 P.
3. Bruce McLaren (NZ), Cooper-Climax, 27 P.

1963
1. Jim Clark (GB), Lotus-Climax, 54 P.
2. Graham Hill (GB), BRM, 29 P.
   Richie Ginther (USA), BRM, 29 P.

1964
1. John Surtees (GB), Ferrari, 40 P.
2. Graham Hill (GB), BRM, 39 P.
3. Jim Clark (GB), Lotus-Climax, 32 P.

1965
1. Jim Clark (GB), Lotus-Climax, 54 P.
2. Graham Hill (GB), BRM, 40 P.
3. Jackie Stewart (GB), BRM, 33 P.

1966
1. Jack Brabham (AUS), Brabham-Repco, 42 P.
2. John Surtees (GB), Ferrari, Cooper-Maserati, 28 P.
3. Jochen Rindt (A), Cooper-Maserati, 22 P.

1967
1. Denis Hulme (NZ), Brabham-Repco, 51 P.
2. Jack Brabham (AUS), Brabham-Repco, 46 P.
3. Jim Clark (GB), Lotus-Cosworth, 41 P.

1968
1. Graham Hill (GB), Lotus-Cosworth, 48 P.
2. Jackie Stewart (GB), Matra-Cosworth, 36 P.
3. Denis Hulme (NZ), McLaren-Cosworth, 33 P.

1969
1. Jackie Stewart (GB) Matra-Cosworth, 63 P.
2. Jacky Ickx (B), Brabham-Cosworth, 37 P.
3. Bruce McLaren (NZ), McLaren-Cosworth, 26 P.

1970
1. Jochen Rindt (A), Lotus-Cosworth, 45 P.
2. Jacky Ickx (B), Ferrari, 40 P.
3. Clay Regazzoni (CH), Ferrari, 33 P.

1971
1. Jackie Stewart (GB), Tyrrell-Cosworth, 62 P.
2. Ronnie Peterson (S), March-Cosworth, 33 P.
3. Francois Cevert (F), Tyrrell-Cosworth, 26 P.

1972
1. Emerson Fittipaldi (BRA), Lotus-Cosworth, 61 P.
2. Jackie Stewart (GB), Tyrrell-Cosworth, 45 P.
3. Denis Hulme (NZ), McLaren-Cosworth, 39 P.

1973
1. Jackie Stewart (GB), Tyrrell-Cosworth, 71 P.
2. Emerson Fittipaldi (BRA), Lotus-Cosworth, 55 P.
3. Ronnie Peterson (S), Lotus-Cosworth, 52 P.

1974
1. Emerson Fittipaldi (BRA), McLaren-Cosworth, 55 P.
2. Clay Regazzoni (CH), Ferrari, 52 P.
3. Jody Scheckter (ZA), Tyrrell-Cosworth, 45 P.

1975
1. Niki Lauda (A), Ferrari, 64,5 P.
2. Emerson Fittipaldi (BRA), McLaren-Cosworth, 45 P.
3. Carlos Reutemann (RA), Brabham-Cosworth, 37 P.

1976
1. James Hunt (GB), McLaren-Cosworth, 69 P.
2. Niki Lauda (A), Ferrari, 68 P.
3. Jody Scheckter (ZA), Tyrrell-Cosworth, 49 P.

1977
1. Niki Lauda (A), Ferrari, 72 P.
2. Jody Scheckter (ZA), Wolf-Cosworth, 55 P.
3. Mario Andretti (USA), Lotus-Cosworth, 47 P.

1978
1. Mario Andretti (USA), Lotus-Cosworth, 64 P.
2. Ronnie Peterson (S), Lotus-Cosworth, 51 P.
3. Carlos Reutemann (RA), Ferrari, 48 P.

1979
1. Jody Scheckter (ZA), Ferrari, 51 P.
2. Gilles Villeneuve (CDN), Ferrari, 47 P.
3. Alan Jones (AUS), Williams-Cosworth, 40 P.

1980
1. Alan Jones (AUS), Williams-Cosworth, 67 P.
2. Nelson Piquet (BRA), Brabham-Cosworth, 54 P.
3. Carlos Reutemann (RA), Williams-Cosworth, 42 P.

1981
1. Nelson Piquet (BRA), Brabham-Cosworth, 50 P.
2. Carlos Reutemann (RA), Williams-Cosworth, 49 P.
3. Alan Jones (AUS), Williams-Cosworth, 46 P.

1982
1. Keke Rosberg (SF), Williams-Cosworth, 44 P.
2. Didier Pironi (F), Ferrari Turbo, 39 P.
   John Watson (GB), McLaren-Cosworth, 39 P.

1983
1. Nelson Piquet (BRA), Brabham-BMW Turbo, 59 P.
2. Alain Prost (F), Renault Turbo, 57 P.
3. René Arnoux (F), Ferrari Turbo, 49 P.

1984
1. Niki Lauda (A), McLaren TAG/Porsche, 72 P.
2. Alain Prost (F), McLaren TAG/Porsche, 71,5 P.
3. Elio De Angelis (I), Lotus-Renault Turbo, 34 P.

1985
1. Alain Prost (F), McLaren TAG/Porsche, 73 P.
2. Michele Alboreto (I), Ferrari, 53 P.
3. Keke Rosberg (SF), Williams-Honda, 40 P.

1986
1. Alain Prost (F), McLaren TAG/Porsche, 72 P.
2. Nigel Mansell (GB), Williams-Honda Turbo, 70 P.
3. Nelson Piquet (BRA), Williams-Honda Turbo, 69 P.

1987
1. Nelson Piquet (BRA), Williams-Honda Turbo, 73 P.
2. Nigel Mansell (GB), Williams-Honda Turbo, 61 P.
3. Ayrton Senna (BRA), Lotus-Honda Turbo, 57 P.

1988
1. Ayrton Senna (BRA), McLaren-Honda Turbo, 90 P.
2. Alain Prost (F), McLaren-Honda Turbo, 87 P.
3. Gerhard Berger (A), Ferrari Turbo, 41 P.

1989
1. Alain Prost (F), McLaren-Honda, 76 P.
2. Ayrton Senna (BRA), McLaren-Honda, 60 P.
3. Riccardo Patrese (I), Williams-Renault, 40 P.

1990
1. Ayrton Senna (BRA), McLaren-Honda, 78 P.
2. Alain Prost (F), Ferrari, 71 P.
3. Nelson Piquet (BRA), Benetton-Ford, 43 P.

1991
1. Ayrton Senna (BRA), McLaren-Honda, 96 P.
2. Nigel Mansell (GB), Williams-Renault, 72 P.
3. Riccardo Patrese (I), Williams-Renault, 53 P.

1992
1. Nigel Mansell (GB), Williams-Renault, 108 P.
2. Riccardo Patrese (I), Williams-Renault, 56 P.
3. Michael Schumacher (D), Benetton-Ford, 53 P.

1993
1. Alain Prost (F), Williams-Renault, 99 P.
2. Ayrton Senna (BRA), McLaren-Ford, 73 P.
3. Damon Hill (GB), Williams-Renault, 69 P.

STATISTIK

Die Multi-Weltmeister

Fünf WM-Titel
Juan-Manuel Fangio (ARG)
1951, 54, 55, 56, 57
Vier WM-Titel
Alain Prost (F)
1985, 86, 89, 93
Drei WM-Titel
Ayrton Senna (BRA)
1988, 90, 91
Nelson Piquet (BRA)
1981, 83 87
Niki Lauda (A)
1975, 77, 84
Jackie Stewart (GB)
1969, 71, 73
Jack Brabham (AUS)
1959, 60, 66
Emerson Fittipaldi (BRA)
1972, 74

Die fleißigsten Fahrer

1. Riccardo Patrese (I) 256 GP
2. Nelson Piquet (BRA) 204
3. Alain Prost (F) 199
4. Andrea de Cesaris (I) 197
5. Nigel Mansell (GB) 181
6. Michele Alboreto (I) 178
7. Graham Hill (GB) 176
   Jaques Laffite (F) 176
9. Niki Lauda (A) 171
10. Thierry Boutsen (B) 163
95. Michael Schumacher (D) 38

Die meisten Pole-Positions:

1. Ayrton Senna 62
2. Alain Prost 33
   Jim Clark 33
4. Juan-Man. Fangio 28
5. Nelson Piquet 24
   Niki Lauda 24
7. Mario Andretti 18
   Rene Arnoux 18
9. Jackie Stewart 17
10. Stirling Moss 16

Die Fahrer mit den meisten Grand Prix-Siegen:

1. Alain Prost (F) 51
2. Ayrton Senna (BRA) 41
3. Nigel Mansell (GB) 30
4. Jackie Stewart (GB) 27
5. Jim Clark (GB) 25
   Niki Lauda (A) 25
7. Juan-Manuel Fangio (ARG) 24
8. Nelson Piquet (BRA) 23
9. Stirling Moss (GB) 16
10. Jack Brabham (AUS) 14
    Emerson Fittipaldi (BRA) 14
    Graham Hill (GB) 14
43. Michael Schumacher (D) 2

Die erfolgreichsten Marken 1950 - 1993

1. McLaren 104 Siege
2. Ferrari 103
3. Lotus 79
4. Williams 71
5. Brabham 35
6. Tyrrell 23
7. BRM 17
8. Cooper 16
9. Renault 15
10. Alfa Romeo 10
11. Maserati 9
    Matra 9
    Mercedes 9
    Vanwall 9
15. Ligier 8
16. Benetton 7
17. March 3
    Wolf 3
19. Honda 2
20. Eagle 1
    Hesketh 1
    Penske 1
    Porsche 1
    Shadow 1

Die Fahrer mit den meisten Punkten

1. Prost 798,5
2. Senna 614
3. Piquet 485,5
4. Mansell 469
5. Lauda 420,5
6. Stewart 360
7. Reutemann 310
8. G. Hill 289
9. E. Fittipaldi 281
10. Patrese 281

Internationale Weltmeister-Hitparade

	WM-Titel
Großbritannien	11
Brasilien	8
Argentinien	5
Australien	4
Österreich	4
Frankreich	4
Italien	3
USA	2
Neuseeland	1
Südafrika	1
Finnland	1

Die Konstrukteurs-Weltmeister

1. **Ferrari** 8 Titel
   1961, 64, 75, 76, 77, 79, 82, 83
2. **Lotus** 7 Titel
   1963, 65, 68, 70, 72, 73, 78
   McLaren 7 Titel
   1974, 84, 85, 88, 89, 90, 91
4. **Williams** 6 Titel
   1980, 81, 86, 87, 92, 93
5. **Cooper** 2 Titel
   1959, 60
   Brabham 2 Titel
   1966, 67
7. **Vanwall** 1 Titel
   1958
   BRM 1 Titel
   1962
   Matra 1 Titel
   1969
   Tyrrell 1 Titel
   1971

Die Teams der Weltmeister

9 Titel:
Ferrari
1952, 53, 56, 58, 61, 64, 75, 77, 79
McLaren
1974, 76, 84, 85, 86, 88, 89, 90, 91
6 Titel:
Lotus
1963, 65, 68, 70, 72, 78
5 Titel:
Williams
1980, 82, 87, 92, 93
4 Titel:
Brabham
1966, 67, 81, 83
2 Titel:
Alfa Romeo	1950, 51
Mercedes	1954, 55
Maserati	1954, 57
Cooper	1959, 60
Tyrrell	1971, 73
1 Titel:
| **BRM** | 1962 |
| **Matra** | 1969 |

Motor-Hitparade der GP

(ohne Indianapolis)

1. Ford 166 Siege
2. Ferrari 103
3. Honda 71
4. Renault 51
5. Climax 40
6. Porsche 26
7. BRM 18
8. Alfa Romeo 12
9. Maserati 11
10. BMW 9
    Mercedes 9
    Vanwall 9
13. Repco 8
14. Matra 3
15. Weslake 1

Alle Daten entsprechen dem Stand vor der Weltmeisterschaft 1994.

201

ABC
Stichworte zur Formel 1

Abtrieb
Die Kraft, die der Fahrtwind auf die gesamte Oberfläche eines Rennwagens ausübt und diesen auf die Piste drückt. Die Größe des Abtriebs wird in Kilogramm gemessen. Steigende Werte bringen mehr Anpreßdruck, der auf der Hinterachse den Vortrieb und auf der Vorderachse die Lenkung beeinflußt. Abtrieb ist das Gegenteil von Auftrieb, den sich Flugzeugkonstrukteure zu Nutze machen.

Ballast
Zur Zeit muß jeder Formel-1-Wagen ein Mindestgewicht von 505 Kilogramm auf die Waage bringen. Liegt das Gewicht des Boliden unterhalb des Limits, kann dieses durch die Verstärkung einzelner Bauteile oder den Einbau von Ballast erreicht werden. Dieser muß so befestigt sein, daß Werkzeug zur Demontage notwendig ist. Vorrichtungen an der Befestigung müssen ein Verplomben möglich machen. Jedes Auto, das bei einem Grand Prix nicht mit einer TV-Kamera bestückt ist, muß aus Gründen der Chancengleichheit das entsprechende Gewicht in Höhe von fünf Kilo als Ballast mitnehmen.

Breite
Die maximale Breite eines Formel 1-Rennwagens ist auf 200 cm begrenzt.

Bremsen
Die Bremsscheiben sind aus Kohlefaser. Durch den Wechsel von Stahl- zu Kohlefaserscheiben in den 80er Jahren wurde - nach anfänglichen Problemen - die Bremsleistung verbessert. Aufgrund des geringeren Gewichts verringerten sich zusätzlich die ungefederten Massen, was die Straßenlage positiv beeinflußt. Der recht komplizierte Bau von Bremsanlagen mit innenliegenden Bremsen - wie sie Jochen Rindt 1970 in Monza zum Verhängnis wurden - ist deshalb nicht mehr notwendig.

Dummy Grid
Vorstart-Aufstellung, bei der bereits die Originalplätze eingenommen werden müssen. Dem Vorstart folgt eine Formationsrunde. Dann erst - nach einem erneuten Halt aller Autos und einer angemessenen kurzen Pause - beginnt das Rennen.

Einschreibung
Offizielle Anmeldung der Teilnehmer für ein Rennen. In der Formel 1 ist eine Einschreibung der Teams für einzelne Grand Prix nicht erlaubt - sie gilt jeweils für eine komplette Saison.

FIA
(Fédération Internationale de l'Automobile). Der Automobil-Weltverband ist ein Zusammenschluß nationaler Automobilclubs und -verbände. Er ist für die Ausarbeitung und Überwachung der Regeln im Autorennsport zuständig. Die für den Sport verantwortliche eigenständige Unterabteilung FISA wurde im Herbst 1993 aufgelöst. Sitz der FIA ist Paris. Präsident ist der Brite Max Mosley.
Adresse: FIA, 8 place de la Condorde, Paris 75008 (Tel. 0033-1-42659951, Fax 47428731

Flügel
Auch Spoiler genannt. Die Breite des Frontflügels ist auf 140 cm begrenzt, die des Heckflügels auf 100 cm. Beide dienen zur Erhöhung des Anpreßdrucks.

FOCA
(Formula One Constructors Association) Die Vereinigung der Konstrukteure, also der Teams. Chef ist Bernie Ecclestone, der die Vermarktung der Formel 1 fest in Händen hält.
Adresse: FOCA, 6 Princes Gate, London SW7 1QJ, Tel. 044-71-5846668, Fax 5890311

g
Physikalisches Maß, das die Größe der Erdbeschleunigung bezeichnet. Wird in der Formel 1 verwendet, um die Stärke der Fliehkräfte auszudrücken. Einheit: $1g = 9,81$ m/s^2

Getriebe
Halbautomatische Getriebe sind erlaubt. Mindestens vier, maximal sieben Vorwärtsgänge sind vorgeschrieben. Ein funktionstüchtiger Rückwärtsgang muß eingebaut sein.

Höhe
Die Wagenhöhe darf 100 cm nicht überschreiten. Ausgenommen davon ist der Überrollbügel hinter dem Fahrer, der dann allerdings nicht aerodynamisch wirksam verkleidet sein darf.

Höhere Gewalt
Die höhere Gewalt oder „Force Majeur" (franz.) bezeichnet eine Kraft - wie Krankheit, Unwetter etc. -, die einen Regelverstoß entschuldbar macht und damit Straffreiheit auslöst.

Kohlefaser
Zu Matten geflochtene feine Fäden aus Kohlenstoffverbindungen. Durch Erhitzung entsteht dauerhafte extreme Härte und Widerstandsfähigkeit. Ist bei gleicher Materialstärke wesentlich leichter und belastbarer als Stahl. Wird zum Bau des Monocoques und zunehmend weiterer Bauteile eines Boliden verwendet.

Länge
Die Länge eines F1-Autos ist freigestellt. Im Bugbereich darf die Konstruktion jedoch nicht mehr als 90 cm über die Vorderachse hinausragen, am Heck nicht mehr als 50 cm über die Hinterachse. Um eine gute Straßenlage zu erzielen, ist ein Radstand von ca. 285 cm ratsam.

Lenkung
Vierradlenkung, wie sie 1993 zuletzt im Benetton-Ford B193B eingebaut war, ist verboten.

Lampen
Auch Formel 1-Autos müssen beleuchtet sein. Allerdings nur mit einer Nebelleuchte am Heck, die aus Sicherheitsgründen bei schlechten Sichtverhältnissen eingeschaltet werden muß.

Nachspur
Die Räder einer Achse stehen nicht parallel, sondern „laufen auseinander".

Nachtanken
Wurde in der WM zunächst 1950 und 1951 praktiziert. Geriet anschließend nahezu in Vergessenheit und erfolgte lediglich in Ausnahmefällen, um schwere Rechenfehler auszubügeln. Der Tankstopp kam als taktischer „Trick" ab Sommer 1982 verstärkt zum Zuge, wurde aber bereits zum Ende des folgenden Jahres verboten. Ist seit Beginn der laufenden Saison wieder erlaubt.

Parc fermé
„Bewachter Parkplatz", auf dem alle ins Ziel gekommenen Rennwagen abgestellt werden müssen. Im Parc ferné sind jegliche Arbeiten verboten. Dadurch soll verhindert werden, daß an den Autos vor Routine-Checks oder Untersuchungen aufgrund von Protesten manipuliert wird.

Querbeschleunigung
Physikalische Kräfte, die aufgrund der Fliehkräfte bei Kurvenfahrten nicht in Längsrichtung, sondern seitlich auf ein Fahrzeug einwirken. Werden in g gemessen.

Räder
Die Maße eines Rades sind auf eine Breite von max. 15 inches (381 mm) und einen Durchmesser von max. 26 inches (660,4 mm) begrenzt.

Radstand
Abstand von der Vorder- zur Hinterachse.

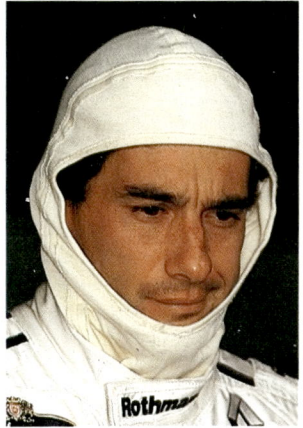

Knochenarbeit: 1.500 Reifen, die pro Veranstaltung angekarrt werden, müssen montiert und ausgewuchtet werden.

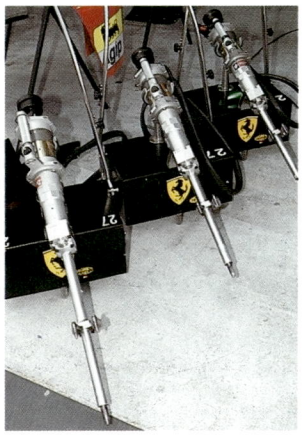

Die Balaclava: Feuerschutz für Senna und Co.

Mit diesen Geräten werden die F1-Motoren gestartet.

One-way-Telemetrie: Computer empfangen Daten vom Fahrzeug.

Radsturz

Abweichung vom senkrechten Stand eines Rades.

Regenreifen

Profilierte Reifen dürfen pro GP-Wochenende in beliebiger Stückzahl eingesetzt werden. Zu dieser Kategorie zählt jeder Pneu, dessen Lauffläche zu mehr als 25 Prozent aus eingeschnittenen Drainagerillen besteht.

Reifen

Einziger Reifenhersteller in der Formel 1 ist Goodyear. 25.000 Pneus „backen" die Amerikaner pro Jahr für den Grand-Prix-Sport, 1.500 Reifen bringen sie zu jedem Rennen mit. Insgesamt 22 Angestellte - Manager, Ingenieure und Monteure - arbeiten vor Ort.

Reifenhärte

Die Härtegrade der Pneus von Goodyear sind durch Buchstaben gekennzeichnet. A steht für extrem harte Gummis, B für weichere etc. Gängig sind - neben weichen, profilierten Ausführungen für den Einsatz bei Nässe - B-, C- und D-Reifen. Die Einteilung ist nicht absolut, sondern relativ zu sehen. So entspricht der Härtegrad alter breiter B-Pneus, wie sie bis Ende 1992 erlaubt waren, in etwa dem des heutigen Typs C.

Slick

Pro Fahrer und Wochenende dürfen maximal 28 profillose Reifen („Slicks") verwendet werden. Der Verschleiß eines einzelnen Slicks wird anhand der vorhandenen Resttiefe eines während der Produktion eingestanzten Lochs gemessen.

Spurweite

Abstand von Radmitte zu Radmitte einer Achse. Vorn ist die Spurweite breiter als hinten.

Telemetrie

Über Funk ist die Box über den (Gesundheits)Zustand des Fahrzeugs ständig informiert. Seit 1994 dürfen Daten vom Team nur noch empfangen werden. Die Veränderung von Parametern wie Zündzeitpunkt, Gemischaufbereitung oder Fahrwerkswerten ist mittlerweile untersagt.

Trinkflasche

Wird bei physisch anstrengenden Rennen im Cockpit installiert. Ein Schlauch führt von der Flasche durch ein in den Helm gebohrtes Loch zum Mund. Durch Saugen oder per Knopfdruck - wenn eine Pumpe eingebaut ist - kann der Pilot seinen Durst stillen. Ein Kurzschluß in der „Limo-Pumpe" führte vor Jahren in Silverstone zum Ausfall des Brasilianers Mauricio Gugelmin.

Ventilfedern

Sie sind neben Kolbenringen und Kolben die große Schwachstelle eines Motors mit extremen Drehzahlen. Bei modernen Hochleistungsaggregaten in der Formel 1 sind deshalb nicht mehr Stahlfedern, sondern ein Preßluftsystem für das Schließen der Ventile verantwortlich. Fachleute sprechen bei dem hydropneumatischen System von „Luftfedern".

Vorspur

Die Räder einer Achse stehen nicht parallel, sondern „laufen aufeinander zu". Die Engländer sagen „toes in" - Zehen aneinander.

Windschatten

Einst uneingeschränkt positiv bewerteter Raum im Rücken eines schnell fahrenden Rennwagens. Weil der Luftwiderstand dort geringer ist, konnte ein Verfolger im Windschatten wertvollen Boden gutmachen und mit dem so gewonnenen „Überschußtempo" zum Überholen ansetzen. Die aerodynamischen Extrem-Konstruktionen verlieren im Windschatten eines Vordermanns allerdings oft Abtrieb, was sogar zu Drehern und Ausrutschern führen kann. Außerdem erhält ein Auto bei längerer Fahrt im Windschatten nicht ausreichend Kühlluft.

Zeitnahme

Über ein Sender-Empfänger-System wird die Rundenzeit eines Fahrzeugs bei jeder Passage von Start-und-Ziel von Computern erfaßt. Das gilt für die freien Trainingssitzungen, das Qualifying, das Warm-up und das Rennen. Die Zeiten werden dabei auf eine Tausendstelsekunde genau genommen.

Die Flaggensprache

Blau
Achtung, Wagen wollen überholen

Weiß
Vorsicht, langsames Auto unterwegs

Gelb
Gefahr. Nicht überholen

Schwarz
in Verbindung mit Startnummer Box anfahren wegen Verwarnung/Strafe

Rot
Das Rennen ist unterbrochen

Schwarz, orangefarb. Punkt
in Verbindung mit Startnummer Box anfahren wegen techn. Defekt

Rot-gelb gestreift
Die Piste ist rutschig

Schwarz/weiß, diagonal geteilt
Letzte Warnung wegen unfairer Fahrweise

Grün
Gefahr vorbei

Schwarz/weiß, kariert
Rennende

Geschichte des Formel-1-Reglements

Seit 1950 wird alljährlich eine Formel-1-Weltmeisterschaft ausgetragen. Die Wagen mußten nach mehr oder weniger strengen Richtlinien gebaut werden. Von Jahr zu Jahr wurde das Reglement verändert. Hier sind die wichtigsten Korrekturen in über vier Jahrzehnten:

1950 bis 1951
Hubraum: 1,5 Liter mit Kompressor oder 4,5 Liter ohne. Keine Gewichtsvorschriften.

1952 bis 1953 (Formel 2)
Hubraum: 0,5 Liter mit Kompressor oder 2 Liter ohne (in der Praxis tauchten nur Saugmotor-Autos auf). Keine Gewichtsvorschriften. Sturzhelme erstmals vorgeschrieben.

1954 bis 1960
Hubraum: 0,75 Liter mit Kompressor oder 2,5 Liter ohne (in der Praxis tauchten nur Saugmotor-Autos auf). Keine Gewichtsvorschriften.

1961 bis 1965
Hubraum: min. 1,3 Liter, max. 1,5 Liter (nur Saugmotoren erlaubt). Mindestgewicht: 450 kg ohne Ballast. Überrollbügel erstmals vorgeschrieben.

1966 bis 1969
Hubraum: 1,5 Liter mit Turbo oder 3 Liter ohne (in der Praxis tauchten nur Saugmotor-Autos auf). Mindestgewicht: 500 kg.

1970
Mindestgewicht erhöht auf 530 kg.

1971
Sicherheitsgurte erstmals vorgeschrieben.

1972
Mindestgewicht erhöht auf 550 kg. Begrenzung der Zylinderzahl auf max. zwölf.

1973 bis 1980
Mindestgewicht erhöht auf 575 kg. Erstes Auftauchen von Turbo-Motoren in der F1-Szene (Juli 1977). Maximaler Tankinhalt 250 Liter.

1981
Mindestgewicht erhöht auf 585 kg.

1982
Mindestgewicht gesenkt auf 580 kg.

1983
Mindestgewicht gesenkt auf 540 kg.

1984 bis 1985
Maximaler Tankinhalt 220 Liter. Nachtanken während der Rennen verboten.

1986
Verbot von Saugmotoren. Maximaler Tankinhalt 195 Liter.

1987
Beschränkung des Ladedrucks auf 4 bar. Saugmotoren (3,5 Liter Hubraum) ohne Verbrauchslimit mit Mindestgewicht 500 kg wieder zugelassen.

1988
Beschränkung des Ladedrucks auf 2,5 bar. Maximaler Tankinhalt 150 Liter.

1989 bis heute
Verbot von Turbomotoren.

1994
Nachtanken während des Rennens wieder erlaubt. Verbot vieler elektronischer Fahrhilfen.

Für die elf WM-Läufe von 1950 bis 1960 in Indianapolis galten andere Bestimmungen. Zeitweise waren Alternativen zu Hubkolben-Motoren erlaubt. Gebrauch machte hiervon lediglich Lotus im Jahr 1971, als dreimal Autos mit Turbinen-Antrieb eingesetzt wurden.

Das WM-Punkte-System

1950 bis 1959
Punkte für die ersten fünf Fahrer nach dem Schema 8 - 6 - 4 - 3 - 2. Zusatzpunkt für die schnellste Runde des Rennens (gegebenenfalls geteilt).

1960
Kein Punkt für die schnellste Runde, dafür ein Punkt für den sechstplazierten Fahrer.

1961 bis 1990
9 Punkte für den Sieger.

Seit 1991
10 Punkte für den Sieger.

Bis einschließlich 1957 wurden die Punkte geteilt, wenn sich zwei (oder mehr) Piloten am Steuer eines Wagens ablösten. Anschließend gab es nach Fahrerwechseln keine Punkte. Seit 1961 sind Ablösungen generell verboten.

Rien ne va plus. Nichts dreht mehr. Abgesehen von diesem abgebrochenen Hinterrad hat das Team von Belmondo/Gachot ▶
Starten kam. Beim Pacific Grand Prix war das Pacific-Team das einzige, das vor dem Rennen einpacken konnte. Startschw ▶

t viel gezeigt. In Brasilien mußte Gachot schon in der zweiten Runde aufgeben, während Belmondo erst gar nicht zum
ten gab es in der Vergangenheit auch bei anderen Teams...

Bildnachweis

Titel und Rücktitel: Kräling, Gorys (1)

Lukas T. Gorys 2 (6, 2o, 4u), 3 (7), 6, 8, 10 (3, o,ml, u), 11 (2), 13, 15, 22 (2), 23 (4), 29 u, 30 (2), 31 (4), 34o, 35 (3 o), 36 (2 o), 38, 39, 40 (2), 41 (4), 44 (2), 45 (4), 48, 49, 50 (2), 51 (4), 54 (2), 55 (4), 56, 58 (2), 59 (4), 62 (2), 63 (4), 64, 66 (2), 67 (4), 70 (2), 71 (4), 75, 76 (2), 77 (4), 80, 82 (2), 85, 86 (2), 87 (3, ol, om, u), 88 (3), 89 (4), 90 (4), 91 (2), 92 u, 93 (2, ol, ul), 94 (4), 97 (2 o, m), 99 u, 101 u, 102, 103 (2), 104 (3, o, mr, ur), 115, 116 (2), 117 o, 120 (6), 121 m, 124 (2), 125 m, 126 o, 136, 137 (3), 139, 140, 141 ul, 143, 144, 145 ol, 148, 149 (2 o), 151, 155, 156 (2), 159, 160 (2), 163, 164, 165 (3), 167, 168, 169 (2, ol, u), 171, 172, 173 (2 u), 175, 182, 183, 184, 185 (4), 187, 188 u, 189 u, 195, 196 (2), 203 (3, o, ml, u)

Ferdi und Bodo Kräling 2 (1, 3. v. o), 7 u, 10 mr, 12, 16 (2), 20, 21, 28, 32, 33, 36 u, 42, 43, 52, 53, 57, 60, 61, 65 u, 68, 69, 74, 81, 84, 92 (2 or, ur), 95, 96, 97 u, 98, 99 (3, o, ml, mr), 100, 101 o, 104 ul, 106, 109 (2), 110, 111 u, 112 (3), 113, 114 (2), 121 (3, o, u), 125 u, 126 (2 m), 127 (2), 129, 130, 131, 132 (4), 133 (2), 135 o, 141 (ur), 145 (2 or, u), 147, 152 (2), 153 (2), 176, 177 (2), 179, 189 ol, 197, 198, 199, 203 mr, 206, 208

LAT Photographic 34 u, 35 u

ATP/Kaneko 189 or

Foto Lobin 17 o

Dietmar Bieler 17 u

Mercedes-Benz 4, 117 u

Rainer Schlegelmilch 108

A. Thill 111 o

Renault 92 o

Kettler 192 ml

Willy Knupp 78 o, 181, 192 (8)

Porsche 78 ul

Heide Nicot 78 ur

Zakspeed 87 (or)

RTL Television 126 u, 141 u, 149 u, 157, 161 (2), 169 or, 173 o, 192 (2, o, mr)